我国教育宏观政策管理若干重大问题研究

湖北省教育科学规划2018年度重大课题（编号2018ZDZB01）成果

黄明东　黄炳超　陶夏　孔晓娟　著

武汉大学出版社

WUHAN UNIVERSITY PRESS

图书在版编目(CIP)数据

我国教育宏观政策管理若干重大问题研究/黄明东等著.—武汉：
武汉大学出版社,2020.12

ISBN 978-7-307-22023-2

Ⅰ.我… Ⅱ.黄… Ⅲ.教育政策—研究—中国 Ⅳ.G520

中国版本图书馆 CIP 数据核字(2020)第 254049 号

责任编辑:沈岑砚 责任校对:汪欣怡 版式设计:马 佳

出版发行：**武汉大学出版社** （430072 武昌 珞珈山）

（电子邮箱：cbs22@ whu.edu.cn 网址：www.wdp.com.cn）

印刷:武汉邮科印务有限公司

开本:720×1000 1/16 印张:17.25 字数:307 千字 插页:1

版次:2020 年 12 月第 1 版 2020 年 12 月第 1 次印刷

ISBN 978-7-307-22023-2 定价:58.00 元

目　　录

导　论

随着"新时代"的到来，我国教育事业面临着新的发展机遇，为了使我国教育事业能够更好地适应新时代政治、经济和文化等方面发展的需要，必须在体制上进行更加深入的改革。本项目的名称为"我国教育宏观政策管理若干重大问题研究"，由于本题目在表达上有一定的模糊性，因而在课题申报和开题报告等阶段，课题组成员及相关专家对这个课题研究内容的理解产生了分歧。主要有两种不同的观点：第一种观点认为，本课题侧重于"政策管理"，即主要研究宏观教育政策在管理过程中面临的重大问题；第二种观点则认为，本课题的研究重点是若干重大教育政策面临的问题。后经多位专家的多方研讨论证仍然未能取得一致性意见。因此，我们将双方的意见融合起来，既关注宏观政策管理环节重大问题研究（主要集中体现在第一章到第五章），也关注重大政策问题研究（体现在第六章到第十章）。

一、教育宏观政策的内涵

所谓宏观政策，目前学界不少学者通常将其视为经济学领域的概念，即政府为实现宏观（总量）平衡，保持经济持续、稳定、协调增长，而对货币收支总量、财政收支总量、外汇收支总量和主要物资供求的调节与控制。但这样的理解显然有失偏颇，因为政策不仅仅包含经济领域，其他领域也都需要有国家的政策支持。我们认为，所谓宏观政策是指党和国家基于国家发展的整体利益且覆盖各个行业（领域）的具有长久性效力的政策。也就是说，宏观政策的制定主体一定是党和国家，其他任何主体制定的政策都不应被视为宏观政策；宏观政策通常是指能够对国家整体的多方面的领域产生规范和管理作用的政策；宏观政策一般情况下都具有较长的时效性和持续性，有的宏观政策的时效性可能会长达几十年。

根据上述对宏观政策的理解，我们认为，教育宏观政策就是党和国家针对教育领域所面临的重大问题而制定的具有较长时效性的行为规范和战略举措。当今世界正处于重大变革时期，国内国外各个领域都面临着诸多挑战和机遇。

教育事业也处于这个百年未有的大变革之中，面对国内外政治、经济、科技、军事、文化等急速变化的新形势，党和国家必须积极应对并制定宏观教育政策，提高教育迎接挑战的能力，加快国家由教育大国向教育强国转变的步伐，引领世界文明不断进步。

二、何谓重大教育政策问题

2010 年 7 月，党中央、国务院召开了 21 世纪以来第一次全国教育工作会议，发布了《国家中长期教育改革和发展规划纲要（2010—2020 年）》。该规划纲要以人才培养体制、考试招生制度、建设现代学校制度、办学体制、管理体制、扩大教育开放为重点，对教育体制改革进行了系统设计，并提出了本届政府启动实施的十大改革试点任务，作为深化教育体制改革的突破口。

该纲要的专项改革包括十大试点任务：基础教育有三项，分别是加快学前教育发展、推进义务教育均衡发展和探索减轻中小学生课业负担的途径；高等教育有三项，分别是改革人才培养模式、改革高等学校办学模式和建设现代大学制度；另外四项是改革职业教育办学模式、改善民办教育发展环境、健全教师管理制度和完善教育投入机制。

该纲要的重点领域综合改革试点，包括基础教育综合改革试点、职业教育综合改革试点、高等教育综合改革试点和民办教育综合改革试点。该纲要要求省级政府教育管理部门统筹综合改革试点，旨在深化教育管理体制改革，探索政校分开、管办分离实现形式。此外，该纲要还提出了"四个统筹"，包括统筹推进各级各类教育协调发展；统筹城乡、区域教育协调发展；统筹编制符合国家要求和本地实际的办学条件、教师编制、招生规模等基本标准；统筹建立健全以政府投入为主、多渠道筹集教育经费、保障教育投入稳定增长的体制机制。总的来看，试点任务涵盖了各级各类教育的重点领域和关键环节，每项任务在确定试点地区时统筹考虑了东、中、西部的布局。

到底教育领域哪些政策属于重大政策问题？对此回答可能是见仁见智。我们可以从 2018 年 9 月 10 日习近平总书记在全国教育大会的讲话中归纳梳理一些重大的教育政策问题，如在党的坚强领导下，全面贯彻党的教育方针，坚持马克思主义指导地位，坚持中国特色社会主义教育发展道路，坚持社会主义办学方向；全党全社会要弘扬尊师重教的社会风尚，努力提高教师政治地位、社会地位、职业地位；教育是国之大计、党之大计，教育是民族振兴、社会进步的重要基石，是功在当代、利在千秋的德政工程；全面加强党对教育工作的领导，坚持立德树人，加强学校思想政治工作，推进教育改革；坚持党对教育事业的全面领导，坚持把立德树人作为根本任务，坚持优先发展教育事业，坚持社会主义办学方向，坚持扎根中国大地办教育，坚持以人民为中心发展教育，坚持深化教育改革创新，坚持把服务中华民族伟大复兴作为教育的重要使命，坚持把教师队伍建设作为基础工作；要抓住机遇、超前布局，以更高远的历史站位、更宽广的国际视野、更深邃的战略眼光，对加快推进教育现代化、建设教育强国作出总体部署和战略设计；必须把培养社会主义建设者和接班人作为根本任务，培养一代又一代拥护中国共产党领导和我国社会主义制度、立志为中国特色社会主义奋斗终生的有用人才；教育引导学生树立共产主义远大理想和中国特色社会主义共同理想，增强学生的中国特色社会主义道路自信、理论自信、制度自信、文化自信，立志肩负起民族复兴的时代重任；要努力构建德智体美劳全面培养的教育体系，形成更高水平的人才培养体系；家庭是人生的第一所学校，家长是孩子的第一任老师，要给孩子讲好"人生第一课"，帮助孩子扣好人生第一粒扣子；各级党委和政府要为学校办学安全托底，解决学校后顾之忧，维护老师和学校应有的尊严，保护学生生命安全；等等。

党的十九大以来，国务院和教育部在教育领域做出的许多重大部署也应该被视为我国重大教育政策问题，例如《新时代爱国主义教育实施纲要》《关于减轻中小学教师负担进一步营造教育教学良好环境的若干意见》《中共中央国务院关于深化教育教学改革全面提高义务教育质量的意见》《关于加强和改进新时代师德师风建设的意见》《教育部等五部门关于加强新时代中小学思想政治理论课教师队伍建设的意见》《关于深化教育教学改革全面提高义务教育质量的意见》《加快推进教育现代化实施方案（2018—2022 年）》等。

在近年来党和国家出台的这些政策中，《中国教育现代化 2035》特别值得我们关注，因为这个文本的时效性较长、覆盖面比较宽，符合我们所说的宏观教育政策的特征，所以我们可以将其视为宏观教育政策。《中国教育现代化 2035》提出了十大战略任务，即学习习近平新时代中国特色社会主义思想、发展中国特色世界先进水平的优质教育、推动各级教育高水平高质量普及、实现基本公共教育服务均等化、构建服务全民的终身学习体系、提升一流人才培养与创新能力、建设高素质专业化创新型教师队伍、加快信息化时代教育变革、开创教育对外开放新格局、推进教育治理体系和治理能力现代化。

从上述文献的梳理中，我们可以大致回答当前我国教育宏观政策管理到底面临哪些重大问题了。

三、我们选择研究的重大教育问题

我国教育改革已进入"深水区"，面临着很多前所未有的新情况、新问题、新矛盾，改革的难度大、压力大，矛盾也比较多，许多问题没有现成答案，需要在实践中探索。国家相关部门必须统筹谋划，循序渐进，"少走弯路"。而最为重要的就是着眼于体制机制方面的设计与创新。

为了尽可能地少走弯路，避免折腾，使改革的收益最大化、改革的风险最小化，必须积极稳妥地推进教育改革，做到统筹谋划，系统设计，循序渐进。一是重视顶层设计，对各项改革都有一个前瞻性的通盘考虑和设计，明确目标任务和操作步骤。二是突出重点，抓住那些长期困扰教育科学发展的难点问题和社会充满期待的热点问题，集中力量争取突破，不能全面铺开、平均用力。三是处理好改革、发展、稳定的关系，将改革的力度、发展的速度和社会的可承受程度有机统一起来。

国家教育体制改革试点力争在四个方面取得新突破。一是在人才培养体制改革上取得新突破，着力推进教育教学内容和方法、课程教材、考试招生和评价制度改革，探索减轻中小学生课业负担、推进素质教育的有效途径和方法。二是在办学体制改革上取得新突破，着力推进落实高等学校办学自主权，改革职业教育办学模式，改善民办教育发展环境，提高中外合作办学水平。三是在管理体制改革上取得新突破，着力建立健全加快学前教育发展的体制机制，全面推进义务教育均衡发展、多种途径解决择校问题，深化高等教育管理方式改革、建设中国特色现代大学制度。四是在保障机制改革上取得新突破，着力健全教师管理制度，加强教师队伍建设；完善教育投入机制，提高教育保障水平；推进教育信息化进程，提高教育现代化水平。

体制是管理机构和管理规范的结合体或统一体，是国家机关、企事业单位的机构设置、隶属关系和权利划分等方面的具体体系和组织制度的总称。不同的管理机构和不同的管理规范相结合就形成了不同的体制。从国家层面来看，有国家体制，从教育领域来看，有教育体制。

"机制"原指机器的构造和工作原理。关于机制的内涵我们可以从两个方面来理解：一是机器由哪些部分组成和为什么由这些部分组成；二是机器是怎样工作和为什么要这样工作。我们今天在使用"机制"这个概念时，强调的是事物内部各部分的机理即事物内部的构造、功能及其相互关系，在社会学中其内涵可以表述为"在正视事物各个部分存在的前提下，协调各个部分之间关系以更好地发挥作用的具体运行方式"。

　　由此可见，教育体制是教育机构与教育规范的结合体、统一体，它是由教育的机构体系与教育的规范体系所组成。教育体制是国家管理和规范教育事业发展的机构与相应规范的结合体或统一体。2010 年，国务院办公厅印发了《关于开展国家教育体制改革试点的通知》，确定了国家教育体制改革试点的主要任务。党的十八大和十九大更进一步明确了我国教育体制机制改革的方向和原则。有鉴于此，关于教育领域重大教育政策问题很多，但在有限时间的情况下我们不可能把这些教育政策都纳入我们的研究范畴之内，本课题只选择了以下十个重大教育政策问题开展研究，即全面加强党对教育事业领导的政策研究、加强学校思想政治教育的政策研究、尊师重教的政策研究、建设教育强国的政策研究、增强中华民族创新创造活力的政策研究、教育公平体制机制改革研究、教育治理现代化体制机制改革研究、考试招生制度改革、国际化人才培养体制机制改革研究和民办教育分类管理体制机制改革研究。

第一章　全面加强党对教育事业领导的政策研究

　　1973年12月，毛泽东在中共中央政治局会议上的讲话中说道："党政军民学，东西南北中，党是领导一切的。"这是毛泽东同志对于加强党的领导的著名论断。进入新时代，习近平同志进一步发展了毛泽东思想，2018年9月10日，习近平总书记在全国教育大会上发表重要讲话。他强调，在党的坚强领导下，全面贯彻党的教育方针，坚持马克思主义指导地位，坚持中国特色社会主义教育发展道路，坚持社会主义办学方向，立足基本国情，遵循教育规律，坚持改革创新，以凝聚人心、完善人格、开发人力、培育人才、造福人民为工作目标，培养德智体美劳全面发展的社会主义建设者和接班人。由此可见，我党几代领导人都非常重视加强中国共产党对教育事业的领导。

第一节　全面加强党对教育事业领导的政策规划

　　党中央、国务院对于加强党对教育事业领导的政策规划工作十分重视，其各自都设置了相应的组织机构，确保政策规划工作能够得到落实。教育部的发展规划司就承担着拟订全国教育事业发展规划等政策规划工作，党对教育事业的政策规划也是其基本任务之一。

一、加强党对教育事业领导政策规划的内容

　　党对教育事业的领导主要体现在加强对政策规划主要内容的管理。中国共产党自成立之日起就十分重视学校教育，并通过组织多种形式的学生运动宣传先进的思想、激励人民开展革命。早在1922年7月16日的中共二大会议上通过的《关于少年运动问题的决议案》中就提出，"共产主义少年在中国的运动是要成为大群众的性质。他且要记着他是以劳动少年的利益为第一的。他要认目前民主革命的奋斗是训练无产阶级革命的绝好机会，他要使革命的少年劳动者大群众的坚强的团结成了他的唯一主力"。1927年4月27日的中国共产党

第五次全国代表大会再次提出，"在革命运动发展中，中国的青年们有很大的作用。在各种斗争中，青年们在共产主义青年团指导之下，总是站在前线上，而给党以很大的帮助。在现在时期中，当革命运动要深入和扩大之时，青年的革命意义格外增加了。党对于青年之革命的意义须加以严重的注意"。在土地革命、抗日战争和解放战争时期，我党在革命根据地兴办了一批学校，为我党培养了一大批军事、经济、文化和教育事业的干部。中华人民共和国成立以来，中国共产党对于教育事业在国家经济建设和科学技术进步中的促进作用给予高度重视，通过教育方针的形式明确指出了我国的人才培养规格。回顾近百年党的发展历程，中国共产党对于教育领导的政策规划主要体现为以下几个方面：

（一）适时调整党的教育方针

在顾明远教授主编的《教育大辞典》中，"教育方针"是指"国家为了发展教育事业，在一定阶段，根据社会和个人两方面发展的需求与可能而制定的具有战略意义的总政策或总的指导思想。内容一般包括教育的性质、地位、目的和基本途径等"。《教育大辞典》是顾明远教授领衔主编的国内权威教育工具书，从1986年开始，历时6年到1992年最终出版。应该说，该辞典对于教育方针的理解是比较科学的、全面的。但是唯一的瑕疵就是对教育方针制定的主体的表述不够准确。因为该定义只是指出了教育方针制定的主体是"国家"，但实际上，中国共产党作为执政党在教育方针的确定上发挥着引领作用，这一点非常重要。

回顾中国共产党的成长和建设过程，中国共产党一直十分重视并适时调整党的教育方针。1921年党的一大会议上通过的《中国共产党第一个决议》就注意到教育的作用，该决议指出，"工人学校应逐渐变成工人政党的中心机构，否则，这种学校就无需存在，可予以解散或改组。学校的基本方针是提高工人的觉悟，使他们认识到成立工会的必要"。1922年党的二大会议上通过的《中国共产党第二次全国代表大会宣言》提出，"改良教育制度，实行教育普及"。

中华人民共和国成立之初，党就发展教育事业提出了明确的意见。1949年12月第一次全国教育工作会议重申了《共同纲领》制定的文教政策，提出新教育的目的"是为人民服务，首先为工农兵服务，为当前的革命斗争与建设服务"；"教育必须为国家建设服务，学校必须为工农开门"；建设新教育要以老解放区新教育经验为基础，吸收旧教育某些有用的经验，借助苏联教育经验。

20世纪50年代，国家进入建设时期，为此需要大批的受教育的劳动者。因此，1957年，毛泽东在最高国务扩大会议上发表《关于正确处理人民内部矛盾的问题》的讲话时指出："我们的教育方针，应该使受教育者在德育、智育、体育几方面都得到发展，成为有社会主义觉悟的有文化的劳动者。"正式使用了"教育方针"这个概念。1958年春，毛泽东又在讲话中提出："教育必须为无产阶级政治服务，教育必须同生产劳动相结合。"①

改革开放之后，国家需要通过教育提高科学技术水平，尊重知识成为共同的呼声。1981年6月党的十一届六中全会通过的《关于建国以来党的若干历史问题的决议》提出："坚持德智体全面发展、又红又专、知识分子与工人农民相结合、脑力劳动与体力劳动相结合的教育方针。"进入新时代以来，党中央再次调整教育方针。2017年，党的十九大报告提出："落实立德树人根本任务，发展素质教育，推进教育公平，培养德智体美全面发展的社会主义建设者和接班人。"2018年，习近平在全国教育大会上提出：坚持中国特色社会主义教育发展道路，培养德智体美劳全面发展的社会主义建设者和接班人。

中国共产党根据时代发展的需要适时调整教育方针是本着对国家和民族进步负责任的态度，这一点毋庸置疑。正是党对教育方针的不断调整才使得我国成为当今世界的教育大国。作为政策管理部门，应该根据未来几十年教育发展的需要科学规划我国的教育方针，提前规划、超前设计。

(二) 加强教育战线基层党组织建设

党对教育事业的领导的一个重要举措就是在学校和教育管理部门建立党的基层组织，这个举措可以直接将中国共产党的精神和执政理念贯彻落实到最基层，从而提高党的执行力，巩固执政基础。

1963年3月23日颁布实施的《全日制小学暂行工作条例》（通常简称《小教四十条》）指出："小学生的培养目标是：具有爱祖国、爱人民、爱劳动、爱科学、爱护公共财物等品德，拥护社会主义，拥护共产党；具有初步的阅读、写作和计算的能力，具有初步的自然常识和社会常识，具有良好的学习习惯；身心得到正常的发展，具有健康的体质，以及良好的生活习惯和劳动习惯。""各级党委必须加强对小学的领导，注意在小学教职工中进行政治工作

---

① 张力. 从党的教育方针看中国共产党的初心与使命 [N]. 中国教育报, 2019-06-24.

和思想工作。"

同一天颁布实施的《全日制中学暂行工作条例》（通常简称《中教五十条》）指出："中学生的培养目标是：具有爱国主义和国际主义精神，具有共产主义道德品质，拥护共产党的领导，拥护社会主义，愿意为社会主义事业服务、为人民服务；逐步培养学生的工人阶级的阶级观点、劳动观点、群众观点、辩证唯物主义观点；在小学教育的基础上，进一步掌握语文、数学、外国语等课程的基础知识和基本技能，并且具有一定的生产知识；身心得到正常发展，具有健康的体质，培养良好的生活习惯和劳动习惯。""各级党委要加强对中学的领导，注意在师生员工中进行政治工作和思想工作。"

从上述两个文件所提出的小学生的培养目标和中学生的培养目标来看，都强调要拥护共产党和共产党的领导。同时也规定各级党委要加强对中小学的领导。

在高等教育领域，对于加强党的领导也做了一系列明确规定，1961 年 9 月 15 日《中华人民共和国教育部直属高等学校暂行工作条例（草案）》（通常简称《高教六十条》）指出："在高等学校中，必须加强党的领导，加强党和非党的团结合作。""高等学校的思想政治工作在学校党委员会的领导下进行。""高等学校的领导制度，是党委领导下的以校长为首的校务委员会负责制。"该条例的第十章《党的组织和党的工作》中明确提出高校党组织的任务和地位，如"高等学校的党委员会，是中国共产党在高等学校中的基层组织，是学校工作的领导核心，对学校工作实行统一领导。高等学校中，党的领导权力应该集中在学校党委员会一级，不应该分散。""系的党总支委员会的主要任务，是做好思想政治工作和党的建设工作；团结和教育全系人员，贯彻执行学校党委员会、校务委员会的决议，保证和监督系务委员会决议的执行和本系各项工作任务的完成。"

与以往文件相比，该条例特别之处在于明确提出在高等学校教师、职工和学生中建立党组织及其任务。如"在教师、职工和学生中应该分别建立党的支部。教师和职工中的党支部的主要任务，是做好思想政治工作和党的建设工作，教育党员模范地完成自己的工作任务，团结和教育本单位的全体人员，保证各项工作任务的完成。教师中的党员按一个或者几个教学研究室组成支部，党支部要支持和帮助教学研究室主任做好工作。学生中的党支部的主要任务，是做好思想政治工作和党的建设工作，教育党员以自己的模范行动，影响和带动同学完成学习任务。""高等学校的党组织必须加强对共青团、工会、学生会和其他群众组织的领导，使它们真正发挥党联系群众的纽带作用。""高等学校的党组织应该根据党章的规定，在教师、学生和职工中有计划地发展党员，健全党的组织生活。加强对党员的马克思列宁主义、毛泽东思想的教育，党的方针政策的教育。加强党员的党性锻炼。教育党员密切联系群众，反映群众的意见。党员应该起模范作用，没有任何特权。"

实际上，党在高等学校加强组织建设是经历了一个过程的，即由"领导学校开展政治运动"到"逐步开展业务、干部管人事管理等多方面领导"的过程①。中国共产党在教育战线的基层组织建设对教育事业的领导更加坚实，今后也将随着社会发展的多种需要进行改革，因此，作为相关的政策部门应该加强这个方面的政策规划。

（三）增强教育领域教师和管理干部的政治意识

教育工作的开展离不开奋战在教育战线第一线的广大教师和各级教育行政部门的管理干部。即便是最合理、最科学的教学内容和相关的政策如果得不到一线的教师和管理干部的支持和有效执行，这些内容和政策也不可能发挥其应有的效果。因此，为了巩固党的执政地位，必须对各级各类学校教师和各级教育行政管理部门的行政干部加强思想政治教育，增强他们的政治意识，提高他们的政治水平。为此，党中央制定了一系列相应的政策。需要说明的是，中华人民共和国成立后从50年代开始，国家将各级各类学校的教师身份定位为国家干部。1953年《关于修订高等学校领导关系的决定》中就对高等学校干部的政治素质有了明确要求，"1956年6月，高等教育部颁布《高等学校任用教、职、工人的暂行规定》，提出要对高等学校教师进行统一筹划，合理调整。并第一次明确提出，中华人民共和国高等学校教师是国家工作人员，应该根据国家需要，服从国家调动。从而明确了教师的法律地位——国家工作人员，进而将其纳入国家行政计划调整的行列"。② 2018年1月31日，中共中央、国务院公布了《关于全面深化新时代教师队伍建设改革的意见》，明确规定："教师是国家公职人员。"也就是说，长期以来，国家是将教师视为国家

---

① 蔡克勇先生在《20世纪的中国高等教育（体制卷）》（高等教育出版社，2003年版）一书中详细回顾了中华人民共和国成立以后党在加强对高等学校领导工作的进程。随着院系调整的完成和中国共产党组织的发展和壮大，高等学校陆续建立起较完备的党委领导体系之后，党的基层组织遍布于高等学校各个组织，与行政领导系统并列建立了党的领导系统。

② 李灵莉．新中国成立之初高校人事制度变迁分析［J］．教育学术月刊，2011（10）：70.

干部来开展管理的。正因为如此，我们在党和国家的相关文件中看到关于教师的管理文件会多于关于教育领域管理干部的管理文件，这并不是说中央不重视对管理干部的政治意识的教育，而是将这项工作体现到对教师的政治意识教育之中了。

教育领域的教师和管理干部作为一个群体，其思想状况特别是政治意识和政治态度关系着我国教育事业的进步和发展，也关系着中国共产党执政地位和民族复兴伟大梦想是否可以实现等一系列重大战略。因此，相关的政策规划部门必须加强对该领域政策规划的研制工作，及时调整内容，不断满足党和国家的政策需求。

（四）重视对教学内容的指导

党对学校教学内容十分重视，集中体现为在党的领导下的各级各类学校中的课程改革。中华人民共和国成立之初就开始对中小学进行课程改革，至今至少进行了五次课程改革。每一次课程改革的目的虽然不尽相同，但是其基本指导思想并没有改变，那就是体现出党的各个时期教育方针的精神和要求，加强对教学内容的指导。例如"第一次课程改革"于 1949 年启动，1952 年结束。1949 年 12 月 23 日召开的第一次全国教育工作会议强调，要对旧教育实行"坚决改造，逐步实现"的方针，指出要"以老解放区新教育经验为基础，吸收旧教育有用经验，借助苏联经验，建设新民主主义教育"[①]。

除了加强对基础教育课程进行改革以外，中央也非常注重加强对高等学校公共基础课课程内容和教学方法的改革。进入新时代，国家加大了对高等学校思想政治课程的教学改革，要求高等学校在思政课程之外，还要发挥其他课程的思想政治教育的作用，提出由"思政课程"向"课程思政"的转化。课程内容建设主要体现在对教材建设方面，基础教育教材建设是国家一直关注的领域。与此同时，中宣部和教育部联合组织出版"马工程"教材，其目的在于巩固马克思主义在意识形态领域的指导地位。

教学内容和教材建设是不断变化的，教育政策规划部门应该及时并提前做好相应的政策规划，确保各级各类学校的教学内容能够为中国共产党治理国家培养优秀的人才。此外，党对教育事业领导的政策还包括很多方面，如党对教师领导的政策、党对学校德育工作的政策、党对高等教育的政策、党对创新教

---

① 谢翌，马云鹏，张治平. 新中国真的发生了八次课程改革吗 [J]. Educational Research，2013（2）：130.

育的政策等，这些我们将在接下来的章节中专门研究，这里不再赘述。

二、加强党对教育事业领导政策规划的现状

由于中国共产党一直以来对国家教育事业的重视和正确指导，党加强教育领导的政策规划工作总体来说设计合理、覆盖科学，基本上满足了党对教育事业宏观领导的需要。

（一）加强党对教育事业领导政策规划的目标更加明确

无论是哪一类政策研制，政策规划部门都必须要有明确的政策规划目标。目标是行为产生的前提，只有明确的目标才能为行为指明方向，也能为行为提供依据和结果，从而激发行为的动力和持续进取的精神。所谓明确的政策规划目标就是指政策规划部门在规划政策的时候，必须根据党和国家的战略需求，明确今后一段时间内出台政策的目的、价值取向、数量、种类、形式和覆盖面，等等。

中华人民共和国成立以来，在加强党对教育事业领导这个政策领域，由于党和国家的高度重视，相关的政策规划部门（不仅是指教育行政部门，还包括一系相关部门，但限于篇幅和研究能力，本书主要研究教育行政部门及其所出台的教育领域的政策）在相应的政策规划方面所做的工作整体上应该是成功的，这与政策规划部门不断明确各个时期的社会经济发展情况而适时调整政策规划目标分不开的。进入新时代以来，相关政策规划部门不断跟进党中央的指示精神，政策规划目标十分清晰，为今后科学规划加强党对教育事业领导的政策奠定了重要基础。

（二）加强党对教育事业领导政策规划的思路不断清晰

目标决定思路，通常情况下，目标明确了，工作思路也会随之清晰化。思路是将目标（理念）转换为实践的桥梁和中介，只有思路清晰了，所指导的实践才不会出现失误和走弯路的现象。所谓政策规划思路清晰是指准确理解政策规划目标并能够根据现实需要将目标转化为具有可操作性的指导意见，以便为政策执行部门制定行动举措提供依据。但是目标和思路之间并非绝对的决定与被决定的关系，即明确的目标一定会产生清晰的思路。而实际情况往往是虽然有了明确的目标，但并非一定就能够产生清晰的行动思路，目标是清晰思路的必要条件，而清晰的思路通常需要一个逐步明晰的过程。对于政策规划部门来说，这种现象也往往存在。

在我国党对教育事业领导的政策规划领域，相关部门通力合作整体上保证了政策实施部门的需要，这也与政策规划部门的思路需要不断清晰有着密切的关系。进入 21 世纪，中共中央、国务院以及部分部委陆续出台了一系列具有规划性质的政策文本，充分展现出政策规划部门的思路是在不断清晰这个判断。这些政策文本包括：国务院《国家中长期科学和技术发展规划纲要（2006—2020 年）》（2006 年 2 月）、中共中央、国务院《国家中长期人才发展规划纲要（2010—2020 年）》（2010 年 6 月）、中共中央、国务院的《国家中长期教育改革和发展规划纲要（2010—2020 年）》（2010 年 7 月）、科技部、人力资源和社会保障部、教育部、中国科学院、中国工程院、国家自然科学基金委员会、中国科协《国家中长期科技人才发展规划（2010—2020 年）》（2011 年 7 月）、中共中央、国务院的《中国教育现代化 2035》（2019 年 2 月）和中办、国办印发《加快推进教育现代化实施方案（2018—2022 年）》（2019 年 2 月）。这些具有政策规划意义的系列文本的制定和实施，将为我国建设教育强国提供有力的政策保障。

（三）加强党对教育事业领导政策规划的举措基本得力

广义上的规划是指个人或组织为了实现一定的目标所制订的计划或研制的一整套行动方案。我们这里所说的政策规划主要针对的是政府部门中的政策规划部门，它们根据加强党对教育事业领导政策的需要而研制的计划或行动方案。由于涉及政策制定和实施的计划或行动方案，因此所提出的规划举措必须有效、得力。在加强党对教育事业领导的政策规划方面，国家政策规划部门所制订的规划基本上是有效和得力的。在上述的各项规划中，大多数文本中对于政策的研制和实施都提出了明确的要求，如时间节点的设计、数字化指标的设定等。这些明确的规划无疑为今后的教育政策的制定设计了可以遵循的指南。

（四）加强党对教育事业领导政策规划的调整逐步及时

规划本身的计划性和方案性决定着规划在实际执行中必然会因各种未能预料的情况出现后需要做进一步调整——对于没有规划进去的内容需要增加，不合适的内容需要修改，需要重点加强的工作需要重新规划或者制定新的专门的规划。这就需要规划部门在实施过程中持续加强对规划的实施效果开展评估，根据评估的结果决定是否需要对原有的规划方案进行调整。

中华人民共和国成立之初到"文化大革命"之前，国家百废待兴，经济建设急需大量掌握一定知识的劳动者。为此，教育主管部门不断调整政策规划，通过政策规划调整专项教育政策的内容来实现国家对教育的要求。进入21世纪以来，为了加快实现由教育大国向教育强国转变的步伐，党中央和国务院的政策管理部门也在适时调整政策规划（这一点从上述的各项规划文本中也可以看到），通过调整规划来指导各级各类学校教育政策的制定和实施，有效地提高了我国教育的整体水平。

三、加强党对教育事业领导的政策规划所面临的问题

教育政策规划的计划性表明这项工作本身是对未来教育政策的一种计划、设想和预计，作为教育政策规划部门不可能对未来社会对教育事业发展做出没有任何偏差的精准判断。这就意味着教育政策规划部门所做出的规划必然会随着教育事业不断变化而面临着一系列问题。我们认为，教育政策规划过程中面临问题是必然的，重要的是教育政策规划部门要有一套应对措施（预案），以便及时指导教育管理部门能够及时制定新政策。

（一）党在领导教育事业过程中的法律地位有待进一步明确

在我国的宪法和教育法律中关于中国共产党对教育事业领导地位都有一系列原则性的表述，这为党领导我国教育事业进步奠定了坚实的法律基础。但是，当这些法律条款落实到基层教育组织的时候，都必然会面临一个问题，那就是基层党组织在落实上级党组织特别是党中央的有关指示精神的时候如何处理好与学校教育相关的各种关系。例如，党组织与社会各个主体在学校教育过程中的关系、党组织与学校师生员工之间的关系、与上级党组织之间的关系、与其他社会团体之间在涉及教育问题时的关系等。这些问题看似琐碎，但是如果处理不好必然会影响到我党在广大人民群众心目中的形象，危及我党的执政地位，因此千万不可掉以轻心。这就需要教育政策规划部门在规划教育政策时，有必要明确党中央特别是基层党组织在加强对教育事业领导过程中的法律地位。

所谓明确基层党组织的法律地位是指要通过政策（包括法律法规）明确基层党组织在对各级各类学校教育教学活动发挥领导作用的过程中的权利和义务之间的关系，即这些党组织在领导教育教学活动过程中拥有哪些合法权利？履行哪些合法义务？这一点除了在党内法规之外，还可以在今后的教育政策规划里做好相关政策的设计。

（二）加强党对教育事业领导的内容有待持续理清

党对教育事业进行领导是符合我国宪法的合法行为，党的领导应该更多的是在教育方针、教育思想和重大战略举措上的领导，在教育组织机构行为上表现为党对组织机构的设计和干部的教育。这就需要我们在教育行政管理和学校的教育教学管理过程中，进一步理清党政之间的关系。在党政关系的变革过程中大致经历了四个阶段①："寓党于政""以党代政""党政分开""以党统政"。这四个阶段同样对教育领域的党政关系改革产生了积极的效果。早在党的十一届三中全会前后，党中央特别是中央某些负责同志就针对党政不分、以党代政等严重问题，提出了改革党政关系的一些重要原则。进入20世纪90年代，党政关系的改革的思路更加明确、举措更加有力。

新时代以来，党中央继续推进党政关系的改革，其目的就是进一步构建和谐的党政关系，从而为中国共产党治国理政这个战略服务，提高推进国家治理体系和治理能力现代化的水平。在教育领域，伴随着党政关系改革的深入，我们必须面临的挑战就是如何进一步理清党政之间的关系。因为只有理清了党政关系和各自的管理范围才能更加明确党对教育事业进行领导的内容。就目前的各级各类学校教育教学工作和教育行政部门的实际管理工作的情况来看，党对教育事业的领导内容和行政管理部门所涉及的内容还存在着一些模糊地带（更多的是有交叉重叠的地方，可能也存在少数空白的地带），其主要原因也在于党政关系的模糊，如果不能及时消除这些模糊认识和模糊地带，就必然会影响我国教育事业的发展。

（三）加强党对教育事业领导的方式方法需要继续改进

从管理学的角度来看，领导也是一门艺术，准确掌握这门艺术可以达到良好的效果。回顾我党成长和发展的历史，在加强对教育事业的领导艺术方面有着丰富的经验及完善的制度，这也是中华人民共和国成立以来我国教育事业能够健康快速发展的最根本原因。但是，这并不意味着我党在领导方式和方法没有可以提高和改进的地方。

人类社会发展至今，无论是个体还是集体，在实行领导的过程中主要采用"情""理""法"三个方法。所谓"情"是指管理者在实行管理过程中或者

---

① 陈红太. 从党政关系的历史变迁看中国政治体制变革的阶段特征 [J]. 浙江学刊，2019（2）：14.

与人交往的过程中，最好首先能够用感情（广义上也包括"义""仁"）感动管理对象，让他们在感情上接受你的管理或接受你的理念。如果管理对象或者交往对象与管理者产生情感上的抵触而产生逆反心理，则管理工作的难度就会增大，管理成本也就必然会随之增加。因此，管理者（领导者）要特别注意以情动人这个道理。有了"情"做基础，那么"理"也就迎刃而解了。这里说的"理"就是指管理者在管理过程中或者与管理对象交流过程中讲清楚工作的原理、道理、目标和实现的途径，让管理对象明白管理者设计的工作价值，达成共识，在人们的积极性和热情被调动起来后，工作任务的完成自然也就简单了。最后是"法"，主要是指规范和规则，是对管理对象行为的最基本要求，如果不遵守这些规范就会要承担什么样的责任，受到什么样的处罚。

从党对教育事业管理的历程来看，其使用"法"的手段多于"理"和"情"，加强"法"的手段本身无可厚非，法治社会强调规范和规则是非常必要的。但是，在对教育事业领导过程中适当运用"理"特别是"情"，则领导的效果肯定会更好，必然会达到事半功倍的效果。

（四）加强党对教育事业领导的体制机制建设有待进一步完善

中华人民共和国成立以来，经过 70 多年的艰辛努力，我们党在领导国家教育事业发展的方面已经逐步建立起较为完善的体制和机制。特别是在 1985 年 5 月的《中共中央关于教育体制改革的决定》以后，中央和国家在不断调整和完善教育方针的同时，关于教育体制和机制的改革也在不断深入，这无疑为我国教育事业的发展提供了制度上的保障，对此我们必须给予高度肯定。但是，现在的管理体制特别是基层的管理体制和机制方面也还存在着需要进一步改进的地方。例如，在教育行政部门和各级各类学校内部管理体制上，如何协调党务与行政之间的关系，形成合力避免不必要的摩擦；如何平衡党务干部和行政干部的成长速度和发展空间；等等。这些不够协调的现象的存在，在很大程度上影响了党对教育事业领导的效果，长远来看不利于教育事业的快速发展，因此，还需要在今后的教育体制机制改革方面加大力度、提高深入度。

四、加强党对教育事业领导的政策规划的基本举措

针对上述不足，我们认为在加强党对教育事业领导的政策规划过程中，可以从以下几个方面加以改善，提高相关政策的规划水平和质量。

（一）明确加强党对教育事业领导的政策规划的正确目标

作为政策规划部门，要围绕如何加强党对教育事业领导这个核心任务来确定其政策规划目标。由于目标本身会随着社会发展的变化而变化，因此目标必然会存在着很多不确定性，但是作为政策规划部门不能因此而放弃对政策的规划。这就需要对相关的政策规划目标至少分成两个方面：长远目标和阶段性目标。对于长远目标（通常至少在 20 年以上）来说，只要不发生重大的社会变革就必须要坚决执行，并且要督促相关部门努力实现这个目标。而阶段性目标相对时间较短（例如"五年规划"），因而可以依据国家重大战略需求在前一个阶段规划的基础上做适当的调整。这种长远目标和阶段性目标相结合的政策规划方式同样适用于党加强对教育事业领导的政策规划目标设计。

（二）树立加强党对教育事业领导的政策规划的正确理念

上文已经指出，党的教育方针是加强党对国家教育事业领导的最基本要求，因而教育方针本身也体现了党对教育事业进行领导的基本理念。但是，教育方针本身不仅是教育政策的规划理念，而且是要求政策规划部门在政策规划过程中通过一系列政策的设计使得这个理念得到落实和执行的依据。那么，针对加强党对教育事业领导，政策规划部门应该树立什么样的正确观念呢？

我们认为，最重要的是教育政策规划部门要树立不断创新的观念，即根据教育方针的要求和时代发展对教育事业的需要，不断创新政策规划的模式和思路，不要被已有的观念和经验所束缚。创新是一个民族进步的灵魂，是一个国家兴旺发达的不竭动力，也是中华民族最深沉的民族禀赋。纵观当今世界各国的发展历程，能够屹立于民族之林的国家无不是通过创新而确立的，美国、日本如此，正在崛起的金砖国家亦是如此。党的十八大以来，习近平总书记高度重视创新发展，在多次讲话中反复强调"创新"的重要性，认为"创新是引领发展的第一动力"，"实施创新驱动发展战略，推进以科技创新为核心的全面创新"，而"科技创新是提高社会生产力和综合国力的战略支撑"，因此要"坚定不移走中国特色自主创新道路"，并"加快科技体制改革步伐"，更要"牢牢把握科技进步大方向"，"牢牢把握产业革命大趋势"和"牢牢把握集聚人才大举措"。培养人才的过程本身就是一个创新的过程，所以说教育事业本质上就是要有创新意识和创新能力。如果我们的教育政策规划部门在规划党加强对教育事业领导的政策规划时没有创新意识和创新能力，则必然难以设计好教育政策和相关政策。

（三）确定加强党对教育事业领导的政策规划的基本原则

为了能够帮助教育政策规划部门在党加强对教育事业领导这个领域更好地做好相应的规划工作，我们建议参照以下几个方面的原则开展相应的规划工作。

1. 方向性原则

所谓方向性原则就是指教育政策规划部门在规划关于如何加强党对教育事业领导的政策过程中，必须坚持政治方向，具体说就是坚持教育方针所确定的政治方向。政治方向性是中国共产党领导全国各行各业十分重视原则，对于教育事业的领导亦是如此，因而也是教育政策规划部门必须坚持的首要原则。方向性原则的坚持必然要与教育现实的需要结合起来，否则这个原则就变成了简单的、冰冷的政治行为而缺少了复杂的、充满情感的教育的规律。20世纪五六十年代我国在教育事业的发展中就曾经犯过这样的错误，使得教育事业走了很多弯路，造成了极大的损失，特别是我国的高等教育事业发展错过了一次与西方发达国家在第二次世界大战以后共同发展的"黄金时期"。

我国社会已经进入了"新时代"，国家正经历着百年未有的大变局，各级各类教育正在共同努力走在通往教育强国的大道上，在这条大道上必然会碰到我们难以预料的困难和问题。解决这些问题除了借鉴发达国家的成功经验之外，更多的是要依靠我们自身的智慧，将教育工作的方向性与实践性紧密结合起来，因地制宜创新性地制定切实可行的系统性政策，研制丰富多彩的政策工具。所以说，坚持教育政策规划的方向性原则只有与解决具体实践问题结合起来，这个原则才具有真正的价值。

2. 继承性原则

所谓继承性原则是指教育政策规划部门在规划关于党如何加强对教育事业领导的政策过程中，不能简单地否定既有的教育政策，而是要在尊重既有教育政策的基础上结合教育未来发展需求做好政策规划。在我国教育发展的过程中，我们曾经有过一段时间在政策上忽左忽右的摇摆过，例如，对于教育方针中提出的德智体美劳的"劳动教育"和"美育"就在很长一段时期内左右摇摆、动荡不定，一段时间片面强调，一段时间又片面忽视甚至否定，导致党对教育事业的领导出现了不少偏差，影响了党对教育事业的领导效果。出现这种非常现象的根源十分复杂，但是教育政策规划部门在规划相关政策的时候未能很好地坚持继承性原则是一个比较主要的原因。

如何坚持这个原则？我们认为至少要做好两个方面的工作：一方面，政策规划部门要组织力量（特别是相关教育政策研究的专家）对既往的相关政策进行归纳梳理后开展系统的研究。开展这项工作的主要目的在于弄清楚既有政策的执行效果（这项工作需要组织专家开展评估）和存在的不足，对于成功的经验要继续保留，对于不足之处要深入研讨找到问题的原因所在，以便在后续的政策规划时加以修订和完善。另一方面，就是要对未来若干年（至少是10年以上）的教育发展走向开展研究，这就更需要发挥教育政策领域专家的聪明才智，放手开展研究，尽可能把未来教育工作梳理得清晰化。如果能够达到这样的目的，则相应的政策规划的路线图就可以迎刃而解地被绘制出来了。

3. 权威性原则

所谓权威性原则是指教育政策规划部门在规划关于如何加强党对教育事业领导的政策过程中发挥党中央、国家最高权力机关和国家最高行政机关的权威性，提高教育政策规划的效力。从我国政策（广义上的政策，包括法律法规）产生的渊源来看，既包含党中央制定的政策、全国人民代表大会及其常务委员会制定的法律，也包含国务院制定的政策和依法制定的行政法规，这些机构都是国家最权威的机构，代表着人民和国家的意志，体现着国家的威严，因此，所做的相应的教育政策规划必然也最具权威性。

遵守这个原则的根本目的就是要求其他各级教育政策规划部门在加强中国共产党对教育事业领导这个领域开展工作时，必须首先要遵守国家层面上述权威机构所制定的政策规划，不能与上述这些政策规划发生冲突。政策（狭义上的）与法律相比，具有一定的弹性，政策的这一特点就很容易出现"上有政策、下有对策"的现象，进而影响国家层面政策的权威性。在教育政策规划的过程中也有"上下"这一现象存在。为此，各级教育政策规划部门，在维护党对教育事业领导权的政策规划过程中，也要避免出现"上下"现象的存在，维护国家上述机关教育政策规划的权威性。

此外，在遵守权威性的原则时，国家上述机构之间也要加强协作，充分发挥教育政策与法律法规的相互支持所形成的合力在教育政策规划中的作用。也就是在教育立法规划的时候兼顾教育政策的规划，同样，教育政策规划时也要兼顾教育立法的规划，两者结合可以更好地发挥教育政策规划的权威性和强制力，更有利于加强党对教育事业的领导。

4. 治理性原则

所谓治理性原则是指教育政策规划部门在规划关于如何加强党对教育事业领导的政策过程中调动地方政府和其他社会力量参与的积极性，从而提高相关教育政策规划的科学性和民主性，有利于教育政策的有效落实。由于教育事业涉及千家万户和社会的方方面面的利益，因此，调动这些主体参与政策规划的积极性对维护党对教育领导的权威性是有利的。但是，必须要指出的是治理性原则必须服从上述的权威性原则，即必须在维护国家权威机构规划的前提下执行。在中国传统文化的长期熏染下，如果过多地片面地强调治理性原则必然会伤害到权威性原则的有效遵循，因此我们主张在遵守权威性原则的前提下充分发挥治理性原则在教育政策规划中的作用。

（四）选择加强党对教育事业领导的政策规划的科学方法

党对教育事业的领导是我党的一项重要工作，因此，必须要采用科学、合理的方法加以落实。对于教育政策规划部门来说，就是要在上述目标、理念和原则已经确定的基础上，选择加强党对教育事业领导的政策规划的科学方法，从而保障这些目标、理念和原则能够得到切实有效地贯彻和落实。通常情况下，我们建议政策规划部门采取以下常规的方法。

1. 教育政策法律化与教育法律的政策化

政策和法律从本质上来说都是共通的，其目的都是为了更好地管理国家的事务，规范相关主体的行为，并对不遵守规则的主体予以处理，教育政策和教育法律也是如此。但是，由于教育政策和教育法律的产生过程、制定主体和表现形式等不一样，所以两者对管理对象所发挥的效力也不一样，前者具有更多的弹性，后者则具有很强的刚性且充分体现国家的意志和威严。正因为如此，在通常情况下，我们应尽可能地将教育政策法律化，以便更有效地落实相关政策。

当然，这并不否定教育政策在教育事业发展中的作用和价值。事实上，在中华人民共和国成立直到 1980 年我国第一部教育法律《中华人民共和国学位条例》颁布实施期间，国家对教育事业的领导主要是通过相关的政策来进行的，这充分说明教育政策在缺乏法律的情况下所发挥的作用及其价值。正因为如此，我们认为，在强调教育政策法律化的同时，我们也要注重教育法律的政策化，即把教育法律法规的相关要求通过更多的政策来实施。这就要求相关政策规划部门要做好相应的规划设计工作，保证教育政策和教育法律法规之间的转化机制顺畅、有效。

2. 教育政策工具多样化与商品化

无论是政策还是法律法规，它们在实施的过程中往往需要借助一定数量的政策工具才能达到目标，教育政策和教育法律法规的实施也是如此。这就需要政策规划部门要在规划过程中注意对政策工具的规划工作，将政策规划与政策工具的规划紧密协调起来，从而保证政策和法律法规得到最有效地实施。在规划教育政策工具的过程中，要特别注意的是政策工具的多样化，确保相关政策和法律法规在实施的过程中有更多的选择空间，从而提高教育政策和教育法律法规的实施效果。

作为一种工具，教育政策工具也具有商品属性（目前关于政策工具是否具有商品属性在学界并没有引起太多的关注和研究，仅有的研究成果对此有较多的分歧。我们认为，教育政策工具如同其他工具一样具有商品属性，可以在"政策工具市场"上进行交易。政策工具的商品属性和政策工具市场等命题是一个非常复杂的研究主题，我们将在后续的研究中专项开展研究，这里不再展开）。国家教育政策规划部门应该规划好教育政策工具的类型、数量，更重要的是规划好政策工具交易的市场及其运行规则，从而为国家管理部门源源不断地提供丰富多样的政策工具。

3. 理想与现实结合，追求满意和基本满意

在规划教育政策工具的过程中，我们要避免追求过高的理想化的蓝图设计，"多快好省"永远只能是政策规划部门的崇高而又远大的理想，但很难把规划做成"多快好省"，教育政策的规划也是如此。那么，应该追求什么样的教育政策规划目标呢？我们认为，应该追求满意和比较满意的规划，这是一种务实的规划态度。我们曾经也追求要"多快好省"，但是历史的实践证明这样的目标一旦不能实现，结果反而伤害了国家经济建设的速度和质量。教育规划是必须要紧密联系教育事业发展的实际，这就必然要求规划部门采取务实的态度，那就是将教育政策规划做得让教育政策实施部门满意或者比较满意。

第二节 全面加强党对教育事业领导的政策研制

中国共产党作为执政党，加强对教育事业的全面领导是党执政的必然选择，也是我党对国家教育事业和民族未来的一种负责任态度的体现。由于党作为一个党派组织并没有立法的权力，因而实现对教育事业的领导的途径只能是通过制定教育政策这种方式。所以，我们对中共中央如何制定政策的研究，对于巩固党的执政地位、加强党对教育事业的领导必然具有重要的理论价值和实践意义。

一、加强党对教育事业全面领导的政策研制内容

政策规划部门在做好了教育政策规划以后，教育政策研制部门必须严格按

照规划部门的蓝图来研制各自所需要的政策。在加强党对教育事业领导的过程中应该研制哪些教育政策？这既关系到教育政策的覆盖面，也关系到相关教育政策的深入程度。强调教育政策的覆盖面而忽视了政策执行的深度不可取，强调教育政策执行的深度而忽视了教育政策的覆盖面的做法同样不科学。因此，教育政策研制部门必须统筹兼顾，从而为教育政策具有良好的实施效果提供基本的保证。

（一）加强党对学前教育阶段领导的政策内容

学前教育是我国教育体系的第一级教育，是基础教育中的基础教育。学前教育质量在很大程度上会对一个人一辈子的成长产生重要的影响。党和国家十分重视学前教育，并且制定了一系列政策和行政法规，地方各级政府也积极制定了相应的政策和地方行政法规。近年来，全国人民代表大会正在研制《学前教育法》，2018 年 9 月 7 日，公布的第十三届全国人大常委会立法规划中，学前教育法纳入全国人大常委会立法规划的一类立法项目，拟在第十三届全国人大常委会任期内提请审议。

1987 年至 2019 年，仅教育部及相关部门就先后出台了 50 多项关于学前教育发展及幼儿园规范管理的政策文件，如《幼儿园管理条例》（1989 年 9 月 11 日发布）、《幼儿园工作规程》（1996 年 3 月 9 日国家教委令第 25 号发布）、《教育部关于印发〈学前教育督导评估暂行办法〉的通知（教督〔2012〕5 号）》（2012 年 2 月）、《教育部 国家发展改革委 财政部关于实施第二期学前教育三年行动计划的意见（教基二〔2014〕9 号）》（2014 年 11 月）、《教育部办公厅关于开展 2019 年全国学前教育宣传月活动的通知（教基厅函〔2019〕29 号）》（2019 年 5 月 5 日）。

此外，党中央和国务院也颁布了一系列关于学前教育的政策性文件，如，国务院《中国儿童发展纲要（2001—2010 年）》（国务院 2001 年 5 月 22 日发布）、《国务院关于当前发展学前教育的若干意见（国发〔2010〕41 号）》（2010 年 11 月）、《中共中央 国务院关于学前教育深化改革规范发展的若干意见》（2018 年 11 月 7 日）等。这些关于学前教育政策的制定和实施，充分体现出党对学前教育的高度重视，它们涉及学前教育的方方面面，既有对学前教育内容的要求，也有对学前教育方式、手段等方面的规定，还有对学前教育收费、投入、师资队伍建设、基础设施建设和食品安全等方面的严格标准。这些政策对学前教育的覆盖面和深入程度基本上满足了学前教育的实际需要。

（二）加强党对义务教育阶段领导的政策内容

义务教育是对全体国民进行的基本素质教育，是衡量一个国家教育水准的重要依据。为了保障适龄儿童、少年接受义务教育的权利，保证义务教育的实施，提高全民族素质，国家必须十分重视义务教育。1986 年 4 月 12 日由第六届全国人民代表大会第四次会议通过了《中华人民共和国义务教育法》，这标志着国家对义务教育的要求从宪法层面向部门层面立法的开始。义务教育的根本任务决定着加强党对义务教育阶段领导的政策内容也具有特殊性，本研究主要从以下几个方面介绍党对加强义务教育阶段的政策内容。

1. 义务教育阶段的课程标准建设政策

中华人民共和国成立以后，党中央十分重视义务教育阶段①的课程建设，在继承已有课程建设经验的基础上，不断调整和完善使之能够为培养出我国社会主义建设所需要的高素质的国民。对于课程标准这一表述方式，不同时期有不同的表述（学习苏联的很长一段时间内我们称之为《×××大纲》，进入 21 世纪之后又称之为《×××标准》②），但是其目的都是更好地设计合理的课程内容（我们这里以小学语文为例简要呈现一下小学语文课程标准的演变过程，见表 1-1。通常情况下，小学课程标准的修订都是整体的，也就是说，小学语文和其他学科的课程标准的修订是同步的，表 1-1 显示的进程基本上也是其他学科如数学、历史等的修订进程，限于书稿的篇幅这里不再一一展示）。

表 1-1　　　　　　　　　　我国小学语文教学课程标准演变一览

时　间	年　代	名　　称
1902 年	清朝	钦定蒙学堂章程
1902 年	清朝	钦定小学堂章程
1904 年	清朝	奏定初等小学堂章程

---

① 我国法律意义上的义务教育起始于 1986 年的《中华人民共和国义务教育法》，在此之前，我们没有法律意义上的义务教育。这里所说的义务教育仅仅是研究方便的需要，实际上主要是指小学教育和初中教育两个阶段的统称。

② 实际上，在改革开放不久，特别是在 20 世纪 80 年代末 90 年初的时候，就有一批课程论研究的专家（例如当时华中师范大学教育系的旷习模教授和廖哲勋教授）就提出用"课程标准"这个概念代替"教学大纲"这个概念，但是非常遗憾在当时并未能得到官方的认可。

续表

时间	年代	名称
1904 年	清朝	奏定高等小学堂章程
1912 年	中华民国	小学校教则及课程表
1916 年	中华民国	国民学校令施行细则
1923 年	中华民国	新学制课程标准纲要小学国语课程纲要
1929 年	中华民国	小学课程暂行标准小学国语
1932 年	中华民国	小学课程标准国语
1936 年	中华民国	小学国语课程标准
1941 年	中华民国	小学国语科课程标准
1948 年	中华民国	国语课程标准
1950 年	中华人民共和国	小学语文课程暂行标准（草案）
1954 年	中华人民共和国	改进小学语文教学的初步意见
1955 年	中华人民共和国	小学语文教学大纲草案（初稿）
1956 年	中华人民共和国	小学语文教学大纲（草案）
1963 年	中华人民共和国	全日制小学语文教学大纲（草案）
1978 年	中华人民共和国	全日制十年制学校小学语文教学大纲
1980 年	中华人民共和国	全日制十年制学校小学语文教学大纲
1986 年	中华人民共和国	全日制小学语文教学大纲
1988 年	中华人民共和国	九年制义务教育全日制小学语文教学大纲
1991 年	中华人民共和国	中小学语文学科思想政治教育纲要
1992 年	中华人民共和国	九年义务教育全日制小学语文教学大纲
1994 年	中华人民共和国	关于印发中小学语文等 23 个学科教学大纲调整意见的通知
2000 年	中华人民共和国	九年义务教育全日制小学语文教学大纲
2001 年	中华人民共和国	全日制义务教育语文课程标准（实验稿）
2009 年	中华人民共和国	九年义务教育全日制小学语文教学大纲（试用）
2011 年	中华人民共和国	义务教育语文课程标准
2018 年	中华人民共和国	义务教育语文课程标准

注：本表在《小学语文》（http：//www.pep.com.cn/xkzthyd/xiaoyu/jiaoshi/tbjx/kbjd/jxdg/）提供信息的基础上整理而成。

　　教育部作为国家教育主管部门为了使教材和教学内容更好地体现党对教育的领导，根据社会形势的变化适时地对义务教育阶段的课程标准进行修订，同

时也接受其他党派对课程标准的意见进行修订。例如，教育部在《关于政协
十二届全国委员会第五次会议第 2707 号（教育类 265 号）提案答复的函》
（教提案〔2017〕第 293 号）中就肯定了部分委员提出的在《义务教育语文课
程标准》（2011 年版）中，增加"加强书法教育，需要不断改进和创新书法
教学形式。信息技术与书法教育的融合，使学生能够更直观、全面感受书法创
作过程、韵味及文化内涵"。正是这种多党派的紧密合作，党对义务教育阶段
的教学内容的重视得到了有效地落实。

2. 义务教育阶段的办学条件改善政策

中华人民共和国是在一穷二白的基础上建立起来的，教育事业的建设也是
如此。在整个教育体系中，我国的义务教育阶段的基本办学条件长期处于薄弱
状态，直到 20 世纪 90 年代，在我国的边远地区义务教育阶段的办学条件几乎
到了崩溃的边缘，不少学校连基本的课桌椅都不具备。1990 年以后，随着
"希望工程"① 的实施以及国家财政投入的加大，这种局面才开始出现好转。

从表 1-2 中，我们可以看出，2000—2018 年国家对义务教育阶段（小学）
生均一般公共预算教育事业费支出逐年不断增长，从 2000 年生均只有 491.58
元，到 2018 年达到了 10566.29 元，增加幅度达 10074.71，为 2000 年的 20.5 倍
（其中农村地区由 412.97 元增加到了 10102.94 元，增加幅度达 9689.97，为 2000
年的 23.5 倍）。

表 1-2　　我国义务教育阶段（小学）生均一般公共预算教育事业费
支出增长情况（单位：元）

年份	全国		其中：农村		增幅最快的省份
	支出	增幅	支出	增幅	
2018	10566.29	3.60%	10102.94	3.42%	河南省（10.60%）

---

① 希望工程是由团中央、中国青少年发展基金会于 1989 年发起的以救助贫困地区失
学少年儿童为目的的一项公益事业。其宗旨是建设希望小学，资助贫困地区失学儿童重返
校园，改善农村办学条件。援建，改变了一大批失学儿童的命运，改善了贫困地区的办学
条件，唤起了全社会的重教意识，促进了基础教育的发展；弘扬了扶贫济困、助人为乐的
优良传统，推动了社会主义精神文明建设。2019 年 11 月 20 日，习近平寄语希望工程强调，
把希望工程这项事业办得更好，让广大青少年充分感受到党的关怀和社会主义大家庭的温
暖。引自《百度百科》：希望工程，https://baike.baidu.com/item/%E5%B8%8C%E6%
9C%9B%E5%B7%A5%E7%A8%8B/185269? fr=aladdin.

续表

年份	全国		其中：农村		增幅最快的省份
	支出	增幅	支出	增幅	
2017	10199.12	6.71%	9768.57	5.65%	云南省（17.47%）
2016	9557.89	8.14%	9246.00	7.80%	云南省（18.58%）
2015	8838.44	15.07%	8576.75	15.84%	西藏自治区（43.81%）
2014	7681.02	11.29%	7403.91	8.01%	西藏自治区（39.67%）
2013	6901.77	12.61%	6854.96	13.92%	云南省（23.41%）
2012	6128.99	23.42%	6017.58	26.30%	贵州省（47.35%）
2011	4966.04	23.76%	4764.65	25.29%	江西省（51.05%）
2010	4012.51	19.49%	3802.91	19.66%	海南省（43.34%）
2009	3357.92	21.77%	3178.08	21.41%	海南省（48.72%）
2008	2757.53	24.94%	2617.59	25.59%	宁夏回族自治区（49.64%）
2007	2207.04	35.11%	2084.28	38.44%	西藏自治区（74.64%）
2006	1633.51	23.08%	1505.51	24.95%	重庆市（42.54%）
2005	1327.24	17.55%	1204.88	18.85%	山西省（33.41%）
2004	1129.11	21.21%	1013.80	25.15%	江苏省（30.93%）
2003	931.54	14.56%	810.07	14.35%	天津市（29.05%）
2002	813.13	26.01%	708.39	28.57%	湖南省（50.48%）
2001	645.28	31.27%	550.96	33.41%	陕西省（47.93%）
2000	491.58	18.52%	412.97	19.43%	山东省（33.05%）

　　注：本表根据教育部网站《教育部 国家统计局 财政部关于 2000 年全国教育经费执行情况统计公告》（http://www.moe.gov.cn/jyb_sjzl/sjzl_jfzxgg/）中的数据整理而成。

在表 1-2 中，我们还可以看到一些十分值得我们思考的信息：

（1）城乡小学阶段的投入差距进一步缩小

在 2000 年，全国义务教育阶段（小学）生均一般公共预算教育事业费支出为 491.58 元/生，农村地区为 412.97 元/生，两者相差 78.61 元，到 2018 年两者相差为 10566.29－10102.94＝463.35 元。这说明，在进入 21 世纪后，国家对于城乡的投入基本平衡，没有非常大的差距，国家教育政策工具的使用较为合理。

（2）国家对小学教育投入增速超过以往任何时期

全国平均增幅为 18.85%（农村地区增幅为 19.79%），其中 2007 年增幅最大，高达 35.11%（农村地区增幅高达 38.44%）。这样的高速增长，在我国的教育史上是少有的。

图 1-1 显示，自 2000 年开始，国家对小学教育阶段（包括农村地区）生均支出经费逐年增加（见图 1-2 和图 1-3），虽然增幅总体上呈现下降的趋势（这种增幅逐步减小将是一种趋势），但并不意味着国家投入的减少，而是因为投入的基数在增加。图 1-4 显示农村地区的结果也是如此。

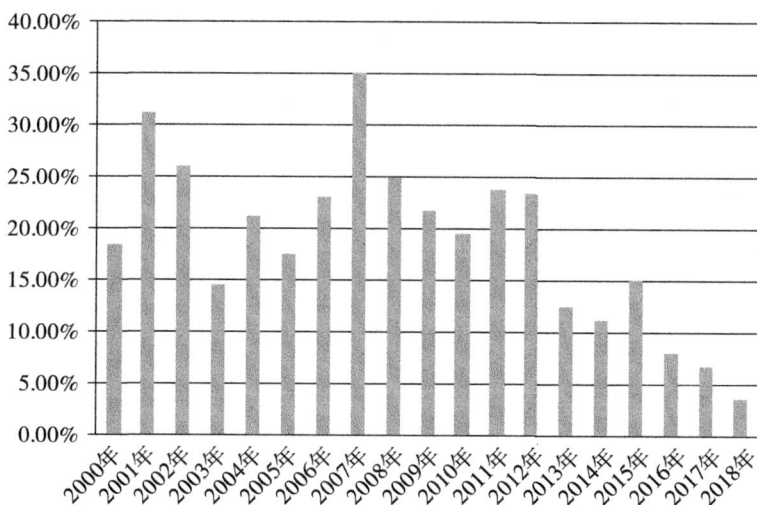

图 1-1　2000—2018 年小学阶段全国生均一般公共预算教育事业费支出增长增幅情况一览

从图 1-2 中我们可以非常直观地看到，进入 21 世纪以后，国家更加重视对小学教育的投入，从 2000 年开始，逐年增加对全国小学阶段的学生的生均经费投入。图 1-3 则是从农村地区的教学教育投入角度，从中我们也可以看出，国家对农村地区小学教育的投入同样是持续增加的。这样持续的投入对于促进农村地区小学教育的发展起到了至关重要的作用。

（3）各省增幅不平衡

进入 21 世纪后，各省（市、自治区）对于小学教育阶段的投入都在持续增加，但是，增加的幅度有很大差异（见表 1-3）。通过比较，我们发现西藏自治区在全国所有省（市、自治区）中，有 3 次处于全国最高增幅，而且增幅本身也远远处于全国领先地位（高达 74.64%），云南省和海南省增幅最高

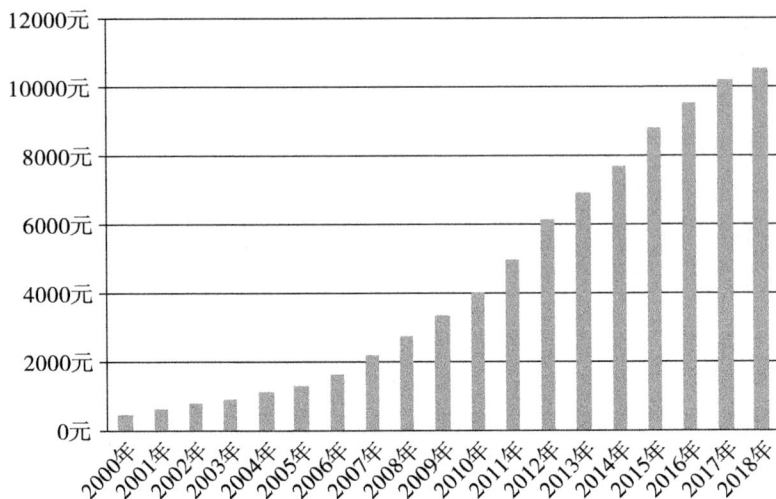

图 1-2 2000—2018 年小学阶段全国生均一般公共预算教育事业费支出逐年增长情况一览

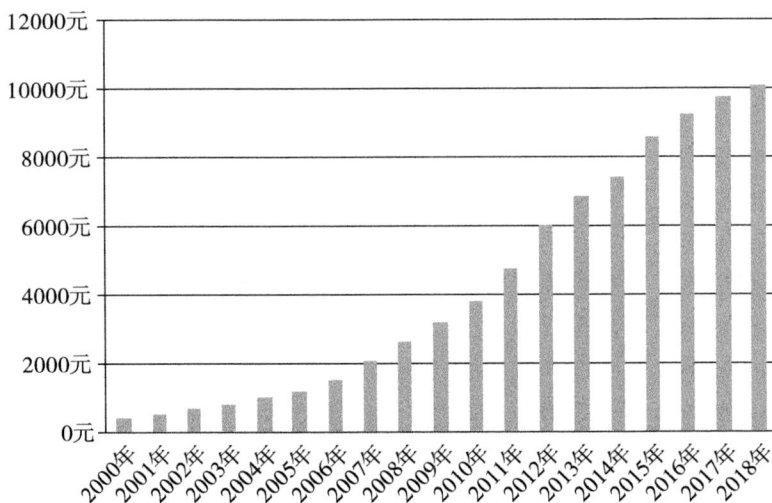

图 1-3 2000—2018 年小学阶段农村地区生均一般公共预算教育事业费支出逐年增长情况一览

次数分别为 3 次和 2 次。表 1-3 中所列省份大多处于边远地区或者欠发达地区，它们对小学教育的快速投入，反映出这些地区对小学教育的重视，也加快了这些地区小学教育的发展。

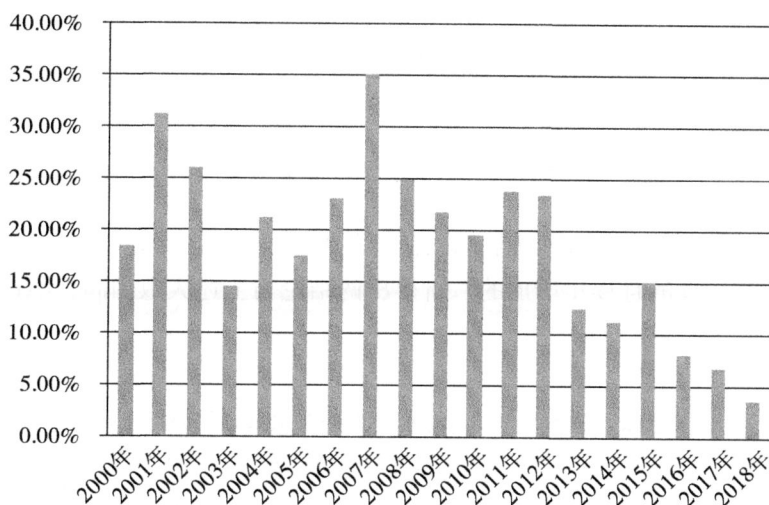

图 1-4 2000—2018 年小学阶段农村地区生均一般公共预算教育事业费支出增长增幅情况一览

表 1-3 **2000—2018 年小学阶段生均一般公共预算教育事业费支出增长增幅最快省份统计表**

名称	频次	最高增幅
西藏自治区	3	74.64%
云南省	3	23.41%
海南省	2	48.72%
江西省	1	51.05%
湖南省	1	50.48%
宁夏回族自治区	1	49.64%
陕西省	1	47.93%
贵州省	1	47.35%
重庆市	1	42.54%
山西省	1	33.41%
山东省	1	33.05%

名称	频次	最高增幅
江苏省	1	30.93%
天津市	1	29.05%

　　表1-4、表1-5、表1-6所展示的信息很明确，那就是国家对于义务教育阶段的投入是持续的且逐年增加的。所得出的结论与上述大致相同，不再一一赘述。

表1-4　　　我国义务教育阶段（小学）生均一般公共预算公用经费
支出增长情况（单位：元）

年份	全　国		其中：农村		增幅最快的省份
	支出	增幅	支出	增幅	
2018	2794.58	2.29%	2545.54	1.99%	浙江省（14.33%）
2017	2732.07	4.64%	2495.84	3.90%	广西壮族自治区（17.81%）
2016	2610.80	7.25%	2402.18	6.99%	浙江省（22.99%）
2015	2434.26	8.58%	2245.30	6.81%	湖北省（71.97%）
2014	2241.83	8.38%	2102.09	6.51%	西藏自治区（93.35%）
2013	2068.47	13.08%	1973.53	13.2%	江苏省（35.63%）
2012	1829.14	33.86%	1743.41	35.89%	陕西省（86.79%）
2011	1366.41	46.94%	1282.91	48.82%	辽宁省（101.55%）
2010	929.89	25.04%	862.08	24.84%	西藏自治区（75.01%）
2009	743.70	20.68%	690.56	18.68%	江西省（77.86%）
2008	616.28	45.01%	581.88	44.12%	宁夏回族自治区（141.54%）
2007	425.00	56.86%	403.76	62.46%	安徽省（189.97%）
2006	270.94	62.71%	248.53	74.71%	陕西省（250.91%）
2005	166.52	42.92%	142.25	49.53%	海南省（448.10%）
2004	116.51	39.55%	95.13	56.18%	新疆维吾尔自治区（141.14%）

续表

年份	全国		其中：农村		增幅最快的省份
	支出	增幅	支出	增幅	
2003	83.49	38.66%	60.91	42.55%	山西省（95.03%）
2002	60.21	33.27%	42.73	51.96%	青海省（161.38%）
2001	45.18	21.52%	28.12	16.63%	山东省（116.37%）
2000	37.18	4.09%	24.11	0.42%	新疆维吾尔自治区（36.62%）

注：本表根据教育部网站《教育部 国家统计局 财政部关于 2000 年全国教育经费执行情况统计公告》（http：//www.moe.gov.cn/jyb_sjzl/sjzl_jfzxgg/）中的数据整理而成。

表 1-5　　我国义务教育阶段（初中）生均一般公共预算教育事业费
支出增长情况（单位：元）

年份	全国		其中：农村		增幅最快的省份
	支出	增幅	支出	增幅	
2018	15199.11	3.81%	13912.37	3.46%	安徽省（13.46%）
2017	14641.15	9.13%	13447.08	7.77%	北京市（26.63%）
2016	13415.99	10.83%	12477.35	9.94%	广东省（19.81%）
2015	12105.08	16.85%	11348.79	16.86%	西藏自治区（43.37%）
2014	10359.33	11.89%	9711.82	5.61%	湖北省（32.82%）
2013	9258.37	13.78%	9195.77	16.3%	广东省（22.76%）
2012	8137.00	24.38%	7906.61	27.38%	陕西省（41.49%）
2011	6541.86	25.47%	6207.10	26.77%	江西省（44.23%）
2010	5213.91	20.37%	4896.38	20.43%	江苏省（42.04%）
2009	4331.62	22.25%	4065.63	23.08%	海南省（42.54%）
2008	3543.25	32.24%	3303.16	35.75%	宁夏回族自治区（68.31%）
2007	2679.42	41.28%	2433.28	41.70%	西藏自治区（61.35%）
2006	1896.56	26.59%	1717.22	30.62%	四川省（48.32%）
2005	1498.25	20.24%	1314.64	22.44%	湖南省（33.99%）
2004	1246.07	18.45%	1073.68	23.16%	浙江省（30.90%）

年份	全　国		其中：农村		增幅最快的省份
	支出	增幅	支出	增幅	
2003	1052.00	9.53%	871.79	9.54%	上海市（26.52%）
2002	960.51	17.56%	795.84	21.28%	湖南省（37.28%）
2001	817.02	20.18%	656.18	22.99%	宁夏回族自治区（36.38%）
2000	679.81	6.28%	533.54	4.91%	天津市（15.94%）

注：本表根据教育部网站《教育部　国家统计局　财政部关于 2000 年全国教育经费执行情况统计公告》（http：//www.moe.gov.cn/jyb_sjzl/sjzl_jfzxgg/）中的数据整理而成。

表 1-6　　　我国义务教育阶段（初中）生均一般公共预算公用经费
支出增长情况（单位：元）

年份	全　国		其中：农村		增幅最快的省份
	支出	增幅	支出	增幅	
2018	3907.82	3.04%	3460.77	1.59%	天津市（30.40%）
2017	3792.53	6.47%	3406.72	4.59%	北京市（27.38%）
2016	3562.05	5.98%	3257.19	5.28%	海南省（20.63%）
2015	3361.11	7.70%	3093.82	6.12%	湖北省（68.88%）
2014	3120.81	4.59%	2915.31	-1.79%	西藏自治区（32.84%）
2013	2983.75	10.85%	2968.37	14.07%	江苏省（48.09%）
2012	2691.76	31.63%	2602.13	32.99%	黑龙江省（88.91%）
2011	2044.93	44.59%	1956.66	45.11%	陕西省（81.78%）
2010	1414.33	21.72%	1348.43	20.28%	青海省（111.43%）
2009	1161.98	24.09%	1121.12	25.67%	江西省（88.70%）
2008	936.38	52.39%	892.09	55.57%	西藏自治区（240.42%）
2007	614.47	62.38%	573.44	65.71%	安徽省（194.81%）
2006	378.42	62.50%	346.04	79.53%	四川省（213.11%）
2005	232.88	41.53%	192.75	53.56%	海南省（261.10%）
2004	164.55	29.25%	125.52	47.65%	河南省（77.97%）

续表

年份	全 国		其中：农村		增幅最快的省份
	支出	增幅	支出	增幅	
2003	127.31	22.17%	85.01	27.68%	贵州省（120.82%）
2002	104.21	24.95%	66.58	48.12%	广西壮族自治区（143.44%）
2001	83.40	12.58%	44.95	16.24%	陕西省（91.42%）
2000	74.08	-3.75%	38.67	-12.41%	浙江省（22.80%）

注：本表根据教育部网站《教育部 国家统计局 财政部关于2000年全国教育经费执行情况统计公告》（http：//www.moe.gov.cn/jyb_sjzl/sjzl_jfzxgg/）中的数据整理而成。

3. 关于民办教育的收费政策

民办教育作为我国教育事业的重要力量，在我国义务教育阶段发挥着重要的作用。国家鼓励个人和社会力量积极举办各种形式的教育机构，但是民办教育机构是否可以收费，特别是义务教育阶段民办教育是否可以收费、收多少合理？一直在社会各界有许多分歧（实际上，早在1996年12月国家教委就颁布了《义务教育学校收费管理暂行办法》，但是这个办法并非针对民办教育的）。《中华人民共和国义务教育法》明确规定义务教育阶段学校是不能收取学费、杂费的，而且还明确规定国家建立义务教育经费保障机制，保证义务教育制度实施。在《中华人民共和国民办教育促进法》（2002年制定、2018年修正）中的第十九条规定："民办学校的举办者可以自主选择设立非营利性或者营利性民办学校。但是，不得设立实施义务教育的营利性民办学校。"也就是说，面向义务教育阶段的民办学校同样不能营利即不能收取学杂费等。上述两部法律的出台，较好地解决了民办教育在义务教育阶段如何收费的难题，今后还需要进一步细化收费的明晰，促进义务教育更快地提高质量。

4. 关于义务教育阶段督导工作的政策

为了加强对教育事业发展质量的管理，2016年2月，根据教育督导工作需要，经中央机构编制委员会办公室批准，教育部教育督导团办公室更名为教育督导局，加挂国务院教育督导委员会办公室牌子。教育督导局（国务院教育督导委员会办公室）的主要任务为，"拟定教育督导的规章制度和标准，指导全国教育督导工作；依法组织实施对各级各类教育的督导评估、检查验收、质量监测等工作；起草国家教育督导报告；承办国务院教育督导委员会的具体工作"。① 从教育督导局网站显示的工作"专题专栏"的内容来看，其专题工作主要有"基础教育质量检测、义务教育均衡发展督导评估认定、全面改善贫困地区义务教育薄弱学校基本办学条件、营养改善计划、校车安全管理、中小学责任督学挂牌督导创新县（市、区）认定、加快中西部教育发展工作督导评估监测、对省级人民政府履行教育职责的评价、语言文字工作督导评估、中小学生欺凌防治、全国中小学校舍安全工程"。由此可见，教育督导局的工作重点仍然是义务教育阶段的各项工作。

教育督导局（国务院教育督导委员会办公室）围绕上述工作专项，开展了大量的主要针对各级地方政府特别是县一级地方政府的义务教育工作的质量监测工作。为此，制定了一系列相关文件，如：《国务院教育督导委员会办公室关于进一步加强中小学（幼儿园）安全工作的紧急通知（国教督办〔2019〕4 号）》（2019 年 9 月）、《关于印发全国中小学校责任督学挂牌督导创新县（市、区）评分标准的函（国教督办函〔2018〕51 号）》（2018 年 7 月）、《教育部办公厅 财政部办公厅关于进一步做好农村义务教育学生营养改善计划有关管理工作的通知（教财厅函〔2017〕2 号）》（2017 年 5 月）、《教育部办公厅关于进一步做好中小学冬季防寒取暖工作 确保学生安全温暖过冬的通知（教督厅函〔2016〕1 号）》（2016 年 1 月）等。从 2001 年 2 月以来，教育督导团办公室和教育督导局共出台了 228 项相关政策，为督导工作的实施提供了坚实的制度保障。

当然，涉及义务教育阶段的政策还有很多，如城乡差别如何消除、教育资源如何公平分享、教师队伍建设以及教师待遇等，所有这些我们将在以后的研究工作中专门分析，这里不再深入展开分析。

（三）加强党对高中教育阶段领导的政策内容

高中教育是一个非常特殊的教育，它是连接义务教育和高等教育的中间环节的教育，起到了桥梁的衔接作用。"高中教育是基础教育的重要阶段，是学生个体成长、积累学识、形成健全人格并逐渐走向成熟的关键时期，关涉高等学校人才选拔，社会予以高度重视。"② 可见，高中教育的主要目的包括两个

---

① 教育部 . 教育督导局（国务院教育督导委员会办公室）介绍［EB/OL］. http：//www.moe.gov.cn/s78/A11/moe_888/201606/t20160602_248083.html.

② 孙霄兵 . 我国新时代高中教育发展的目标和任务［J］. 中国教育科学，2018（1）：12.

方面：培养较高素质的合格公民，为高等学校输送合格的人才。关于加强党对高中教育阶段领导的政策内容可以从以下几个方面分析。

1. 关于加强对高中教育投入的政策

进入 21 世纪以来，国家持续增加对高中教育阶段的投入，从表 1-7 中，我们可以看出，2000—2018 年，国家投入高中阶段的经费平均增幅 13.6%，2011 年增幅高达 33.04%，增长的速度非常快（见图 1-5），充分反映出国家对高中教育的重视。

表 1-7　　　　我国普通高中教育阶段生均一般公共预算教育事业费
支出增长情况（单位：元）

年份	支出	增幅	增幅最快的省份
2018	14955.66	8.62%	贵州省（20.27%）
2017	13768.92	1.80%	河南省（27.38%）
2016	12315.21	13.81%	湖南省（26.58%）
2015	10820.96	19.90%	湖北省（47.23%）
2014	9024.96	6.83%	天津市（42.58%）
2013	8448.14	8.64%	甘肃省（24.5%）
2012	7775.94	29.61%	湖北省（54.05%）
2011	5999.60	33.04%	江西省（65.49%）
2010	4509.54	20.01%	海南省（53.44%）
2009	3757.60	17.10%	海南省（35.55%）
2008	3208.84	21.16%	北京市（51.21%）
2007	2648.54	18.19%	宁夏回族自治区（47.56%）
2006	2240.96	14.38%	湖南省（30.06%）
2005	1959.24	11.41%	宁夏回族自治区（34.12%）
2004	1758.63	9.46%	天津市（22.73%）
2003	1606.58	2.64%	上海市（17.08%）
2002	1565.25	6.40%	西藏自治区（25.66%）
2001	1471.12	11.87%	贵州省（35.82%）
2000	1314.99	3.60%	天津市（19.39%）

注：本表根据教育部网站《教育部 国家统计局 财政部关于 2000 年全国教育经费执行情况统计公告》（http://www.moe.gov.cn/jyb_sjzl/sjzl_jfzxgg/）中的数据整理而成。

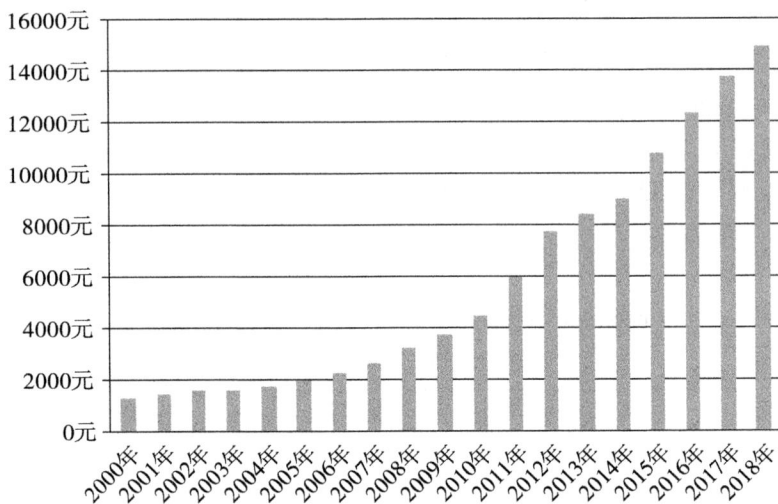

图 1-5　我国普通高中教育阶段生均一般公共预算教育事业费支出增长情况一览

从图 1-5 中可以看出，柱状图的爬升坡度非常大，说明国家在高中教育阶段的投入速度在加快。2018 年的生均投入已经是 2000 年的 11.4 倍，高于同期国家 GDP 的增长速度，这对于我国这样一个发展中的教育大国来说确实难能可贵。

表 1-8 显示，天津市在这 19 年里有三次在全国所有省（自治区、直辖市）当年对高中教育投入处于最高增幅地位（最大增幅达到 22.73%）；湖北省、海南省、宁夏回族自治区、贵州省和湖南省的最大增幅频次达到 2 次，而增幅最大的则是江西省，达到 65.49%。除天津市之外，上述各省和自治区基本上是中西部的欠发达地区，但是这些并不富裕的省和自治区政府能够在高中教育阶段加大投入也是值得高度赞赏的。

表 1-8　　**2000—2018 年普通高中阶段生均一般公共预算教育事业费**

支出增长增幅最快省份统计表

名　称	频　次	最高增幅
天津市	3	22.73%
湖北省	2	54.05%
海南省	2	53.44%

续表

名　称	频　次	最高增幅
宁夏回族自治区	2	47.56%
贵州省	2	35.82%
湖南省	2	30.06%
江西省	1	65.49%
北京市	1	51.21%
河南省	1	27.38%
西藏自治区	1	25.66%
甘肃省	1	24.5%
上海市	1	17.08%

　　表1-9、表1-10、图1-6从我国"普通高中教育阶段生均一般公共预算公用经费支出增幅"的角度展现了国家对高中教育的投入情况，其分析结论同"普通高中阶段生均一般公共预算教育事业费支出增长增幅"的分析结果一致，这里不再赘述。

表1-9　　　　我国普通高中教育阶段生均一般公共预算公用经费
支出增长情况（单位：元）

年份	支出	增幅	增幅最快的省份
2018	3646.99	7.40%	贵州省（40.36%）
2017	3395.59	6.18 %	宁夏回族自治区（24.56%）
2016	3198.05	9.41%	湖南省（38.13%）
2015	2923.09	8.28%	湖北省（104.54%）
2014	2699.59	1.55%	天津市（87.16%）
2013	2742.01	5.74%	甘肃省（50.84%）
2012	2593.15	53.66%	黑龙江省（161.96%）
2011	1687.54	57.45%	河南省（172.80%）
2010	1071.78	28.88%	青海省（177.91%）
2009	831.59	19.09%	青海省（114.46%）
2008	698.28	36.93%	江西省（168.22%）

续表

年份	支出	增幅	增幅最快的省份
2007	509.96	13.54%	宁夏回族自治区（133.54%）
2006	449.15	23.55%	湖北省（112.10%）
2005	363.54	25.22%	海南省（127.64%）
2004	290.31	9.62%	海南省（58.77%）
2003	264.83	14.25%	江西省（76.95%）
2002	231.79	2.60%	青海省（45.90%）
2001	237.98	12.21%	贵州省（97.55%）
2000	212.08	-6.66%	黑龙江省（37.69%）

注：本表根据教育部网站《教育部　国家统计局　财政部关于 2000 年全国教育经费执行情况统计公告》（http://www.moe.gov.cn/jyb_sjzl/sjzl_jfzxgg/）中的数据整理而成。

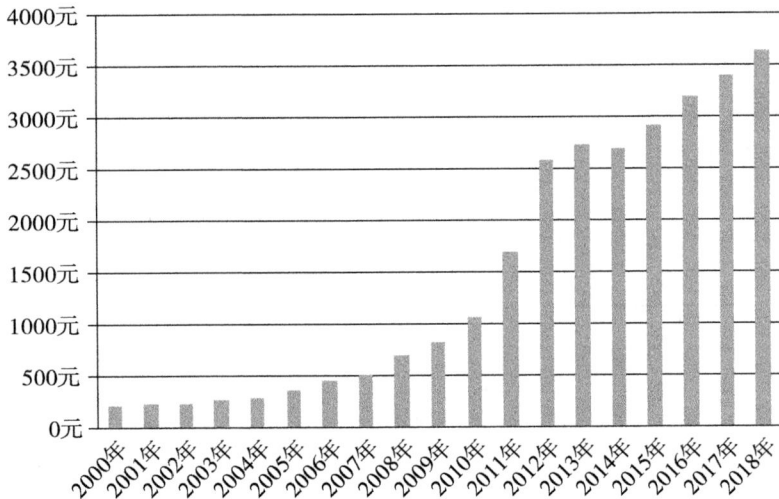

图 1-6　我国普通高中教育阶段生均一般公共预算教育事业费支出增长情况一览

表 1-10　我国普通高中教育阶段生均一般公共预算公用经费支出增幅
最快省份统计表

名称	频次	最高增幅
青海省	3	177.91%
海南省	2	127.64%

续表

名称	频次	最高增幅
贵州省	2	97.55%
湖北省	2	112.10%
黑龙江省	2	161.96%
江西省	2	168.22%
宁夏回族自治区	2	133.54%
河南省	1	172.80%
天津市	1	87.16%
甘肃省	1	50.84%
湖南省	1	38.13%

2. 关于"中学生英才计划"的相关政策

前文已经讲过,高中阶段教育的一个主要目的就是为高等学校输送合格的人才,可见高中教育与高等教育之间关系十分密切。正因为如此,如何实现高中教育与高等教育在教学内容上的衔接乃至融合或一体化,成为国家相关部门关注的工作点(美国 20 世纪 50 年代设计的 AP 课程就是把高中教育与高等教育相衔接的一种方式)。《国家中长期教育改革和发展规划纲要(2010—2020年)》也对此提出了要求,该纲要指出:"支持有条件的高中与大学、科研院所合作开展创新人才培养研究和试验,建立创新人才培养基地"的要求。为此,2013 年开始,中国科协在全国 15 个城市的 19 所重点高校开展中学生科技创新后备人才培养计划(简称"中学生英才计划"①)试点工作。

---

① 中国科协青少年科技中心在"英才计划"简介中对中学生英才计划做了这样的说明:"为贯彻落实《国家中长期教育改革和发展规划纲要(2010—2020 年)》有关要求,切实促进高校优质科技教育资源开发开放,建立高校与中学联合发现和培养青少年科技创新人才的有效方式,中国科协和教育部自 2013 年开始共同组织实施中学生科技创新后备人才培养计划(简称"英才计划")。"

"英才计划"旨在选拔一批品学兼优、学有余力的中学生走进大学,在自然科学基础学科领域的著名科学家指导下参加科学研究、学术研讨和科研实践,使中学生感受名师魅力,体验科研过程,激发科学兴趣,提高创新能力,树立科学志向,进而发现一批具有学科特长、创新潜质的优秀中学生,为"基础学科拔尖学生培养计划"输送后备力量,并以此促进中学教育与大学教育相衔接,建立高校与中学联合发现和培养青少年科技创新人才的有效模式,为青少年科技创新人才不断涌现和成长营造良好的社会氛围。(http://www.ycjh.org/Intro/about.aspx)

"中学生英才计划"试点以来，中国科协和其他相关部门经常性组织数学、物理、化学、生物、计算机等学科的夏令营、冬令营活动以及各种评估工作，形成常态化的工作总结机制，也制定了一系列文件（自 2014 年开始发布各类文件 80 多项）。如《中国科协办公厅关于商请支持中学生英才计划学科工作委员会工作的函》（2014 年 4 月）、《"英才计划"全国管理办公室"英才计划"学生选拔与工作评价办法（试行）》（2016 年 4 月 8 日）、《中国科协办公厅 教育部办公厅关于开展 2019 年"英才计划"工作的通知》（2018 年 11 月 7 日）、《中国科协办公厅 教育部办公厅关于开展 2020 年"英才计划"工作的通知（科协办发青字〔2019〕21 号）》（2019 年 11 月 8 日）等。

"中学生英才计划"与高等教育阶段的"基础学科拔尖学生培养计划"之间有着十分密切的关系，这在本章的高等教育阶段的政策分析中做详细分析。总之，上述政策的制定和实施，对于加强高中教育与高等教育之间的联系发挥着积极的推动作用。

3. 关于职业高中的相关政策

职业高中是我国高中阶段教育的一种形式，是与普通高中相对应的一种高级中学。现在不少职业高中的培养目标与 20 世纪地方政府举办的中等职业学校类似，其培养目标是培养具有能直接从事某一职业的技能知识、职业道德和操作技能的技术工人。职业高中的招生考试方式与普通高中一样，只是考卷内容不完全一样（也有地方采取一张试卷），录取的是义务教育阶段的初中毕业生，学制也是 3 年，职业高中的毕业生可以参加对口高考继续升学高等职业学校接收高等教育。① 所以，从本质上看，职业高中是高中阶段的分流教育，也是国家对高素质熟练工人的迫切需求。

国家曾经设想建立一个职业教育的专门轨道，就是把职业高中与职业高等教育衔接起来，即职业高中毕业生通过考试进入高等职业院校或应用型高校，毕业后获得专业学士学位，如果继续深造的话，学生可以通过考试方式获得专业硕士和专业博士学位（当然这中间要有一定的工作经历作为基础，不允许每个阶段的应届毕业生直接通过考试接受更高一级的教育）。如果这个轨道能

---

① 《百度百科》对职业高中是这样解释的：职业高中与普通高中不同之处在于职业高中培养中级职业能力的职工和从业人员，职业高中分各种职业工种，而普通高中不分职业工种。职高要求文化性和职业技能性并重，而普高则要求文化性重要。职业高中对学生的要求是：具有能直接从事某一职业的技能知识、职业道德和操作技能；对于文化基础课，要具有相当于普通高中的水平。（https：//baike. baidu. com/item/%E8%81%8C%E4%B8%9A%E9%AB%98%E4%B8%AD/8043090? fr＝aladdin）

够建立起来，则能满足职业高中毕业生接受高等教育的愿望，同时也能兼顾国家对熟练工人的人才需求。

教育部及其他相关部委等对职业高中的发展十分重视，制定了免费政策、扩大招生规模等鼓励政策，积极推动职业教育发展，目前职业高中的招生规模和普通高中的招生规模已经基本平衡。教育部在《关于做好 2010 年中等职业学校招生工作的通知（教职成〔2010〕5 号）》指出："2010 年，各地要根据经济社会发展需要和本地区初中毕业生的数量，按照高中阶段教育招生职普比例大体相当的原则，制订中等职业学校招生计划，继续保证中等职业教育招生规模，确保全国中等职业教育招生达到 830 万人，实现招收应届初中毕业生数量按可比口径增长 5% 的工作目标，巩固高中阶段教育招生职普比例大体相当的局面，为加快普及高中阶段教育，促进就业创业、改善民生和构建和谐社会提供可靠保障。"此外，在课程内容设计、思想政治教育、收费、课程标准等方面出台了多达 130 项政策。如，教育部《中等职业学校收费管理暂行办法》（1996 年 12 月 16 日）、教育部《中等职业学校设置标准（试行）》（2001 年 7 月 2 日）、教育部 财政部 人力资源社会保障部 安全监管总局 中国保监会《职业学校学生实习管理规定（教职成〔2016〕3 号）》（2016 年 4 月 11 日）、国务院《关于印发国家职业教育改革实施方案的通知（国发〔2019〕4 号）》（2019 年 1 月 24 日）、教育部办公厅《关于加强和改进新时代中等职业学校德育工作的意见（教职成厅〔2019〕7 号）》（2019 年 11 月 20 日）。

（四）加强党对高等教育阶段领导的政策内容

高等教育是国家最高等级的专业人才培养阶段，高等学校承担着科学研究、人才培养和智力服务等重要职责。进入 21 世纪以来，国家对高等学校在创新人才培养中作用的认识更加深刻，通过制定一系列相关政策促进高等教育事业的发展。

1. 持续提高对高等教育投入的政策

对高等教育的投入一直是国家对整个教育事业投入的重中之重，充分体现了党对高等教育事业的重视，也是党对高等教育事业加强领导的方式之一。

表 1-11、表 1-12，图 1-7、图 1-8 的数据显示，自 2000 年以来，国家持续增加对高等教育的投入，尽管在中间有几年出现小幅度的波动之外，总体来看，投入是呈现增幅趋势。2018 年的生均支出是 2000 年的 2.9 倍，是最低年份 2005 年的 3.9 倍。

表 1-11　　我国普通高等学校生均一般公共预算教育事业费支出

增长情况（单位：元）

年份	预算	增幅	增幅最快的省份
2018	20973.62	3.33%	青海省（32.85%）
2017	20298.63	8.27%	天津市（19.61%）
2016	18747.65	3.33%	青海省（25.66%）
2015	18143.57	12.67%	宁夏回族自治区（54.79%）
2014	16102.72	3.28%	北京市（22.93%）
2013	15591.72	4.74%	贵州省（24.58%）
2012	16367.21	17.94%	云南省（113.87%）
2011	13877.53	44.71%	宁夏回族自治区（164.81%）
2010	9589.73	12.26%	新疆维吾尔自治区（84.03%）
2009	8542.30	12.73%	贵州省（30.35%）
2008	7577.71	15.76%	云南省（52.34%）
2007	6546.04	11.54%	海南省（59.06%）
2006	5868.53	9.16%	宁夏回族自治区（85.61%）
2005	5375.94	3.18%	新疆维吾尔自治区（51.70%）
2004	5552.50	−3.81%	宁夏回族自治区（22.07%）
2003	5772.58	−6.56%	安徽省（15.70%）
2002	6177.96	−9.36%	贵州省（50.69%）
2001	6816.23	−6.75%	广东省（14.88%）
2000	7309.58	1.50%	重庆市（27.85%）

注：本表根据教育部网站《教育部 国家统计局 财政部关于 2000 年全国教育经费执行情况统计公告》（http：//www.moe.gov.cn/jyb_sjzl/sjzl_jfzxgg/）中的数据整理而成。

表 1-12　　我国普通高等学校生均一般公共预算教育事业费支出增长

最高幅度省（自治区、直辖市）一览

名　称	频　次	最高增幅
宁夏回族自治区	4	164.81%
贵州省	3	50.69%

续表

名　称	频次	最高增幅
云南省	2	113.87%
新疆维吾尔自治区	2	84.03%
青海省	2	32.85%
海南省	1	59.06%
重庆市	1	27.85%
北京市	1	22.93%
天津市	1	19.61%
安徽省	1	15.70%
广东省	1	14.88%

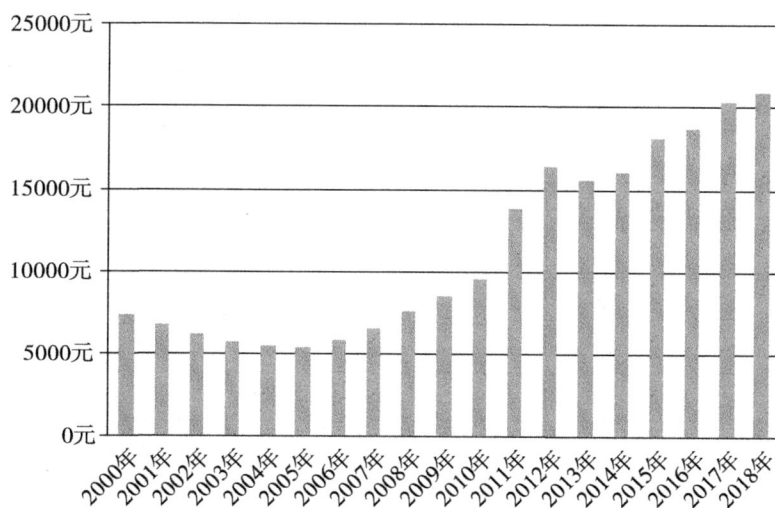

图 1-7　我国普通高等学校生均一般公共预算教育事业费支出增长情况一览

表 1-13 是 2000 年以来 19 年中对高等教育投入增长幅度最大的部分省（市、自治区）情况，从中我们可以看到，宁夏回族自治区 4 次最大增幅地领先全国其他省市加大对高等教育的投入，最大增幅达到 164.81%。这对于这个西部欠发达地区来说无疑具有十分重要的意义，值得我们给予高度赞赏。而且投入增幅最大的省市中，除北京、天津和广东之外，其他都是属于欠发达省市。说明他们在努力改善各自地区高等教育的状况，提高高等学校人才培养的

质量。

表 1-13　　　　我国普通高等学校生均一般公共预算公用经费
支出增长情况（单位：元）

年份	支出	增幅	增幅最快的省份
2000	2921.23	−1.39%	江西省（39.81%）
2001	2613.56	−10.53%	新疆维吾尔自治区（179.07%）
2002	2453.47	6.13%	贵州省（78.04%）
2003	2352.36	−4.12%	安徽省（250.46%）
2004	2298.41	−2.29%	陕西省（245.49%）
2005	2237.57	2.65%	新疆维吾尔自治区（173.83%）
2006	2513.33	12.32%	甘肃省（58.23%）
2007	2596.77	3.32%	宁夏回族自治区（76.27%）
2008	3235.89	24.61%	海南省（229.83%）
2009	3802.49	17.51%	贵州省（125.37%）
2010	4362.73	14.73%	新疆维吾尔自治区（138.54%）
2011	7459.51	70.98%	宁夏回族自治区（392.86%）
2012	9040.02	21.19%	江西省（205.07%）
2013	7899.07	12.62%	贵州省（59.81%）
2014	7637.97	3.31%	福建省（35.35%）
2015	8280.08	8.41%	青海省（138.85%）
2016	8067.26	2.57%	青海省（19.90%）
2017	8506.02	5.44%	天津市（38.09%）
2018	8825.89	3.76%	青海省（61.05%）

注：本表根据教育部网站《教育部 国家统计局 财政部关于 2000 年全国教育经费执行情况统计公告》（http://www.moe.gov.cn/jyb_sjzl/sjzl_jfzxgg/）中的数据整理而成。

表 1-13、表 1-14 以及图 1-8 的数据显示的结论与前面的大致相同，这里不再赘述。需要特别强调的是表 1-14 中，作为欠发达的安徽省和陕西省在这 19 年中最大增幅达到了 250.46% 和 245.49%，这是非常巨大的努力，充分体现出地方政府对高等教育的重视。

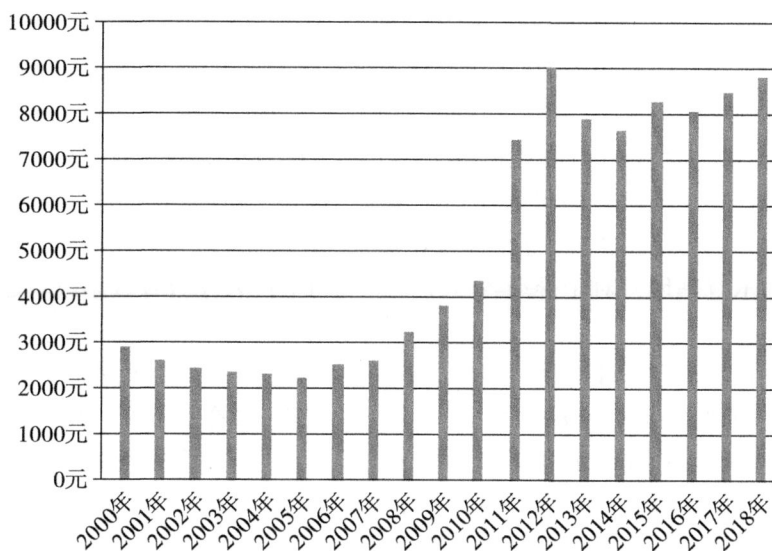

图 1-8 我国普通高等学校生均一般公共预算公用经费支出增长情况一览

表 1-14 我国普通高等学校生均一般公共预算公用经费支出增长情况
最高幅度省自治区、直辖市一览

名 称	频 次	最高增幅
新疆维吾尔自治区	3	173.83%
青海省	3	138.85%
贵州省	3	125.37%
宁夏回族自治区	2	392.86%
江西省	1	205.07%
安徽省	1	250.46%
陕西省	1	245.49%
海南省	1	229.83%
甘肃省	1	58.23%
天津市	1	38.09%
福建省	1	35.35%

2. 基础学科拔尖学生培养计划

"基础学科拔尖学生培养试验计划"又称"珠峰计划"①，该计划由教育部联合中组部、财政部于 2009 年启动，旨在为培养中国自己的学术大师奠定基础。该项计划在国家相关部委的推动下，各参加高校积极配合，取得了一定成就。这些参加高校制定了专门的培养方案，配备了最好的师资和实验实习等教学设施，提供了最多的出国出境学习交流的机会。还有不少学校以此为基础，建设专门的组织机构，把该计划的本科人才培养作为学校本科教学改革的试验田和示范基地，对于推动各自高等学校的本科人才教育教学改革起到了积极的作用。

前文在讨论"中学生英才计划"时曾经说过，"中学生英才计划"与高等教育阶段的"基础学科拔尖学生培养计划"之间有着十分密切的关系。这里我们可以从国家制定的相关政策中看到它们的关系。教育部林蕙青副部长在"英才计划 2015 年度工作总结会"上表示："创新是国家兴旺之基，是民族进步之魂，是推动社会发展的必须之力。创新人才是国家竞争力的决定性因素，拔尖创新人才培养工作意义重大，教育部将与中国科协紧密配合，大力支持推动实施英才计划。"

中国科协办公厅、教育部办公厅在《关于继续开展 2017 年"英才计划"工作的通知》（2016 年 10 月 28 日）中公布了《2017 年"英才计划"工作实施方案》，该方案提出："参与高校负责确定具体部门（如教务处、科研处等）协调和组织工作实施，并将'英才计划'纳入学校基础学科拔尖创新人才培养总体计划，推动'英才计划'与大学教育、'拔尖计划'紧密衔接。"②

---

① 教育部门对基础学科的拔尖创新人才培养做了筹备，2009 年选择了 17 所中国大学的数、理、化、信、生 5 个学科率先进行试点，力求在创新人才培养方面有所突破。基础学科拔尖学生培养试验计划的入选高校是国内 17 所高校开始的：北京大学、清华大学、北京师范大学、南开大学、吉林大学、复旦大学、上海交通大学、南京大学、中国科学技术大学、浙江大学、厦门大学、山东大学、武汉大学、中山大学、四川大学、西安交通大学、兰州大学。2015 年，中国科学院大学入选。

② 该方案还提出：高等学校的具体职责包括"推荐导师人选；协助省级办公室组织学生选拔；协调重点实验室、图书馆、博物馆等教育资源、设施场所向学生开放，提供相关资源保障；协助导师推进培养工作；组织学生参加科学实践、实习、学术报告、国际交流等课程与活动；制定工作评价标准，对导师及培养团队工作量、工作成绩等方面给予评定；对已升入大学的'英才计划'学生进行跟踪研究，做好'拔尖计划'课程学分转换认定等工作，促进基础教育和高等教育两个阶段拔尖创新人才培养工作的有效衔接；完成学校工作总结，协助做好各项保障工作"。

关于高等学校的"基础学科拔尖学生培养计划",教育部每年都组织多次活动加以大力推进,同时还每年拨出专项款项予以经费保证。国家相关部门也出台了一系列政策。如,教育部、科技部、财政部、中国科学院、中国社会科学院、中国科协印发《关于实施基础学科拔尖学生培养计划2.0的意见(教高〔2018〕8号)》(2018年9月),教育部印发《关于2019—2021年基础学科拔尖学生培养基地建设工作的通知(教高函〔2019〕14号)》(2019年8月)等。

3. 系列工程建设

20世纪末,世界各国都在为进入21世纪而大力发展高等教育,我国政府也意识到在21世纪高等教育对社会进步的作用,采取了一系列切实有效的举措,其中最值得称道的便是系列工程建设,即"211工程""985工程"和"世界一流大学和一流学科建设"("双一流建设")。其中,"双一流建设"虽然在文字上并没有出现"工程"二字,但是很多学者从政策连贯性的角度出发,也将其称为"双一流建设工程"。由于"双一流建设"有其特殊性,我们将在以后的研究中深入分析。

"211工程"是一个简称,意思是指要面向21世纪、重点建设100所左右的高等学校和一批重点学科的建设工程。该项工程于1995年11月经国务院批准后正式启动。该项工程"是建国以来由国家立项在高等教育领域进行的规模最大、层次最高的重点建设工程,是中国政府实施'科教兴国'战略的重大举措,是中华民族面对世纪之交的国内、国际形势而作出的发展高等教育的高瞻远瞩的重大决策"。[①] 为了建设好"211工程",国家出台了相应的政策,如1995年11月,经国务院批准,原国家计委、原国家教委和财政部联合下发了《"211工程"总体建设规划》,2002年9月,经国务院批准,原国家计委、教育部和财政部联合下发了《关于"十五"期间加强"211工程"项目建设的若干意见》。

"985工程"也是一个简称,源于1998年5月4日,时任国家主席江泽民在庆祝北京大学建校100周年大会上代表中国共产党和中华人民共和国中央人民政府向全社会宣告:"为了实现现代化,我国要有若干所具有世界先进水平

---

① 学位管理与研究生教育司(国务院学位委员会办公室)."211工程"简介[EB/OL]. http：//www.moe.gov.cn/s78/A22/xwb_left/moe_843/tnull_33122.html.

的一流大学。"① 1999 年，国务院批转教育部《面向 21 世纪教育振兴行动计划》，"985 工程"正式启动建设。

"985 工程"一期建设率先在北京大学和清华大学开始实施。2004 年，根据国务院批转教育部印发《2003—2007 年教育振兴行动计划》，教育部、财政部印发《教育部、财政部关于继续实施"985 工程"建设项目的意见》，启动了"985 工程"二期建设，列入"985 工程"建设的学校共 39 所。2010 年，根据中共中央国务院印发《国家中长期教育改革和发展规划纲要（2010—2020 年）》，教育部、财政部印发《教育部、财政部关于加快推进世界一流大学和高水平大学建设的意见》，新一轮"985 工程"建设开始实施。相应的文件还有教育部、财政部印发《关于继续实施"985 工程"建设项目的意见（教重〔2004〕1 号）》（2004 年 6 月 2 日）和教育部印发《"985 工程"建设管理办法》（2004 年 7 月 20 日）。

二、加强党对教育事业全面领导的政策研制现状

面对上述各级各类教育政策的研制，中共中央高度重视，做了大量的相关政策研制的基础性工作，制定了一系列切实有效的教育政策，有力地促进了我国教育事业的进步和发展，彻底改变了旧中国教育贫穷落后的教育面貌，取得了令人称道的重要成就。

（一）提出了具有中国特色的教育思想

教育思想是一定时期一个国家对教育事业发展的指导思想，按照传统的马克思主义观点，在一定的阶级社会里，教育指导思想是统治阶级统治意志的反映。中华人民共和国成立以后，这个指导思想主要体现为各个不同历史时期党中央提出的教育方针，这在前文已经有过分析。这里要特别说明的是，党中央在不同历史时期提出的教育方针具有鲜明的中国特色。做出这样的判断主要基于两个方面的理由：首先，每一次教育方针的提出一定是针对当时的国情需要而提出的，是要解决特定时期中国社会经济发展面临的问题，而这些问题一定是中国所特有的。其次，这是中国共产党作为执政党根据自己的执政理念而提出的，因此，一定是中国社会的政治需要的。可见，我国的教育方针必然是中国国情所特有的，其他国家也不可能简单搬用的。

---

① 学位管理与研究生教育司（国务院学位委员会办公室）．"985 工程"简介［EB/OL］．http：//www. moe. gov. cn/s78/A22/xwb_left/moe_843/201112/t20111230_128828. html.

（二）建构了一套全新的教育体系

中华人民共和国成立之初，教育面临的是一个半殖民地、半封建旧教育体系，这个教育体系显然不能满足我国政治、经济和文化等领域建设和发展的需要。因此，中国共产党便开始了对旧教育体系进行改造和完善的艰难工作，经过 70 多年的努力，已经逐步建立一套具有中国特色的社会主义教育体系，为我国社会主义建设培养了成千上万的合格的建设者和接班人，为国家逐步走向强国作出了重大的贡献。

在这个教育体系的建设过程中特别值得关注的是对高等教育体制机制的重大调整，这就是高等教育界学界比较熟知的始于 1952 年的高等学校院系调整。这次调整的最大成就就是高等学校在数量上有了快速增加、在地区布局上更加合理。1952 年的院系调整，是中央人民政府对全国旧有高等学校进行全盘调整，全国理、工科教授有四分之三被调离本校，之前已经存在的综合性大学均有大规模调整。此举是为了打破民国遗留下来的英美高等教育体系，为中国共产党对高校的实际领导扫清障碍。

始于 1952 年的院系调整在我国当代高等教育史界被称第一次院系调整，而第二次院系调整则是始于 20 世纪 90 年代"高等学校大合并"[①]。从现在掌握的文献来看，最早启动高校合并的是郑州大学（时间是 1992 年 5 月 18 日，被合并的学校是河南体育专科学校），很快全国"211 工程"高校和"985 工程"高校也开展了大规模的合并。这次合并与第一次的院系调整从形式上看是相反的改革路线，但不能简单地认为前者是"拆解"后者是"合并"。第二次院系调整与大规模扩招结合一起，使得不少合并高校的学科建设水平有了提升，人才培养质量有了更坚实的基础。

（三）彻底改造旧的教育内容

教育体制的改革必然要伴随着教育内容的改革，否则改革就难以实现既定

---

① "高校合并调整"是我国高等教育发展史上的一个重大事件，其具体是指发生于 20 世纪 90 年代初期之后，在国务院及其教育行政部门主导下，以推进高教管理体制改革、优化高校布局结构、提高高校办学效益为主线，在全国范围内实施的高等学校合并改革工程。1990—2006 年，我国通过合并调整，共新组建高校 379 所，参与合并的普通高校、成人高校和部分中等专业学校达 1084 所。其规模之大、影响之深远，不仅在国内罕见，在国际上也鲜有先例。（《论吉林省吉林省高等教育宏观管理体制革新的历程及启迪》（作者信息不详），http://www.618jyw.com/czywjxlw/224721.html.）

的目标。为了实现社会主义建设人才的培养的需要，党中央在历次教育改革中，都明确提出在教育内容的设计上必须体现党领导的作用。从20世纪50年代开始，中央首先对基础教育阶段的各级教育的课程设置进行了调整和改革。集中体现在教材编写上逐步实现由国家统编教材为主，结合各地实际需要的地方教材为辅的教材体系，并为这些教材的内容和教学方法等制定了一系列政策加以规范。

在高等学校，为了体现党对高等教育的领导，让年轻的大学生能够准确理解我党的执政理念，拥护党的领导。进入21世纪，教育部启动了马克思主义理论研究和建设工程（简称"马工程"），是巩固马克思主义在意识形态领域指导地位的基础工程。"马工程"启动以后，高等教育出版社便组织国内学者编写教材（即"马工程教材"），该教材的使用在高等学校产生了很大影响。

（四）实现了高等教育大众化

正如上文所述，伴随着20世纪90年代初开始的高等学校合并，我国高等学校启动了大扩招模式，高等学校规模迅速扩大。在世纪之交，我国高等教育迅速由精英教育阶段步入大众化阶段，在极短的时间内完成了西方发达国家几十年甚至上百年所完成的任务。高等教育大众的到来，带给人们的不仅仅是让更多的人有更多的机会接受更多更好的高等教育，提高了国家公民的专业化素质，也让大多数人改变了对高等教育的观念：高等教育不再是大多数人不可企及的教育，同时也触发了人们对民主的更深刻理解。

三、加强党对教育事业全面领导的政策研制面临的问题

本着实事求是的原则，我们在肯定中国共产党对促进国家教育事业取得重要成就的同时，也要看到其中还存在着一些需要进一步深化改革和完善的政策建设。这些方面主要表现为以下几个方面。

（一）基础教育阶段的应试教育问题未能得到很好根治

虽然国家教育主管部门和地方各级政府的教育主管部门一直三令五申地要求基础教育阶段的学校在日常教育教学过程中改变应试教育而代之以素质教育，但是应试教育几乎成为顽疾，始终存在于基础教育阶段至今无法消除，甚至还有愈演愈烈、每况愈下的蔓延趋势。尽管应试教育并非一无是处，但是就目前的教育现状来看，其弊要大于利。其弊端主要在于加重了学生的课业负担、弱化了学生的批判思维能力、关爱他人的能力和关注社会发展的兴趣，使

得学生只关心自己的成绩。这就必然导致人们对于基础教育能否培养合格公民的担忧，根本上来说，也不利于党对教育事业的领导。

其实，应试教育在高等学校中也以多种方式存在着。例如，有些高等学校特别是办学基础比较薄弱的地方高等学校，在培养学生的过程中未能将工作重心放在学生的专业素养的训练上，而是将很大一部分精力放在帮助学生如何考取著名大学的研究生上。据说，有些学校压缩了专业教学的时间，把腾出来的时间辅导学生如何考研。这是典型的高等应试教育。如果说，这种高等应试教育仅仅存在于少数高等学校的话，那么，还有一种高等应试教育的现象普遍存在于几乎所有高等学校里，这就是在高等学校的教学中，不少教师满足于完成教案中的任务，学生满足于期末考试获得一个好的成绩，然后凭着这个好成绩去拿推免资格或出国资格。其实，这种教学也在很大程度上忽视了对学生能力的培养，也不利于培养我党教育方针所希望的人才。

（二）民办教育收费问题依然突出

民办教育能不能收费？如何收？收多少？这一系列与收费有关问题几乎与民办学校举办同时存在着。现在比较明确的就是在义务教育阶段学校是不能收取学杂费的。但是，对于民办学校是否可以收取学杂费呢？《中华人民共和国民办教育促进法》（2002 年制定、2018 年修正）第十九条是这样规定的："民办学校的举办者可以自主选择设立非营利性或者营利性民办学校。但是，不得设立实施义务教育的营利性民办学校。非营利性民办学校的举办者不得取得办学收益，学校的办学结余全部用于办学。"

从形式上看，在义务教育阶段无论是公办学校还是民办学校，都不能向学生收取学杂费。但是，这里面还有两个问题令人担忧：

首先，民办学校在义务教育阶段不能收取学杂费，那么大多数民办学校的举办者就可能会因为不能获取回报而放弃举办义务教育阶段的学校，对于学生来说，他们选择受教育的机会就会减少，也与国家设计的"两条腿走路"举办教育的思路相违背。长远来看，不利于国家的义务教育质量提升，不利于调动民办教育举办者的积极性。

其次，如果民办教育的举办者选择非营利性学校举办义务教育而放弃收取学杂费的机会，但是他们仍然可以收取除学杂费之外的其他费用。《中华人民共和国民办教育促进法》第三十八条规定："民办学校收取费用的项目和标准根据办学成本、市场需求等因素确定，向社会公示，并接受有关主管部门的监督。非营利性民办学校收费的具体办法，由省、自治区、直辖市人民政府制定。"事实上，现在不少部门对于学杂费的理解本来就很模糊，学校和地方管理部门在执行学杂费收取时的表述也见仁见智。这就为民办学校高收费开了一个很不好的窗口，从而导致学生家长不满意。

如何收费？收费多少？不仅义务教育阶段存在着民办学校收费不规范之外，在其他各类学校中这类情况更为突出。《中华人民共和国民办教育促进法》第三十八条规定："营利性民办学校的收费标准，实行市场调节，由学校自主决定。"这就很容易造成民办学校收费难以规范，也容易导致收费过高等问题。

（三）高中教育的分流工作的阻力不可小觑

高中教育作为一个比较特殊的教育阶段，其存在的问题受到的关注比较少，但实际上还是面临不少的困境。"多年来，我国的高中教育取得了可喜成绩，为经济转型、科技创新、文化繁荣、民生改善提供了有力支撑。但是，还不能完全适应人的全面发展和经济社会发展的要求，重智育轻德育、重知识轻能力等现象还普遍存在，'课业负担重'、过度追求升学率的倾向尚未扭转。新时代，党的十九大报告对教育工作作出了新的部署。新时期的高中教育要着力四项工作，即培育和践行社会主义核心价值观，深入进行人才培养体制改革，推进考试招生制度改革，普及高中阶段教育，以此助推整个教育事业的科学发展。"[①]这四项工作中的每一项都是一个复杂的工程，都需要解决一系列问题。

除此之外，高中教育阶段的分流工作也是一个十分棘手的难题。虽然我国经济发展正需要大量的技术熟练工人，但是由于受传统观念的影响，社会对职业高中的作用未能给予正确的认识，许多家长不希望自己的孩子去接受职业高中教育，而是打破头去拥挤普通高中，造成了普通高中的升学压力。从长远来看，这不利于我国职业教育的成长，更不利于我国经济社会的发展。因此，不仅党和国家需要重视并出台相应的政策和政策工具，社会各界特别是家长也要给予支持。

（四）高等学校中本科教育地位依然严峻

本科人才培养及本科教学工作在高等学校里的地位，备受国内外高等教育

---

① 孙霄兵. 我国新时代高中教育发展的目标和任务 [J]. 中国教育科学，2018（1）：12.

学界研究者、管理者和师生们的共同关注。在20世纪80年代末90年代初，我国高等教育学界曾就这个问题做了大量的理论研究和实践探索，形成了一批有影响的成果，并以此为基础国家出台了一系列提高本科教学工作质量的政策。无独有偶，以美国为代表的西方发达国家的一大批高等学校在20世纪90年代也开始重新审视本科教学在学校中的地位，美国博耶本科教育委员会成立之初，就认识到研究型大学不能放弃本科教学。

有鉴于此，1998年博耶本科教育委员会发表了《重构大学本科教育：美国研究型大学发展蓝图》报告，提出了改革研究型大学本科教育的十条途径。报告在美国及西方发达国家研究型大学中引起了积极回应，许多高校纷纷开始结合本校实际积极改进本科教育，掀起了研究型大学本科教育改革的浪潮。博耶本科教育委员会在报告中指出了美国高等学校在本科教学中存在的一系列问题，其中首要问题便是教师不能正确处理好科研和本科教学的关系，大多数教师认为科学研究和本科教育处在两个完全不同的平面上，前者是愉悦、成名和奖励之源，而后者却只是用来维持大学的基础存在。因此，大多数教师从事本科教学的积极性不高，或者抱着完成任务而已的态度，不愿意在本科教学上花费太多的精力。

长期以来，我国高等学校也一直存在着"重科研轻教学、重课堂轻课外、重理论轻实践、重讲授轻讨论、重知识轻能力、重传统轻科技、重专业轻基础、重奖励轻使命、重数量轻质量、重自由轻标准"等"十重十轻"的现象。本科教学虽然在学校的文件里和师生们的口头上都被放在学校工作的中心地位，但实际上本科教学的基石地位并没有真正得到落实，更谈不上巩固。由此可见，本科人才培养工作及其所面临的诸多棘手问题特别是上述"十重十轻"问题，不仅是我国高等教育界面临的困境，也是世界高等教育共同面临的难题和痼疾。

四、加强党对教育事业全面领导的政策研制举措

针对上述教育政策研制过程中还存在的不足，围绕如何加强对国家教育事业的领导，我们希望教育政策研制部门从以下几个方面着手解决。

（一）认真研习习近平新时代中国特色社会主义思想对教育工作的要求

习近平新时代中国特色社会主义思想中对教育的论述系统、内容丰富，是党加强对教育事业领导的指导思想。作为教育政策规划部门要想使教育政

策规划的科学合理，必须要深入研究这个指导思想，准确判断新时代我国教育事业发展的理念、定位、内容和各种要求。为此，教育政策规划部门必须组织相关人员和教育政策研究专家对习近平新时代中国特色社会主义思想开展深入研究。

（二）加强基础教育实验，加快由应试教育向素质教育转变的步伐

20 世纪八九十年代开始，我国部分师范大学的一批教育研究专家开展了规模较大的基础教育改革的实验，目的就是要破解基础教育的应试教育这个难题，并取得了很好的成效。但是，当国家进入新时代以后，各种外在因素开始发生变化，这就需要我们对基础教育进行重新定位。特别是应试教育问题，如何解决，就需要国家组织力量有计划地开展教育实验，而不是教育学家凭借自己的兴趣和热情自发开展的实验。只有开展有组织的实验，寻找应试教育产生的根源，才能找到根治这个难症的途径，加快应试教育向素质教育转化的速度。

（三）研究普通高中与高等学校衔接机制

高中教育与高等学校的教育如何有效衔接、帮助新入学的大学生更好更快地适应大学的学习和生活这个话题在高等教育学界早已引起人们的关注。至少在 20 世纪 80 年代就有研究者开始发表相关的成果。但是，时至如今这个问题仍然没有得到很好地解决。近年来，不少高等学校给新生开设导引课之类的课程，试图解决这个问题，总体感觉效果并不理想。我们认为效果不良的原因主要有两个方面：首先是高校在开设这类课程时仅仅是一般性的介绍，而没有从新生的心理角度去研究和设计课程内容，因此，所开设的课程学生并不欢迎。其次，是没有得到高中的支持。高中阶段的教师最了解这些刚刚毕业学生的心理和需要，如果他们能够与高等学校开展合作，那么效果一定比现在的要好。因此，国家教育政策规划部门也要组织这力量开展研究，从而使得政策规划的作用真正落到实地。

（四）深入开展高等学校分类研究，明确人才培养的工作地位

本科教学在不同类型的高等学校的定位并不完全相同，这是因为这些学校对本科人才的培养目标和规格是不完全相同。所以，国家教育政策研制部门仅仅出台强调本科教育重要性是不够的，而是要强调不同类型高等学校对于本科

教学的不同标准和要求，这样的政策才会有效果。为此，必须要通过各级教育管理部门组织专家和学者对高等学校的分类开展研究，通过研究明确高等学校的定位，使这些高等学校能够各安其位、各尽其职，而不是整天想着如何升格。如果能够让这些学校明确了自己的类型和定位，那么，本科教学的地位就更加明确了，也更加稳固了。

第三节　全面加强党对教育事业领导的政策实施

政策规划和制定的目的就是为了能够更好地实施，中国共产党对教育事业进步给予高度关注。所以，当有关部门在制定好政策以后，应该采取多种方式积极实施，使党的意志能够在教育发展过程中充分得到体现。

一、全面加强党对教育工作领导的政策在实施中面临的问题

中国现代政治制度主要包括社会主义制度、人民代表大会制度、民族区域自治制度、基层群众自治制度及中国共产党领导的多党合作和政治协商制度。这样的制度结构设计决定着党对包括教育事业在内的各项国家事业进行领导的基本途径就是制定政策，教育事业的发展亦然。随着我国教育事业的不断进步和国家治理能力、治理体系现代化的不断推进，党为加强对教育工作领导的相关政策在实施过程中也会不断面临各种挑战。

（一）如何更好地理顺党政关系

如何更好地理顺党政关系在前文也被提及，说明这个问题很突出也很重要。在教育事业管理中，这个问题是不可回避的现实问题。回顾中华人民共和国成立至今，在管理教育各方面事务的过程中，党政关系总体上还是比较明确和顺畅的。但是，在一段历史时期内特别是在 20 世纪 50—70 年代，曾经一度也出现过以党代政、党对教育行政干预过多的现象，这在很大程度上造成党政关系不清晰，行政管理偏弱，党政关系紧张，进而导致教育过度政治化的倾向，影响了教育的进步。正是因为如此，当国家实行改革开放以后，党中央开始实行国家政治体制改革，在教育领域里，党政关系逐步理顺，各自在教育管理中的职责和角色更加清晰。进入新时代，党中央仍然在教育管理中注重深化改革，其中也有党政关系的改革。我们有理由相信，随着党政关系改革的不断深入，两者之间的关系将更加合理，对教育事业的发展将更加具有促进作用。

（二）如何正确处理好教育方针的统一性与各级各类教育的特殊性之间的关系

这个问题实际上是上一个问题的延伸和具体化。在我国，教育方针是党中央领导制定的，教育方针是教育领域一切工作的指南针，充分体现党对教育事业发展的意志。但是，教育方针本身是高度抽象、高度概括的，因而其对教育发展的指导必然是具有原则的，具体到各级各类学校教育中就需要根据各自的教育目的对这个方针进行细化和落实，体现不同教育阶段的特殊性。例如，德育工作是教育方针中十分重要的要点，始终被放在教育方针的第一位。

但是，义务教育阶段对德育的要求与高中教育、大学教育等阶段的德育具体要求是不完全一样的。这就需要各级各类学校要结合各自不同特点设计具体的德育内容。但是，我国各级各类学校教育在这个方面做得并不理想，例如，在德育的相关课程设计上，内容重复太多、冰冷的说教多于热情生动的教育，导致学生在德育中出现较多的逆反心理，降低了德育的实施效果，进而影响了党对教育发展的领导效果。因此，今后国家教育政策规划和制定的相关部门要继续进行政策改革，不断调整和优化德育工作的相关政策。

（三）如何合理规划中央政府的统一要求与地方教育特色之间的关系

中国幅员辽阔、民族众多，各地的文化特色明显，表现在教育方面就是要鼓励各地要办出有特色的教育，将各地的乡土文化和地方社会发展要求充分融入各地的教育内容中。这就必然会面临着如何处理好中央政府对国家教育发展的统一要求和如何体现地方特色和发展需求之间的关系。我们认为在处理好这两者之间的关系时，首先要确保中央政府特别是党中央对教育发展的统一要求，这是处理好两者关系的基本前提，也是体现党中央意志的基本要求。在这个前提下，再去思考如何制定符合各地需要的教育政策，鼓励地方政府努力举办具有地方特色的教育。目前，这两者关系总体上是和谐的，但是在具体的事务上，有的时候中央政府管得太多、太具体，进而制约或者抑制了地方政府办学的积极性和自主权，地方教育的特色也就难以体现出来。因此，我们希望国家相关政策规划和研制部门在如何正确处理中央政府的统一要求和地方政府之间办学自主权和办学特色方面设计更多的可以落地的教育政策，使党对教育的领导能够从简单的"顶天"转到"立地"上来。

（四）如何合理建构教育政策与教育法律法规之间的关系

这个问题在前面我们也讨论过，现在的问题是这两者关系的处理并不理想。现实的情况往往是教育政策多于教育法律法规，大量的比较成熟的政策难以及时转化为教育法律法规，影响了教育管理的规范性和权威性。教育法律法规中的空白点还比较多地存在于各级各类教育中，例如，我们早在 1993 年就出台了《中华人民共和国教师法》，但是众所周知，教育教学活动中，教师和学生是其中的两个核心主体，没有了学生的教育教学是不可能存在的，反之亦然。然而，1993 年至今已经有了近 30 年了，《中华人民共和国学生法》至今未制定和颁布（尽管呼吁制定学生法的声音已经有了 10 多年了）。类似的情况在教育的其他领域还比较多，这就需要相关政策规划和研制部门要加强与立法机构之间的合作，尽快填补和完善教育政策和教育法律法规，以保证教育管理的规范化。

二、实施加强党对教育工作全面领导政策的主要举措

通常情况下，我们应该针对前面提出的四个问题提出实施加强党对教育工作全面领导政策的主要举措，但是，我们在指出这些问题时实际上已经提出了一些对策性的建议。因此，我们下面将围绕党如何加强对教育工作领导这个中心话题提出更为宽阔的对策。

（一）短期规划与长期规划相统一

中华人民共和国成立以后到 20 世纪末，国家在经济建设过程中所用的规划大多是以五年为单位的"五年规划"。严格地说，"五年规划"应该只是短期规划。但是，由于"五年规划"的时间跨度较小，所以，期间的任务更加明确、政策效果也更容易评估。相对于"五年规划"，进入 21 世纪以来，国家在继续执行"五年规划"的基础上，更加注重 10 年以上的中长期规划，这在前面已经做了介绍和分析。为什么国家更加注重中长期规划呢？主要原因就在于我国的国际地位和各方面的综合发展水平越来越高，如果仅仅运用短期规划，难以完成国家发展的战略性任务。党对教育工作的领导是一项系统工程，既有宏观方面的领导，也有微观方面的领导。因而，我们所制定的相应的政策也应该将微观和宏观统筹起来，表现在相关政策的规划过程中，就是既要有短期的政策规划也要有长期的政策规划。

(二) 教育主管机关要督促所属相关部门制定具体政策

各级教育主管机关在行政的过程中，务必要督促所属相关各部门针对上级部门的相关政策研制具体的可以落实的政策，这一点很重要。对于如何落实党对教育工作的政策亦是如此。在现实生活中，我们在落实党的教育政策时，还有不少部门习惯于以文件落实文件的现象，只是简单地将上级部门的文件转发，而没有根据各部门和各地区的具体情况开展有针对性的政策研制，进而推动政策真正落到实地，发挥政策应有的效应。有鉴于此，作为教育政策的上级部门，要切实督促所属部门就党的教育政策制定可以发挥实际效应的政策。这里所谓的督促至少包含两个方面的含义：一方面，要督促和检查所属部门是否有相关的可以实施的政策出台并实际开展推行，是否有相关的政策工具来支持这些政策的推进；另一方面，还要督促检查政策在实际运行中的情况，是否有效。必要时要组织第三方组织来开展评估，督促相关部门不断完善党的政策。

(三) 建构"中学生英才计划"与高校"基础学科拔尖学生培养计划"之间政策链接

这个话题我们在前文也已经有所介绍和分析。我们这里之所以把这个问题再次提出来，主要是强调，在"中学生英才计划"与高校"基础学科拔尖学生培养计划"之间的政策链接上还存在着不少薄弱环节：政策数量不足、现有的政策难以落实。首先是政策数量严重不足，因为这两项工作涉及诸多部门，所以协调起来工作难度不小。因而，在政策数量上还存在着不少空白，致使这项意义十分重大的人才培养工作难以实施，党对教育工作领导的效果难以得到体现。其次是现有的为数不多的政策也由于多部门的意志难以统筹、难以发挥所期望的作用。有鉴于此，我们希望各级相关部门加强合作，不断完善相关政策并积极加以落实。否则这项工作将逐步被弱化，基础教育与高等教育的衔接难以实现。

(四) 尽可能多地设计教育政策工具帮助教育政策更好地实

通常情况下，一项政策的在实施过程中都需要有一定数量（种类）的政策工具作为支撑才能更有效地实施，否则可能会事倍功半。党的教育政策在实施的过程中也面临着同样的问题，所以，各级教育政策部门和实施部门也要有意识地研制数量和种类合适的政策工具来推进相关教育政策的实施。其中，要特别注意和借鉴已经行之有效的政策工具的完善和改进，这样既可以降低政策工具研制成本，又能促进相关政策的落实。

第四节　全面加强党对教育工作事业的政策评价

教育政策评价是教育政策实施效果和进一步完善的基本依据，党对教育工作领导的政策评价是一项复杂的系统性工作，其中涉及多个机构和多方面的工作。以下这些方面是我们在如何加强对党领导教育工作政策的评价基本视角。

一、党对教育工作领导的相关政策之评价内容

针对一项教育政策的评价并非仅仅局限于政策实施效果的评价，这也是目前对教育政策评价的误区所在。其实，教育政策从规划到实施是一个不断完善的闭环过程，因而，我们在对教育政策开展评价时需要从多个方面开展，对于党的教育政策的评价也是如此。

（一）党对教育工作领导的政策规划是否精准是评价的前提

教育政策规划是教育政策研制和实施的前提，一个良好的政策规划意味着精准政策出台和实施有了可能。如果没有进行精准的教育政策规划，那么即便是教育管理实践中急需相应政策指导也难以及时获得政策依据，这必然会导致教育管理中的政策空白，致使教育管理缺乏政策依据，教育管理的质量和效力必然会大打折扣。同时，精准的党的教育政策规划也为精准评价提供的前提。因此，为了能够精准评价党的教育政策，教育政策规划部门必须精准做好相应政策的规划。不仅如此，党的教育政策规划是否精准本身就是政策评估的一个依据之一。因为党的教育政策实施的效果如何是与前期的政策规划是否精准有着密切的关系，如果前期规划本身就存在着多方面的漏洞或者预测不精准，那么后期的政策研制和实施效果就难以保障了。

（二）党对教育工作领导的政策研制是否科学是评价的基础

有了精准的教育政策规划并不意味着党的教育政策就能够被科学地研制出来。这是因为政策规划和政策研制之间还有非常多的复杂的工作来实施，例如，大量的调研、较为规范的研制程序、相关利益者意见的听取、数据的处理等。只有这些工作都得到有效执行，科学的教育政策才有可能被研制出来。作

为对党的教育政策评价，就必须要将上述这些繁琐的工作进行归纳和梳理后作为评价的基本要素或者指标，然后建构相应的评价模型并开始实施评价。可见，党的教育政策研制过程的各个环节和构成要素是否完备、合理成为评价的重要基础。这就是说，为了提高党的教育政策评价质量，上述各个环节的落实是最为重要的，否则难以保证党的教育政策研制的水平。

（三）党对教育工作领导的政策实施是否有效是评价的重要依据

党的政策的规划和研制的最终目的还是要将这些政策公布和实施的，因此，这些政策在实施过程中的效果如何必然是评价的最为重要的依据。通常情况下，如果政策规划精准、研制科学，那么这项政策在实施过程中应该是有比较好的效果的。但是，这两者之间并不必然存在着绝对的对应关系。这是因为，两者之间还存在着诸多的变数（见图1-9）。

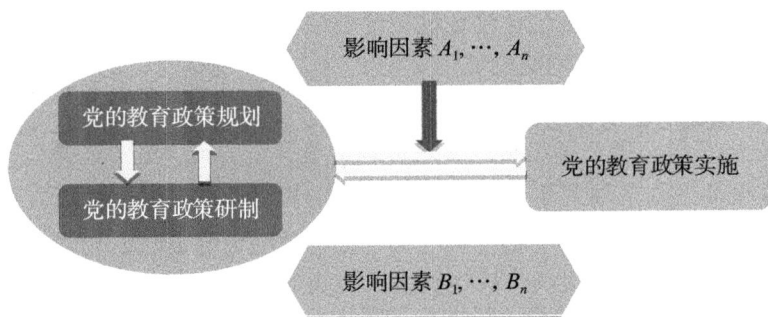

图1-9　党的教育政策各要素运行间关系

从图1-9中，我们可以看出，在党的教育政策开始实施之前，还存在着众多的影响因素：A_1，…，A_n和B_1，…，B_n，由于政策规划部门和研制部门在开展各自工作的过程中不可能预测到所有这些影响因素，因此，当研制好的政策在实施过程遭遇这些不确定因素的干扰以后，其实施的效果必然会与预期的效果之间发生偏离。从理论上看，存在着一定的偏离现象是正常的，但不能有太大的偏离。作为政策评价者在对党的教育政策实施效果进行评价时，应该考虑偏离值，不过也应该有一个范围，超过这个范围就要到政策的规划和研制环节中寻找原因，以便为政策的修订提供依据，这也正是教育政策评价的基本目的。

二、在评价党关于教育工作的相关政策过程中面临的问题

对党关于教育工作的相关政策的评价是党加强对教育工作领导的有力手段之一，但是，长期以来我们在这方面政策的评价方面还存在着一些不足，影响着对教育工作的有效领导。这些不足主要表现为以下几个方面。

（一）评价的理论基础薄弱

从总体上看，国内外教育政策研究界对于教育政策评价的理论研究并不理想，不少学者借用企业的绩效评价思想和理论来评价教育政策的效果，但由于教育政策和经济政策及企业管理有着本质上的区别，这种简单搬用的做法显然并不能真正评价教育政策的实际状况。这就需要我们加强对教育政策评价的理论研究，诸如教育政策评价的本质是什么？教育政策的本质是什么？教育政策来自哪里？教育政策又将走向何方？评价教学政策的目的是什么？等等。对于党关于教育工作的各项政策的评价也不能回避这些问题，这些都需要我们从哲学、社会学、法学、教育学等众多学科视角加强理论探讨，并通过这些理论上的努力来回答上述问题，从而为我们开展教育政策评价提供理论依据。

（二）评价的主体单一

在关于党的相关教育政策评价中我们很长一段时间未能严格思考由哪个主体来评价更合适的问题，习惯于由政府机关或者政策研制和实施机构来评价政策在各个环节的运行状况。这样就必然会出现教育政策的规划者、研制者和实施者"三合一"的单一主体的状况，从评价的科学性的角度来看，由于缺乏相应的监督机制和第三方立场，这种单一主体的评价结果是难以真实和准确的，不可避免会出现一些偏颇和瑕疵，也不利于党对教育工作的领导，党的意志也难以得到真正的落实。

（三）评价手段亟待科学化

针对同一个对象，不同的评价手段和方法所得出的结论可能不一样，甚至相差甚远。这说明评价手段在评价工作中具有十分重要，甚至是决定性的作用。我们在开展党关于教育工作的相关政策的评价过程中，也要善于和准确使用评价的手段（方法或者工具）。实际上我们常常看到的政策评价大多数仍然是通过媒体的宣传过多地肯定政策的正面效果，而对政策出现的负面方面则采取淡化处理的方式，或者通过一些原则性和模糊性的语言表述（语焉不详）。

出现这种状况的主要原因还是政策规划部门和研制部门缺乏寻找科学评价时段的动力，而满足于这样模糊评价的方法。

（四）评价结果的难以及时运用

由于在党关于教育工作相关政策的评价中存在着上述诸多不足，特别是政策评价的结论过于原则和模糊，必然会出现政策规划和研制部门难以适用这些评价的结论（事实上，由于惯性作用和经验主义倾向，政策规划部门和研制部门也不太愿意去修订政策）去改革现行的相关政策。评价结果是政策修订的最重要的依据，现在的评价结果确实难以为政策修订提供准确的依据，不利于教育政策的进一步完善，长远看也会削弱党对教育工作的领导力。

三、提高对党的教育政策评价有效性的举措

针对上述评价中存在的一些不足，我们认为应该从以下几个方面加以改善，以确保党的教育政策能够得到有效实施。

（一）加强相关的评价理论研究

评价理论是评价实践的基本依据，是判断评价是否科学合理和可持续的基本条件，没有科学的评价理论就难以有科学的评价实践。依据马克思主义关于人的认识的基本规律：实践—认识—再实践—再认识，我们认为对于相关评价的理论构建也要从对该领域教育政策的评价实践中寻找突破口和理论灵感。也就说，党的教育政策的评价实践是该项工作评价理论的重要来源，不能脱离这个实践凭空构建一套理论，只有这样，理论才能在评价实践中发挥真正的指导作用。

（二）进一步丰富评价主体

从理论上来说，党对教育工作的相关政策评价主体应该包含所有利益相关者，但是从实践的角度来看这是不可能的，因为党的教育政策所涉及面非常宽泛而且很多政策都是宏观意义的政策，也很难准确确定具体的利益相关者。在这种情况下，我们只能尽可能多地考虑评价主体的多元化，尽可能少地完全依托教育政策规划和研制部门来评价，或者尽可能少地减少教育政策规划和政策研制部门对评价的干扰和影响。比较有效的办法就是采用政府购买的方式，委托第三方机构来评价，要求第三方机构必须在评价过程中听取利益相关者的意见，全面客观地评价教育政策的各个环节。

（三）合理吸收现代信息技术

当代信息技术已经渗透到我们的日常生活之中，对于科学研究产生的作用正在日益显示。信息技术对于评价也具有重要的作用，特别是数据挖掘、大数据分析和人工智能技术的广泛应用，其完全可以运用于我们对于党的教育政策的评价之中。因此，对于评价主体来说，必须要更新观念，大胆采用各种信息技术。当然，我们也不要简单地放弃传统的那种原则性的模糊的评价手段，而是要将两者充分结合起来，发挥各自的优势，从而对党的教育政策做出全面真实的评价，进一步加强党对教育工作的领导。

（四）及时将评价信息反馈给相关部门

党的教育评价的目的就是要帮助教育政策规划部门、研制部门和实施部门更好地改善各自的工作，提高工作质量。如何改善和提高？评价的结果是其中的重要依据。因为通过评价可以最大限度地、客观地发现党的教育政策的各个环节中存在的不足和原因，还会据此提出建议，而这些正是上述各部门所需要的。对于这些部门来说，要有正常的心态来接受评价中发现的不足，虚心改进。

小　　结

本章基于如何加强党对教育工作领导的相关政策的规划、研制、实施和评价等环节的研究，分析了党加强教育工作领导的相关政策的内容、现状、存在的问题和解决这些问题的对策。我们认为，中华人民共和国成立以来，党的教育工作的领导及其政策的制定和实施总体上是卓有成效的。但是，在一定时期和某些环节也还存在着某些不足和瑕疵。这些不足和瑕疵的存在既有一定的必然性也有一定的主观性。我们希望通过加强相关教育政策的评价来逐步解决这些不足和瑕疵，从而进一步加强党对教育工作的领导。

第二章　加强学校思想政治教育的政策研究

学校的思想政治教育工作是我党几代领导人十分关注的工作，每一代党的领导人都对学校思想政治教育工作的重要性、主要内容以及教育的途径提出了诸多的论述，成为各级各类学校加强思想政治教育工作的重要依据，也是学校思想政治教育工作的政策渊源。

第一节　加强学校思想政治教育的政策规划

学校的思想政治教育工作是一项涉及诸多方面的系统性工作，其所覆盖的政策也同样丰富多彩。为了能够保证这些政策系统能够发挥最好的效应，必须要加强相关政策的规划和指导。

一、学校思想政治教育的政策规划的现状

思想政治教育的本质就是对学生进行符合党和政府意志的道德品质教育和意识形态教育，其根本点就是品德教育，而品德教育在中国有着十分悠久的历史和传统。学校思想政治教育在各级各类教育内容中处于核心和引领地位，党的教育方针中的"德"育是思想政治教育的集中表述。因此，相关的教育政策也必然同样处于首要地位。

（一）建立了比较完备的政策规划之体制机制

为了能够有效地开展学校思想政治教育工作，党和国家在各自的体系内分别建构了一套政策规划和实施的体制机制。事实上，早在中华人民共和国成立之前，党就在自己的机构中设置了"中国共产党中央委员会宣传部

（中宣部）"①。中宣部有多项工作对学校思想政治教育工作发挥引领和指导作用：负责指导全国马克思主义理论的研究、学习和宣传；规划和部署全局性的思想政治工作的任务；负责提出宣传文化事业发展的指导方针，指导宣传文化系统制定政策和法规；同时还要按照中央的统一工作部署，做好宣传文化系统各有关部门之间的协调工作；负责规划、部署全局性的思想政治工作任务，配合中央组织部做好党员教育工作，负责编写党员教育教材，会同有关部门研究和改进群众思想教育工作。中宣部是这些工作职责都与学校思想政治教育工作关系密切，反过来说，各级各类学校思想政治教育工作要符合这些工作要求。

除了中宣部的党内体系的机构设置，在国家教育主管部门的教育部也专门设立了"思想政治工作司"②，通过行政手段加强对学校思想政治工作的管理。当然，在国务院的行政体系内，除了教育部集中承担学校思想政治教育工作之外，还有一些部门如中华人民共和国国家新闻出版广电总局等在加强学校思想政治教育工作方面发挥辅助和支撑作用。

---

① 中共中央宣传部是中共中央主管意识形态方面工作的综合职能部门。1924 年 5月，中央正式决定分设宣传、组织、工农等部，罗章龙为中央宣传部部长。"文化大革命"期间被取消。1976 年 10 月中央决定恢复成立。主要职能是：负责指导全国理论研究、学习与宣传工作；负责引导社会舆论，指导、协调中央各新闻单位的工作；负责从宏观上指导精神产品的生产；负责规划、部署全局性的思想政治工作任务，配合中央组织部做好党员教育工作，负责编写党员教育教材，会同有关部门研究和改进群众思想教育工作；受党中央委托，协同中央组织部管理文化部、新闻出版署、中国社会科学院的领导干部，会同中央组织部管理人民日报社、光明日报社、经济日报社、广播电影电视总局、新华社等新闻单位和代管单位的领导干部，对省、自治区、直辖市党委宣传部长的任免提出意见；负责提出宣传思想文化事业发展的指导方针，指导宣传文化系统制定政策、法规，按照党中央的统一工作部署，协调宣传文化系统各部门之间的关系；完成党中央交办的其他任务。（https：//baike. baidu. com/item/%E4%B8%AD%E5%9B%BD%E5%85%B1%E4%BA%A7%E5%85%9A%E4%B8%AD%E5%A4%AE%E5%A7%94%E5%91%98%E4%BC%9A%E5%AE%A3%E4%BC%A0%E9%83%A8/8823450？fromtitle＝%E4%B8%AD%E5%85%B1%E4%B8%AD%E5%A4%AE%E5%AE%A3%E4%BC%A0%E9%83%A8&fromid＝10317351&fr＝aladdin）

② 教育部思想政治工作司介绍中这样描述了该司的工作内容：承担高等学校学生与教师的思想政治工作，宏观指导高等学校基层党组织建设、精神文明建设以及辅导员队伍建设工作；负责高等学校稳定工作和政治保卫工作，及时反映和处理高等学校有关重大问题；负责高等学校网络文化建设与管理工作。（http：//www. moe. gov. cn/s78/A12/moe_1170/201001/t20100131_82444. html）

通过上述国家层面的党政两套体制机制的建立，使得国家对学校思想政治教育工作有了机构和制度等方面的保障，显示出中国特色的学校思想政治教育工作体系。

（二）建立了比较完善的政策规划之制度体系

在上述体制机制的基础上，中宣部和教育部的思想政治工作司及相关部门如基础教育司①为加强学校思想政治教育工作，分别制定了一系列政策和行政法规等规章制度。如：《中共中央国务院关于深化教育改革全面推进素质教育的决定》《中共中央关于进一步加强和改进学校德育工作的若干意见》《中共中央关于加强和改进思想政治工作的若干意见》《中共中央办公厅、国务院办公厅关于深化新时代学校思想政治理论课改革创新的若干意见》《中共中央国务院关于进一步加强和改进未成年人思想道德建设的若干意见》《关于进一步加强高等学校学生思想政治工作队伍建设的若干意见》《关于加强高等学校辅导员、班主任队伍建设的意见》《关于加强普通高等学校大学生心理健康教育工作的意见》《中共中央组织部 中共中央宣传部 教育部关于领导干部上讲台开展思想政治教育的意见》《关于开展第二批"三全育人"综合改革试点工作的通知》《关于进一步加强和改进中等师范学校德育工作的几点意见》《初中思想品德课、高中思想政治课贯彻党的十七大精神的指导意见》《中小学开展弘扬和培育民族精神教育实施纲要》《关于深入开展文明校园创建活动的实施意见》等。这些制度规划体系的建立和实施，有力地保证了学校思想政治教育工作的落实。

（三）基本形成了各级各类学校思想政治教育课程规划体系

学校思想政治教育课程是实施德育的最基本手段，内容合理的课程对学生道德品质的形成会产生积极的作用。反之，如果课程内容在建构上出现重复或者与学生的心理发展规律发生冲突，那么就会造成学生对学校思想政治教育课

---

① 基础教育司介绍的工作职责包括：承担基础教育的宏观管理工作，拟订推进义务教育均衡发展政策，拟订普通高中教育、幼儿教育、特殊教育的发展政策；会同有关方面提出加强农村义务教育的政策措施，提出保障各类学生平等接受义务教育的政策措施；会同有关方面拟订义务教育办学标准，规范义务教育学校办学行为；拟订基础教育的基本教学文件，推进教学改革；指导中小学校的德育、校外教育和安全教育；指导中小学教学信息化、图书馆和实验设备配备工作。（http：//www.moe.gov.cn/s78/A06/moe_892/201704/t20170405_301893.html）

程的抵触和逆反心理。为了能够对学校思想政治教育课程进行合理规划，构建合理课程结构和体系，2019 年 8 月 14 日出台的《关于深化新时代学校思想政治理论课改革创新的若干意见》，该意见提出要"完善思政课课程教材体系"，内容包括"整体规划思政课课程目标""调整创新思政课课程体系""统筹推进思政课课程内容建设"和"加强思政课教材体系建设"。其中，关于"调整创新思政课课程体系"，该意见指出："加强以习近平新时代中国特色社会主义思想为核心内容的思政课课程群建设。"① 对各级各类学校思想政治教育的课程构建提出了具体要求。应该说，该文件的颁布和实施，在很大程度上解决了长期困扰学校教育中的思想政治教育工作许多问题。

（四）形成了较为完备的学校思想政治教育师资队伍规划体系

良好的课程体系和课程内容要转化为学生的素养，必须主要依靠教师的言传身教。所以，一支政治素质过硬具有浓厚人文情怀和广博知识的学校思想政治教育师资队伍是开展思想政治教育的重要保障条件。为此，2019 年 8 月 14 日出台的《关于深化新时代学校思想政治理论课改革创新的若干意见》就如何建设学校思想政治教育的师资队伍提出了具有政策规划意义的要求，即"建设一支政治强、情怀深、思维新、视野广、自律严、人格正的思政课教师队伍"，共提出了五个方面的要求②。这五点要求从根本上回答了学校思想政治教育师资建设的困惑，对于如何提高相关领域的师资水平和质量发挥了指导性的作用。我们希望相关政策规划部门能够按照该文件的要求，设计更为科学

---

① 在保持思政必修课程设置相对稳定基础上，结合大中小学各学段特点构建形成必修课加选修课的课程体系。全国重点马克思主义学院率先全面开设"习近平新时代中国特色社会主义思想概论"课。博士阶段开设"中国马克思主义与当代"，硕士阶段开设"中国特色社会主义理论与实践研究"，本科阶段开设"马克思主义基本原理概论""毛泽东思想和中国特色社会主义理论体系概论""中国近现代史纲要""思想道德修养与法律基础""形势与政策"，专科阶段开设"毛泽东思想和中国特色社会主义理论体系概论""思想道德修养与法律基础""形势与政策"等必修课。各高校要重点围绕习近平新时代中国特色社会主义思想，党史、国史、改革开放史、社会主义发展史，宪法法律，中华优秀传统文化等设定课程模块，开设系列选择性必修课程。高中阶段开设"思想政治"必修课程，围绕学习习近平总书记最新重要讲话精神开设"思想政治"选择性必修课程。初中、小学阶段开设"道德与法治"必修课程，可结合校本课程、兴趣班开设思政类选修课程。

② 这五个方面的要求包括：加快壮大学校思政课教师队伍；切实提高思政课教师综合素质；切实改革思政课教师评价机制；加大思政课教师激励力度；大力加强思政课教师队伍后备人才培养工作。

的政策规划，指导政策研制部门设计更为合理的政策体系和政策工具。

二、学校思想政治教育政策规划中面临的主要问题

学校思想政治教育工作的落实既需要制度的保障，更需要有相应的机制去实施，这是该项政策规划部门特别需要重视的一项工作。与此同时，在课程设置和教师队伍建设等方面也需要给予实实在在的关注。目前来看，学校思想政治教育工作在这些方面还需要继续加强。

（一）政策规划体制机制中规划重复现象比较突出

从教育部官网主页上，我们可以看到关于学校思想政治教育工作至少涉及三个"司"级部门，它们是"思想政治工作司"与"高校学生司"①"基础教育司"②。这些部门之间有工作重叠。"思想政治工作司"在其部门工作范围简介中提到其工作之一是"承担高等学校学生与教师的思想政治工作"；"高校学生司"的工作职责中只有两条，没有提及高校学生的思想政治教育工作；"基础教育司"的工作职责介绍中提及其中一项工作为"指导中小学校的德育、校外教育和安全教育"。

从上述三个司的工作介绍中，我们发现，大学生的思想政治教育工作归属思想政治工作司。这就有点让人觉得奇怪了：为什么思想政治工作司不能把其他各级各类学校中的思想政治教育工作统筹起来呢？既然这个司的部门名称就叫"思想政治工作司"为何只负责高等学校学生思想政治教育工作而放弃对其他各级各类学校的思想政治教育工作的管理？而高校学生司，从名称上看是对高等学校的学生工作进行管理和统筹，可是在该部门的工作中却没有提到学

---

① 高校学生司介绍其工作范围是：教育部高校学生司所分管的业务是：一、负责各类高等教育的招生及全国统一考试工作（普通、成人，研究生）。二、负责各类高等教育学历和学籍管理工作；负责制定普通高等教育毕业生就业工作政策。（http：//www. moe. gov. cn/s78/A15/moe_886/201001/t20100131_18747. html）

② 基础教育司介绍其工作范围是：承担基础教育的宏观管理工作，拟订推进义务教育均衡发展政策，拟订普通高中教育、幼儿教育、特殊教育的发展政策；会同有关方面提出加强农村义务教育的政策措施，提出保障各类学生平等接受义务教育的政策措施；会同有关方面拟订义务教育办学标准，规范义务教育学校办学行为；拟订基础教育的基本教学文件，推进教学改革；指导中小学校的德育、校外教育和安全教育；指导中小学教学信息化、图书馆和实验设备配备工作。（http：//www. moe. gov. cn/s78/A06/moe_892/201704/t20170405_301893. html）

生的思想政治教育工作，难道学生工作中不包含思想政治教育工作吗？无论如何，都让人有名不副实的感觉。因为从学校思想政治教育工作的角度看，教育部各司的这种布局把原本应该统一的、系统的工作人为地割裂开来，这必然会导致学校思想政治教育工作在课程设置、内容设计和师资队伍建设等一系列工作方面的割裂。

再来看基础教育司的工作职责，虽然其职责中有涉及中小学德育工作，但这项工作完全可以放在思想政治工作司来完成，现在却由基础教育司来完成，也让人感觉那么怪怪的。而基础教育司虽然工作范围覆盖了学前教育和特殊教育，但是却没有指出其思想政治教育工作覆盖这两种类型的教育，这就意味着学前教育和特殊教育的思想政治教育工作在机制设计上处于空白。此外，职业教育阶段的各级各类学校的思想政治教育工作由哪个部门来统筹管理呢？教育部有一个"职业教育与成人教育司"①，但是，我们从该司的工作范围的介绍中却没有找到看到"思想政治教育工作"（但在该司的主页工作类型中却有"中职德育与学校管理"），这也让人觉得有点奇怪：难道对职业教育和成人教育工作中思想政治教育工作并不重要吗？

（二）基础教育阶段的思想政治教育工作政策在规划机制上的重要性体现不足

前文对教育部"基础教育司"的工作范围已经做了分析，从其官网主页中我们发现，虽然在其工作范畴中有"德育与校外教育"，但是，学前教育和特殊教育的思想政治教育工作显然不是其关注的重心。更为让人担忧的是上述割裂的机制使得中小学的德育工作处于孤岛状态，对于其他各级各类学校的思想政治教育工作产生不利的影响，这反过来会削弱中小学的思想政治教育工作。中国的文化中在理解人生成长过程中有一句非常经典的表述叫作"为人处世"，"为人"处于首要位置。为人处世应该从幼儿教育和中小学教育抓起，但是，目前的机制是否是真正在抓值得疑问。

---

① 职业教育与成人教育司介绍的工作范围如下：承担职业教育统筹规划、综合协调和宏观管理工作；拟订中等职业教育专业目录和教学基本要求；会同有关方面拟订中等职业学校设置标准；指导中等职业教育教学改革和教材建设工作；指导中等职业学校教师培养培训工作；承担成人教育的宏观指导工作。（http://www.moe.gov.cn/s78/A07/moe_891/201603/t20160322_234631.html）

（三）课程内容的衔接性规划工作需要进一步加强

学校思想政治教育工作中课程内容的衔接是否科学合理一直是除教育界之外诟病最多的工作之一，正因为如此，才有了上文中提到的《中共中央关于进一步加强和改进学校德育工作的若干意见》的出台。因此，相关教育政策规划部门应当给予特别的重视，尽可能从政策规划阶段有效地根除这个问题。现在比较突出的问题就是各级各类学校思想政治教育课程从知识结构和具体内容的设计上重复的内容过多，使得学生从中小学开始直至大学本科、硕士乃至博士阶段的思想政治课的教学内容出现了相似的面孔，学生产生逆反和厌学的情绪就难以避免。我们希望中央的政策能够有效地解决这个方面的问题。

（四）教师队伍的规划缺乏督促和实施机制

各级各类学校思想政治类课程教师的数量和质量始终是令人担忧的工作之一。例如，按照教育部《新时代高等学校思想政治理论课教师队伍建设规定》（中华人民共和国教育部令第 46 号）第七条就规定："高等学校应当配齐建强思政课专职教师队伍，建设专职为主、专兼结合、数量充足、素质优良的思政课教师队伍。高等学校应当根据全日制在校生总数，严格按照师生比不低于1∶350的比例核定专职思政课教师岗位。公办高等学校要在编制内配足，且不得挪作他用。"

我们且不说该规定中的"高等学校应当配齐建强思政课专职教师队伍，建设专职为主、专兼结合、数量充足、素质优良的思政课教师队伍"。就连"严格按照师生比不低于 1∶350 的比例核定专职思政课教师岗位"的要求在很多高等学校落实起来都很困难，那么，其他各级各类学校中思想政治教育的师资队伍的状况如何呢？其实，在教育部这个文件出台之前，高等学校思想政治教育课程教师队伍的状况已经很不乐观了，出现这种情况的主要原因还是缺乏相应的监督和实施机制，不少学校对这项工作的重视不够也是这种原因所表现出来的问题之一。

三、进一步完善学校思想政治教育的政策规划的基本举措

有鉴于我国各级各类学校思想政治教育工作中面临的上述困境，国家相关政策规划部门应该尽快拿出举措从根本上解决在这个问题。我们希望可以从以

下几个方面去拓展思路。

(一) 加强对各级各类学校思想政治教育工作规划机制的统筹

从上文对教育部现行的关于学校思想政治教育工作机制来看，显然没有将学校的思想政治教育工作作为一项整体工作划归为某一个部门（司、局）统筹管理，而是条块分割式的归口多个部门在管理，这必然会造成学校思想政治教育工作中本不应有的缺失或者漏洞。因此，国家相关教育政策规划部门应该采取一定对策，将学校思想政治教育工作统筹到一个部门统一规划、制定政策，例如全部交由思想政治教育工作司，这样可以提高管理效率、节约管理成本，使学生的思想政治教育工作真正发挥效用。

(二) 科学制定衔接合理的课程内容的规划

课程衔接是否合理是提高教育质量的关键环节之一，对于学校的思想政治教育来说亦是如此。上文已经指出了我国各级各类学校的思想政治教育课程内容存在着衔接不够合理的现象以及所产生的不良后果。针对这种情况，教育部相关政策规划部门应该制定相应的政策规划，组织学科专家开展专项研究，科学设计课程内容及其标准，使之从学前教育到高等教育构成一个完整的课程链，环环相扣，从而使学生的德育知识结构更加完善。

(三) 优化学校思想政治教育工作的师资结构的规划

学校思想政治教育课程链的建立，不仅可以提高思想政治教育的质量，而且一旦整个课程链建立起来以后还可以极大地优化从学前教育到高等教育各个阶段的思想政治教育的师资队伍结构，因为课程内容的优化意味着可以减少许多重复内容的教学，当然也就意味着教师人数的精简（这有点类似于拔河比赛，如果比赛的队员的搭配比较合理，不一定需要太多的人数。所以，人员结构是否合理比人数是否众多更为重要。学校思想政治教育工作的教师队伍建设也是同样的道理）。我们可以大胆假设一下，如果我们真的建立起一个合理思想政治教育课程链，均匀分布各阶段的教师力量，那么在高等学校的思想政治教育课程的师资队伍的建设方面，我们教师的精力可能更多地用于相关的科研上，而不是大多数用在课堂教学上，目前高等学校里德育课程教师队伍数量不足的现状也许可以极大缓解甚至根本解决。

第二节 加强学校思想政治教育的政策研制

学校思想政治教育工作是各级各类学校一切工作的重心，但是，思想政治教育工作的内容和方法又是必须快速适应社会需求，反映社会变化的工作。因此，制定思想政治教育工作所需要的政策必须既要考虑政策的稳定性，也要考虑政策的灵活性，使两者能够相互支持、相互弥补，保持政策的动态平衡。

一、学校思想政治教育相关政策研制的现状

学校思想政治教育政策研制一直是党中央和国务院以及相关职能部门特别关注的一项工作。中华人民共和国成立以来，党和国家特别是国家教育主管部门为此研制了大量的较为系统的政策文本，为加强学校思想政治教育工作提供了丰富而又坚实的政策基础。

（一）政策研制的指导思想明确

学校思想政治教育工作是一项常规性工作，其指导思想非常明确，集中体现在党的教育方针之中，就是要根据国家不同时期的发展需要，对所有学生开展德育。作为相关政策研制部门的主要任务就是要充分研究不同时期德育的内涵是否有变化，并根据德育内涵的变化，制定相应的政策。除了党的教育方针中对德育工作的明确之外，中华传统文化中的优秀文化也应该纳入德育中来，使我们学校的思想政治教育具有更浓厚的中国特色。

（二）政策研制主体多样化

从前文的研究中，我们已经发现，在我国教育主管部门有多个职能部门都负有管理学校思想政治教育工作的职责，为了加强各自的工作力度，这些职能部门也都根据本部门的工作需要制定了大量的相关政策文本及相应的法规文本。在国务院部委层面也存在着类似的现象（这在上述文字中也已经述及），这说明，学校思想政治教育工作的政策制定的主体确实来自诸多部门。从学校思想政治教育工作实施的效果来看，如果这些部门能够做到充分协调、统筹兼顾，那么就会发挥良好的效果，反之亦然。

（三）研制的过程逐步趋于理性

从管理学和政策学的角度来看，中华人民共和国成立以来，我国各方面的

政策（包括部分法律法规）的制定，经历一个由经验向理性转变的阶段。经过改革开放四十多年的发展，我国各部门在政策制定方面基本上达到了逐步理性的政策研制阶段，经验和长官意志（拍脑袋）的现象已经得到了根本的扭转。这是我国治理水平和治理能力现代化的重要标志，学校思想政治教育工作的政策研制亦是如此。这种政策制定理性主要表现为政策研制更加注重程序是否健全、开展大量调研活动、运用现代先进的技术手段、发挥相关专家和社会组织的作用等方面。

（四）研制的相关政策文本数量多

学校思想政治教育工作涉及各级各类学校，而制定相关政策的部门又有不同的层级，因此，最终研制出来的相关政策（法律法规）文本的数量自然就会十分庞大。首先，我们来看看教育部思想政治工作司的相关政策研制情况，该司从 1998 年 6 月到 2020 年 2 月的 22 年间（跨 23 个年头），总共出台了 299个政策文本（参见教育部思想政治工作司"政策文件"一栏所显示的文本，http：//www. moe. gov. cn/s78/A12/A12_zcwj/index. html），平均每年研制出台的政策文本数达到近 14 个，特别是 2007 年以后，该司在政策文本研制的数量上急剧增加（见图 2-1）。

从图 2-1 中，我们可以看到，在思想政治工作司出台的有关思想政治教育工作的文本数量自 2007 年开始，数量快速增加，2008 年达到了最高峰值，研制出台的政策文本数量高达 54 件。此后，其数量出现一定波动，但是数量还是相当可观的，可见其对高等学校思想政治教育工作的重视。但是，我们从中也发现一个有趣的现象，就是 1999 年至 2004 年间没有出台一项思想政治教育工作的政策，但不知道是何原因。

我们再来研究一下基础教育司在思想政治教育工作出台政策文本数量方面的情况。从图 2-2 中我们可以发现，从 1998 年至 2020 年的 22 年中间（跨 23个年头），已经研制并公布的有关"德育与校外教育"政策文本数量达到 310条，平均每年达到 14 条（参见 http：//www. moe. gov. cn/s78/A06/jcys_left/moe_710/）。

从图 2-2 中，我们发现，基础教育司自 2004 年开始，其从 2004 年开始所研制出台的有关思想政治教育工作方面的注册文本数量开始增加（虽然中间也有少量的波动，但是文本数量还是比较多），2008 年文本数量达到了峰值共63 件。这说明，基础教育司对于中小学的思想政治教育工作一直是十分重视并持续在关注相关政策的研制。

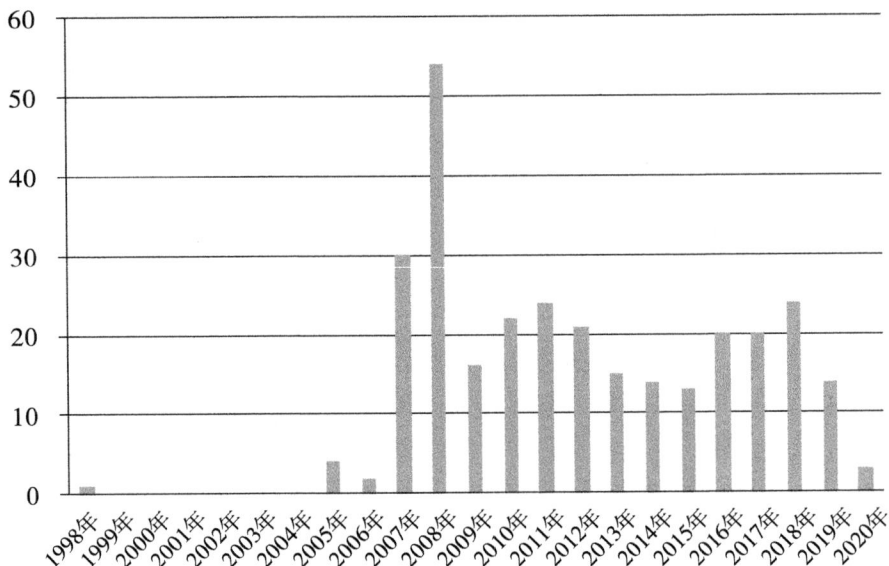

图 2-1　教育部思想政治工作司 1998 年以来公布的政策文本数一览

最后，我们再来看看教育部职业教育与成人教育司对于学校思想政治教育工作的关注情况。在该司的官方主页上的"中职德育与学校管理"一栏中（http：//www. moe. gov. cn/s78/A07/zcs_left/moe_950/）展示了自 1996 年到 2019 年 24 年间（跨 25 个年头）共公布研制的政策文本数量为 136 条，平均每年近 6 条。

图 2-3 显示，该司在学校思想政治教育工作相关政策文本的研制方面，其数量在 2008 年之前一直比较少，直到 2008 年开始这种状况才开始逐渐扭转（2008 年达到了峰值 53 件），此后，政策文本的数量不仅有所波动而且数量也不是很大。

从上述三个司出台的关于学校思想政治教育工作政策文本的数量来看，有一个共同点，那就是进入 21 世纪以后，各司普遍重视相关政策的研制，其文本数量在 2007—2008 年达到最高值。当然，政策文本数量的多少只是部门对该项工作是否关注的一个方面，我们也不能简单地仅凭政策文本数量的多少来判断相关部门对学校思想政治教育工作的重视程度，更重要的是政策实施的效果，这一点我们必须给予清醒的认识。

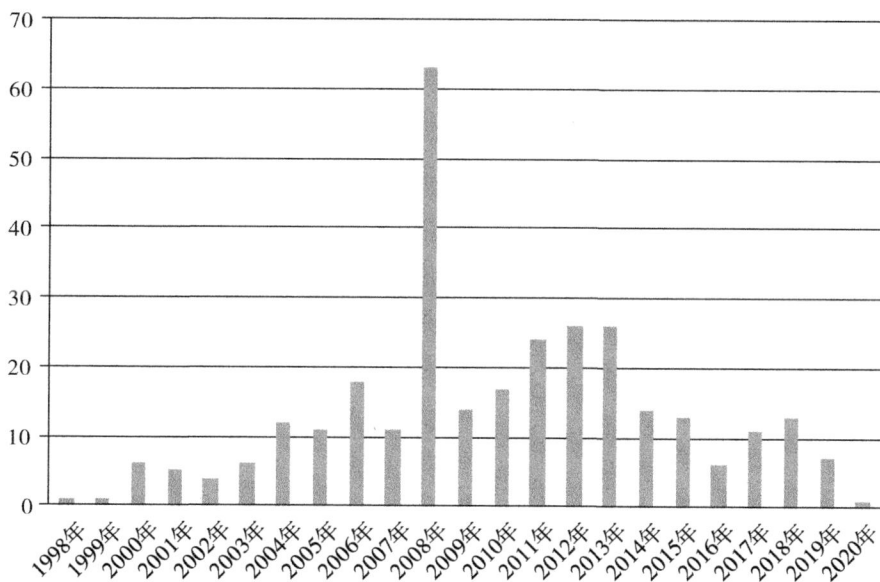

图 2-2　教育部基础教育司 1998 年以来公布的思想政治教育相关政策文本数一览

二、学校思想政治教育相关政策研制中面临的主要问题

为了能够更好地加强学校的思想政治教育工作，使我国各级各类学校的思想政治教育工作的政策能够更有效地落到实处。我们希望相关政策规划部门和研制部门重视以下四个方面的问题。

（一）政出多门，缺乏统筹规划

通常情况下，管理一项事务或者完成一项工作，最有效、最合理的方式就是有一个主体及其所牵头的各部门统筹，不要出现对一项工作有多个同等权力机构的主体来落实。因为多个平行主体在落实工作任务的过程中，由于彼此不能制约对方，而各自的工作思路不一定相同，这就很容易产生工作落实过程中的摩擦、推诿甚至相互指责等现象。一旦出现了这些现象的话，工作任务的落实就会瘫痪，导致工作任务无法完成。目前，学校思想政治教育工作中出现的政出多门的现象如果不能有效协调和统筹的话，就会存在着思想政治教育工作无法落实或者落实的效果不理想等方面的风险。

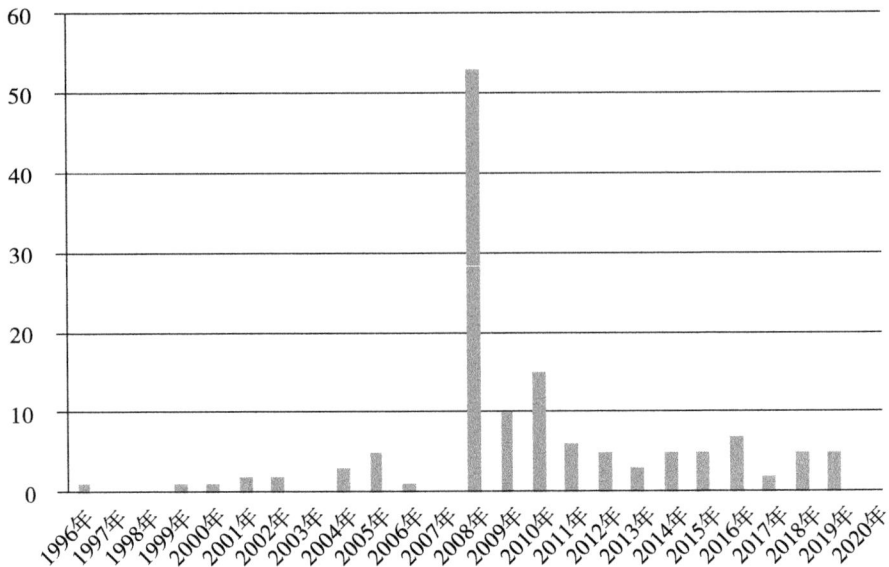

图 2-3　教育部职业教育与成人教育司公布的 1996 年以来思想政治教育相关政策文本数一览

（二）相关政策法制化不足

政策与法律在文本和实施效果方面所表现出来的差异性具有一定的中国特色，两者如果协调好的话，可以相互支持、相互补充，发挥各自最好的效力。但是，如果协调不好的话，两者之间可能会出现相互摩擦，导致双方的效力都无法正常发挥的现象。中华人民共和国成立以来，我国教育政策和教育法律法规之间的关系总体上看是比较协调的，两者出现冲突和矛盾的时候并不多见。从政策和法律之间的效力来看，法律比政策具有更强的刚性，更能体现国家的意志和直接体现更多的强制性。因此，我们通常主张尽可能将那些在实践中执行效果较好和比较成熟的政策通过立法程序将其变成法律法规，以增强政策的强制性和执行效力。这就是我们通常所谓的政策法律化。教育政策与法律之间的关系也可以遵循这个原则。从目前我国各级各类学校思想政治教育工作政策的建设过程来看，虽然我们相关政策部门制定了不少政策，但是，如何将这些政策经过立法程序转换为相应的法律法规方面还需要进一步加强。

（三）相关政策研制的程序意识有待加强

程序无论是针对立法还是政策制定都是必须要严格遵守的一项基本要求。但是，与教育立法相比，教育政策的研制会根据政策的具体内容、政策的对象以及政策实施的方法等因素的不同，并没有类似立法那样具有非常严谨的程序要求。尽管如此，政策研制的一些基本程序还是需要遵守的。在学校思想政治教育工作政策的研制过程中，各相关政策研制部门基本上还是能够遵守工作程序及其要求，但也不排除有的时候不太注意研制的程序甚至过于简化了一些本不应该简化的程序。出现这种偶发现象的主要原因还是相关工作的程序意识不足导致的。因此，在学校思想政治教育工作政策的研制中，我们希望相关主体进一步增强程序意识，以确保所研制的政策更加科学、合理、精准。

（四）相关政策研制队伍的专业化水平有待提高

政策研制队伍的素质提高是一个需要长期积累的工作，由于国内长期以来实行的是计划经济管理模式，政策的规划、研制、实施和评价等都是由政府这个单一主体来完成的。因此，对于政策的理论研究也一直未能引起学界的关注。这也是我国政策研制队伍专业化水平急需提高的主要原因，教育政策领域也存在着同样的情况。学校思想政治教育工作是一项专业性、政策性非常强的工作，研究思想政治教育不仅需要教育学、管理学和心理学的学科知识，也需要政治学、法学、社会学等方面的学科知识。为此，加强学校思想政治教育工作的政策研制者也必须要具备这些学科的基本知识，可见在该领域的政策研制中必须要建设专业化的队伍，通过这些专业人员来研制政策。从这个意义上看，目前相关部门的政策研制的专业化水平还需要进一步提高。

三、完善学校思想政治教育政策的基本举措

总体上看，我国各部门在学校思想政治教育工作的政策研制方面是比较成功的，但鉴于在相关政策的研制过程中还存在着一些不足之处，我们希望政策研制部门能够在进一步提高该领域政策质量的时候着手在以下几个方面加强统筹和领导。

（一）进一步加强学校思想政治教育工作政策研制的统筹力度

学校思想政治教育工作政策研制过程中的政出多门的现象应该尽快解决，国家教育主管部门可以对相关司局的职能做适当的调整。例如，既然有一个

"思想政治工作司"，那就应该将所有学校中的思想政治教育工作都纳入这个部门统筹管理并制定相关的政策，而不能像现在这样只管理高等学校的思想政治教育工作。这无论是从职责明确和管理效能等方面考虑，都应该进行调整。参照这个体制，地方各级政府的教育主管部门都应该做相应的机构调整，避免出现思想政治教育工作多部门负责、多部门出台政策现象。

（二）加快相关政策的立法和法律化转换

从整体上看，教育部门的法律法规无论是数量还是覆盖面上都还有很大的拓展空间，教育领域的法律空白点还有不少，思想政治教育工作的立法就存在着这样的空白点。为此，我们希望国家教育主管部门能够密切关注这个领域的立法工作以及相应的法规制定工作。与此同时，我们还希望将目前学校思想政治教育工作政策中进行适当的归纳梳理，逐步将部分成熟的政策通过立法机关转变为法律，以提高思想政治教育工作的效力。

（三）进一步提高相关政策研制队伍专业化水平

上文已经述及，学校思想政治教育工作是一个涉及诸多学科的领域，因此，制定相应政策所需要的专业队伍也应该是多学科专家合作的专家团队。国家教育主管部门可以通过建立专家团队数据库的方式，定期更新数据库中的信息，定期举行专家学术论坛，专题研讨学校思想政治教育工作中面临的问题。也可以鼓励这些专家开展国际学术交流与合作，通过比较与合作，拓宽视野，分享相关政策制定的经验。另外，这里所说的专业化还包括在相关政策研制部门的管理人员（官员）也要通过上述这些过程，与学科专家一起开展合作和研讨，提高这些管理人员（官员）的专业化水平。通过这些方面，全方位开展合作与研讨，我们相信，学校思想政治教育工作研制水平必然会快速提高。

（四）加强相关政策的信息收集与处理，提高信息化质量

学校思想政治教育工作政策是一个系统，这就意味着，在这个政策体系中，部分政策（包括政策工具）在规划，部分政策正在研制，也有部分政策可能正在付诸实施。这些工作其实是相互支持、密切联系的，作为相关政策的研制部门，应该在学校思想政治教育工作政策研制的时候，必须同时关注政策规划、政策实施、政策评价等多方面反馈过来的信息。在实际政策研制时，这些来自思想政治教育工作政策方方面面的信息是数量庞大且十分复杂的。如何搜集、处理和利用这些信息，让这些信息为我所用，就需要我们的思想政治教

育政策研制部门充分利用现代信息技术手段，提高信息处理能力，从而提高思想政治教育工作相关政策的研制质量。

第三节　加强学校思想政治教育工作政策的实施

多年来我国各级各类学校思想政治教育工作的成功表明，我们的学校思想政治教育工作的政策实施是有效的，这是我们必须给予高度肯定的。尽管期间也有一些失误，但是我们及时调整相关政策，避免了思想政治教育工作上的重大失误的出现。

一、实施学校思想政治教育工作政策所取得的成就

学校思想政治教育作为德育的主要组成部分在培养学生良好道德品质方面发挥了重要的作用，达到了培养合格的"社会主义建设者和接班人"这一根本目的。自中华人民共和国成立以来，学校思想政治教育工作的政策在实施过程中已经取得了不少成就。

（一）政策落实总体平稳

政策实施是否平稳是检验政策能否达到预期目的的一个重要的指标。当然，一项政策实施是否平稳也是相对的，在实施的过程中可能也会出现短时间的波折，但只要能够及时调整，使之尽快回到原有的轨道上来，这项政策的实施就可以被视为是成功的政策。中国共产党历来重视学校的思想政治教育工作，并为此制定了一系列政策，从整体上来看，党的学校思想政治教育工作的政策在实施过程中是比较平稳的，没有出现过大起大落的振荡现象。这也是我国各级各类学校德育工作比较成功的主要原因。

（二）学生的思想政治素养不断提高

学校思想政治教育工作的相关政策的整体平稳实施使得共和国所培养的学生思想政治素养得到不断提高，他们爱国家、爱人民、拥护中国共产党的领导；他们尊老爱幼、努力工作、拼搏进取、甘于奉献。正是我们成功的思想政治教育使得国家能够在科技、文化、经济等各个领域都取得了突飞猛进的发展。近年来，大量在国外学有所成的莘莘学子主动归国参加国家各个领域的建设。所有这些表现应该说与我们党和国家多年来的学校思想政治教育工作是分不开的。学生思想政治素养的不断提高，也加快了中华民族伟大复兴的步伐。

这也反过来激发了各级各类学校思想政治教育工作者的热情，进一步将相关政策更加有效地落实到学校教育教学工作的方方面面。

（三）逐步建立起一支可靠的思想政治教育工作队伍

除了从事思想政治教育课程的专门教学人员之外，我国各级各类学校还有一支从事思想政治教育工作的专职管理人员。在高等学校近年来还提出由"思政课程"向"课程思政"转变，这实际上扩大了高等学校从事思想政治教育工作的师资队伍。应该说，这支思想政治教育工作的队伍在政治素养上是可靠的，思想上是过硬的、合格的，正是这支队伍的不懈努力，才使得我国的学校思想政治教育工作的政策真正落到实处，真正将思想政治课程转化为学生的知识结构的重要组成部分。随着国际形势的复杂变化，特别是在国际化思潮的冲刷下，为了更有效地推动"一带一路"倡议的深化，学校教育中的这支队伍的作用会更加凸显。

（四）校内的思想政治教育工作机制逐步完善

从基础教育阶段到高等教育各阶段，每一所学校都建立了比较完善的思想政治教育工作机制，在人员配备和制度建设等方面已经形成了一套成熟的工作模式。如高等学校设立辅导员、学工副书记等岗位，基础教育阶段中设置党委（总支、支部）书记（副书记、委员）、班主任等岗位，他们在各自学校内按照国家思想政治教育政策和学校内部的相关规章制度等方面的要求，通过加强学生日常管理、开展各种社会实践活动、发展团员、党员等途径，共同实施对学生的思想政治教育工作。从目前的情况来看，学校的思想政治教育工作的机制是比较完善和顺畅的，通过现有的这种工作机制，每所学校都能够及时有效地应对学校教育教学过程中各种思想政治教育工作出现的困难，帮助学生在思想上健康成长。

二、学校思想政治教育工作政策实施中面临的主要问题

学校思想政治教育工作是一件需要十分周到和细心的工作，对于从事该项工作的人员素质要求非常高。由于学生的思想成长受到家庭、社会、同伴、教师等多种主体的影响，因此，实施思想政治教育工作的政策就需要各方面的支持。从这个角度来看，我国学校的学生思想政治教育工作政策在实施过程中还面临着来自以下几个方面的挑战。

（一）思想政治理论教育与实践教育之间的衔接性需要进一步加强

与其他教育相比，学生的思想政治教育特别注重理论教育与实践教育之间的衔接，即理论教学必须密切联系实际，让学生能够运用课堂所学的理论能够有效地理解和解决社会生活中面临的各种问题，提高学生理解和解决实际问题的能力。这样的教育和教学效果就十分理想，也是我们学校思想政治教育工作的政策实施所要追求的目标。从整体上看，虽然我国学校思想政治教育教学工作是成功的，但是在思想政治课程教学中有时候也会出现理论与实践脱节的现象。出现这种现象的主要原因除了教师的专业素养不足和教学方法使用不当之外，更重要的原因还在于社会变化的节奏太快、面临的各种复杂局面前所未有，理论创新不足，难以对现实问题进行快速回应和合理的解释。

（二）家长与学校的协作急需加强

家庭教育是学校教育过程中的一个重要的合作环节，但是，由于受应试教育的影响，现在的家庭教育的功能往往被片面地理解为如何帮助学校共同提高学生的课业成绩，而思想政治教育则完全被忽视了。从德育的角度来看，这样的观念正好本末倒置，家庭教育的德育功能被人为地删除。实际上，家庭教育是帮助学校思想政治教育特别重要的伙伴。学生的品德（当然也包括学生的思想政治品德）的形成受家庭教育的影响很大，忽视了家庭教育的作用，学校的思想政治教育工作效果必然会事倍功半。从思想政治教育工作的角度来看，学校教育与家庭教育的协作力度不足，协作机制基本上没有建立起来，在高等学校这种现象则更为严重。

（三）思想政治教育工作人员工作职责急需统筹

上文已经指出，在我国各级各类学校，除了从事课程的教学人员（教师）之外，还有一支专门从事学生思想政治教育工作的队伍（通常称之为党务干部），他们与教师密切配合，共同对学生进行思想政治教育。由于存在着这样两个不同体系和不同的机构及其人员，必然会存在着两个体系之间的配合和支持的问题。在大多数情况下，虽然这两个体系在学生的思想政治教育政策的实施过程中能够做到相互支持，但也存在着相互配合不协调甚至有人为的摩擦和冲突的现象（因为两个体系的人员存在着晋升和发展的不同路径、不同方式，所以，发展的速度和空间也不完全一致），这种现象如果不能从制度设计和机制构建上加以解决，长期下去肯定对学生思想政治教育工作产生不利的影响。

（四）思想政治教育对象的主体性作用发挥不足

众所周知，思想政治教育工作的对象是学生，这项政策在实施的过程中除了政策执行的主体积极性需要充分调动之外，该政策实施的对象——学生的积极性和主观能动性的调动也十分重要。因为学生作为受教育的主体，我们所制定和实施的所有思想政治教育工作的政策都是外因，而真正能否对外因给予积极响应并接受这些外因的影响，必须依赖学生的内因。从目前各级各类学校思想政治教育政策实施的过程来看，普遍存在着对学生这个主体的主观能动性的调动没有给予足够重视的问题。长期以来，我们把学生看成是可以随意揉捏的面团，以为只要我们施加一个外力就可以将这个面团揉捏成我们所希望的形状（中西方教育学中确实有一些教育家就是坚持这样的观点）。因此，教师和思想政治工作人员都习惯向学生灌输思想政治方面的知识，而很少去思考学生能不能接受、是否愿意接受等问题。长此以往，很容易造成学生在思想政治教育中的逆反情绪，不愿意接受我们设计好的课程。

三、实施思想政治教育工作政策的应对举措

尽管我国各级各类学校思想政治教育工作的相关政策在实施的过程中总体是平稳的、有效的，虽然上述问题的存在不会在整体上影响学校德育工作的质量，但是从精益求精的角度来看，我们还是希望相关政策在实施的过程中采取一些措施尽可能避免上述问题继续出现。

（一）提高思想政治教育理论创新能力

理论创新是使理论具有更强生命力的必要手段，任何理论如果自身失去了创新能力，那就意味着这个理论很有可能走向灭亡或式微之路。学校思想政治教育理论也是如此。为了能够让我们思想政治理论长期保持旺盛的生命力，必须保持该理论的创造性。那么，这个创造性又来自何方呢？我们认为应该来自社会实践的需要。也就是说，我们的思想政治教育理论的研究者，必须时常密切关注社会现实，通过自己的创新能够解释和改造社会现实。这样的理论才更容易被学生所接受和喜爱，才会把这些理论转变为他们的社会实践和改造社会的动力。

（二）建立学校教育与家庭教育协作机制

家庭教育与学校教育本来就是不可分割的共同体，人类早期的教育就是通过家庭教育来完成的，只是学校教育逐步制度化以后，这两者之间才逐渐分开并越走越远，以至于一些极端主义者在学校教育过程中完全抛弃了家庭教育的作用，这是本末倒置的观点。当我们理解了家庭教育与学校教育之间的密切关系之后，学校作为体制化的教育机构有能力也有义务主动建立与家庭教育之间的协作机制，以便两者之间能够密切合作，把学生的思想政治教育工作落到实处。政府部门更应该在其中扮演协调和资源供给的角色，为这个机制提供政策支持，促使学校与家庭教育之间建立的机制制度化和合法化。

（三）尊重学生发展需要，提高学生的思想政治教育的能动性

学生作为思想政治教育的内因起作用在上文中已经做了比较充分的分析，学校和家庭都要尊重学生的这个内因，激励学生，把学生在思想政治教育中的主观能动性充分调动起来。所以，"尊重"是调动学生主观能动性的最重要最有效的首要手段。另外，要激发学生的积极性和创造性，不能在课堂或者实践中发现学生有不同的观点和思想的时候就简单否定、批评甚至打压，即便是学生的认识过激或者错误，也要鼓励学生将自己的想法充分表达出来，和学生一起平等讨论，采用启发的手段，让学生自己思考其思想是否具有合理性。还要带领学生积极参与各种社会活动，通过活动去发现问题，帮助和提高学生的解决问题的能力，通过实践去检验其观点是否具有合理性。

（四）统筹校内各种资源，进一步理顺相关机制

学校思想政治教育政策在实施中，必然需要动用学校的多种资源，除了要建立和完善思想政治教育工作队伍和教师队伍之间的机制之外，还需要学校多个部门之间的支持和配合。在高等学校，这种支持和配合更为重要，因为高等学校学生数量庞大，个体的差异性更为突出，解决学生思想政治教育工作中的困难更大，仅仅依靠思想政治教育工作的某一方面的力量都难以有效地解决这些困难。因此，在高等学校更有必要统筹校内外各种资源，形成合力，提高大学生思想政治教育工作的质量。基础教育阶段，虽然学校的规模小，统筹资源的本身工作量不大，但是，相对来说，资源不够丰富。所以，各级各类学校内部都要重视思想政治教育工作资源的统筹工作。

第四节　学校加强思想政治教育工作相关政策的评价

学校思想政治教育工作的相关政策从规划、研制到实施的过程中是否合理、效果如何？如何改进这些工作？这些都需要通过科学的评价才能得到有效解决。而评价政策本身又是一件十分复杂的工作，因此，必须针对不同的政策类型采用不同的评价方式。那么，我们如何评价学校思想政治教育工作的相关政策呢？下面我们将试图回答这个问题。

一、学校思想政治教育相关政策评价的基本内容

思想政治教育工作有其特定的内涵和外延，而且伴随着外界环境的变化，其内涵和外延也会不断发生变化。有鉴于此，我们对学校思想政治教育工作相关政策所开展的评价内容也会有些差异性。尽管如此，我们还是可以确定一些基本的评价内容。

（一）关于相关政策目标的评价

学校思想政治教育工作的目标十分明确，这就是党的教育方针中所提到的要加强"德育"工作。因此，思想政治教育工作相关的所有政策都应该围绕这个总目标进行设计和实施。我们在对该相关政策进行评价的时候，必须牢固树立"立德树人"这个目标意识，将是否达成这个目标作为评价这些政策的前提。与企业、政府、社会组织等方面所开展的各种评价不一样的就是，我们在开展对思想政治教育工作的相关政策开展评价的过程中不需要对这个目标本身是否合理进行评价，而是按照这个目标所界定的内涵对相关政策是否实现了这个目标开展评价即可。这一点也许是与其他各种评价的本质区别，作为各种评价主体必须要正确理解这个本质。

（二）关于相关政策内容设计的评价

在日常工作中，我们通常会发现一种现象，即针对同样或类似的工作对象可以设计不同的政策，但是这些不同政策的实施效果往往存在着差异。由此我们在评价学校思想政治教育工作的相关政策时，也要思考这个现象。我们的工作任务都是为了加强对学生思想政治教育，围绕这项工作我们可以因地制宜地设计出不同的政策及政策工具。从政策研制的角度来看，设计不同类型的政策是允许的，甚至是应该得到鼓励的（我们不应该千人一面、一刀切）。但是，

当我们对这些政策进行评价的时候，就必须对这些不同的政策的研制过程和实施效果进行分门别类的评价，不能采用一种模式不加区分地开展评价，避免评价结果失去客观性和可信性。

(三) 关于相关政策实施手段的评价

评价手段不同也会影响评价的结果，从而影响对评价对象所做出的结论性判断，正因为如此，我们在对每一项政策进行评价的时候必须严谨地选择合适的评价手段。学校的思想政治教育工作的政策数量庞大，制定的主体较多，覆盖面广，我们在选择评价手段的时候就必须更加严谨。简单地说，目前对学校思想政治教育工作相关政策的评价主要还是采用定性的评价和定量评价两种基本手段，但是在对该政策的实际评价时常常是将两种手段融合起来灵活使用。

就学校思想政治教育政策的上述特点来看，我们可以尝试采用质性的评价方式或者行动的评价方式，让评价者参与到整个政策从规划、研制到实施的各个环节中去，这样评价者就更能准确把握和理解政策产生的背景、政策制定者的愿景、政策实施过程中可能面临的困难、政策对象的思想状况（他们的愿景、价值倾向以及对政策的态度）和施测的手段。如果能够达到这样的要求的话，我们对学校思想政治教育的相关政策的评价就会更加精准和科学。

(四) 关于相关政策对象的评价

政策对象是政策实施效果的最终检验者，思想政治教育工作的政策是否被学生（在很大程度上也应该包括家长）所理解和接受是我们检验政策成功与否的最重要的评价标准。因此，该项政策的评价者必须深入学生（家长）中去，通过设计合理的指标，尽可能真实全面地搜集各种信息，最终对学生的感受做出综合性的全面的评价。政策制定者可以据此评价来调整或者强化相关政策，使该项政策逐步完善和科学。由此可见，这个环节里的一个至关重要的工作就是如何设计精准而又能够被学生（家长）所接受的评价指标。我们认为，这项指标的设计不应该一蹴而就，而是要经过长时间的积累和完善。我们希望相关专家或者专业评价机构能够尽快研制出具有中国特色的学校思想政治教育工作政策评价的标准化量表，以便能够常态化地开展学校思想政治教育评价工作。

二、学校思想政治教育相关政策评价中面临的问题

对学校思想政治教育工作的相关政策开展评价既是一项传统的工作，也是

一项常做常新的工作。之所以说这项工作是一项传统的工作是因为我们的相关部门长期以来一直关注并且经常性地开展评价工作。而常做常新则是指各项工作具有极强的时代性和敏感性,因此,必须要适时采取创新的评价手段。我们在对学校思想政治教育工作相关政策进行评价时还要关注以下几个方面的不足。

(一) 评价理念创新动力不足

评价理念是评价实践的前提,良好的评价理念必然会产生良好的评价实践,反之亦然。就学校思想政治教育相关的评价来说,若要实现评价实践的创新,必须首先实现评价理念的创新。学校思想政治教育工作是学校的常规性工作,这种常规性容易造成人们思维上的定势——管理人员和教师习惯于使用已经被认为是合理一套评价理念。伟大的革命导师列宁曾经说过,千百万人的习惯势力是最可怕的。这种习惯会使人形成惰性并泯灭掉人们的创新意识。在学校思想政治教育政策的评价中就面临着这种习惯,导致我们对此类教育政策进行评价的理念缺乏创新能力。

(二) 对评价对象的研究不够深入

莘莘学子是学校思想政治教育工作的对象,也是思想政治教育政策实施的对象,要想评价思想政治教育的效果如何,必须要问问学生,只有学生的切身感受才是最真实的评价。然而,非常遗憾的是,我们在对学校思想政治教育政策内容和效果开展评价的时候经常恰恰忽视了这个群体的存在。有时候,我们的政策研制部门在开展评价的时候,宁可去同教师和政工干部进行访谈,也很少直接到学生中开展访谈和调研。所以,相当长一段时间内,作为政策研制和实施部门其实对政策实施对象——学生——并不十分了解,甚至只是从教师和管理人员那里得到的只言片语而做出一些不很全面的认识。

(三) 评价方法还需要进一步丰富

目前,在大多数情况下,无论是学校还是政策机关对于学校的思想政治教育工作的评价大多数还是定性评价,定量评价虽然也在逐步推行,但并不占据评价工作的主导地位。或者说,这些定量评价也是为了定性评价而做的一种象征性和验证性的评价,从本质上说,这些所谓的定量评价还是定性评价。我们做出这样的判断并不意味着定性评价不好,而是说我们目前对于学校思想政治教育工作的相关政策的评价手段过于单一,难以对该政策的研制和实施等环节给予更为全面、深入和准确的评价。这就需要我们的各种评价主体应该拓宽思路，特别是多借鉴其他学科的视角和理论开展丰富多彩的评价。

（四）评价主体的界定还比较模糊

说起学校思想政治教育政策评价主体，人们的第一反应可能就是政府相关职能部门应该是该项政策的评价主体。但是，从评价科学的角度来看，评价主体多元化比评价主体单一化所得到的评价结果更值得信赖（评价信度高）。如果基于这样的理论判断，我们就可能会提出这样的问题：除了政府相关职能部门之外，针对学校思想政治教育相关政策开展评价还有哪些主体呢？对于这样的提问可能不少人一时难以回答。这就说明，在学校思想政治教育政策评价过程中还存在着评价主体模糊的现象，这就需要我们做仔细研究，科学寻找相关评价主体，实现评价主体的多元化。

三、科学评价学校思想政治教育相关政策的主要举措

为了准确评价学校思想政治教育政策的规划、研制和实施等环节的绩效，针对上述问题，我们希望能够从以下四个方面着手，逐步提高评价质量，保障学校思想政治教育工作得到更多学生的欢迎。

（一）不断研习评价理论，提高评价理念的创新质量

对教育工作开展评价理论研究至少在20世纪40年代已经在西方国家逐步推开，从那时开始，各种关于教育评价的理论也日益增多。中华人民共和国成立以后，教育界对于评价工作开始系统研究的时间大约在20世纪70年代末80年代初，但这并不意味着我国在此之前没有教育评价工作（其实在古代社会人们就已经开始了教育评价，只是未曾系统地开展理论研究而已）。至今，国内外关于教育评价的理论已经十分丰富，作为对学生思想政治教育政策开展评价的主体，必须首先要研习现有的主要评价理论，然后才能实现对现有评价理论的超越和创新。

（二）多学科专家紧密合作，准确认识评价对象

上文已经指出，各级各类学校的学生是思想政治教育政策的受众和政策对象。而学生在心理发展方面正是从不成熟走向成熟的过程，其变化的复杂性和发展的多变性等特点决定着我们要准确认识这个政策对象必须依赖多学科的视角和理论。同样，对他们开展政策实施效果的评价也要依赖多学科专家的共同

合作才能给予准确和全面的结论。因此，我们在开展学校思想政治教育工作相关政策的评价的过程中，除了政策主体之外，还需要组织多学科专家参与评价并对评价结果开展研讨。通过这样的过程所得到的评价结论的信度应该是比较高的。

（三）充分利用现代信息技术，增强评价的科学性

这个问题在上文中已经多次述及，这里对使用现代信息技术的重要性就不再赘述了。我们要强调的是对于学校思想政治教育工作的相关政策开展评价，必须要运用这些信息技术手段。这就是说，相关评价主体必须进一步转变传统观念、解放思想、拓宽思路，把信息技术与传统的评价方法充分结合起来，而仅仅依赖传统的评价方法的道路是走不通的。

（四）加强合作，丰富评价主体

通常情况下，评价主体多元化比评价主体单一化更能准确反映评价的结果。除了上文提到的需要吸收多学科的专家参加评价以外，政府部门不妨通过购买的方式引进更多的专门机构（第三方机构）参加到学校思想政治教育工作的相关政策的评价中来，他们的介入和参与，可能更为客观和中立（当然这也取决于政府的政策和机制）。从总体上看，这种多元化的评价必然会促进学校思想政治教育工作的开展，有利于学生道德品质的提高。

小　结

学校思想政治教育工作是学校一切工作的重心所在，因此，国家相关政策机关和各级各类学校都必须高度重视这项工作。目前，我国学校思想政治教育工作还面临着一些不足，需要我们去思考。例如，相关政策规定学校思政课教师和政工干部需要达到一定的比例，那么，我们要问：是人员越多越好吗？还是合理的职责更为重要呢？思想政治教育的理论如何创新呢？学生的主观能动性如何调动？家庭教育在学生的思想政治教育中的作用如何体现？家庭教育与学校应该建立什么样的教育工作机制？等等。我们希望政策机关和所有关心学校思想政治教育工作的人们都来思考这些问题。

第三章　尊师重教的政策研究

中华文明上下五千年，在这悠久的历史长河中，我们逐步形成了优秀的尊师重教的传统。所谓尊师重教，应该包括两个方面的含义："尊师"和"重教"。但是，这两者又可以纳入"重教"这种点上，因为"重教"需要"尊师"，而"尊师"必然会"重教"。故此，本章将研究重点放在"尊师"的相关政策的分析上。

第一节　尊师重教政策的规划

虽然中华民族具有悠久的"尊师重教"的优良传统，但是，仅仅依靠传统是难以将尊师重教工作落到实处的，这就必须从政策建设的角度做好政策的规划工作。尊师重教政策也是一个系统性的工作，涉及国家和学校的方方面面，政策的文本数量和覆盖面也都非常大。在这种情况下，如果不能做好相关政策的规划工作，尊师重教的效果难免会受到抑制性的影响。

一、尊师重教政策规划的现状

20 世纪 70 年代末，伴随着改革和国门的再次打开，人们突然发现中国社会的发展水平已经离世界发达国家很远，如何改变这种落后状况？人心思变、拨乱反正，国家的发展需要科学技术的有力支撑，而发展科学技术就离不开教育事业的进步，尊师重教政策日益成为国家的战略，我国教育事业从此再次走上欣欣向荣的正途。

（一）提高教师政治地位的相关政策规划

中华人民共和国成立以后，我国教师的政治地位经历过一个比较曲折的过程。中华人民共和国成立初期，国家对教师还抱有一定的迟疑的态度，因为这个时代的教师都是从民国时代走过来的，所以，在政治上，国家采取了"改造和利用"的原则对待教师。直到 1951 年当有人提出设立教师节这个事项时，教师的政治地位问题一下子凸显出来。后来，本着"教师是工人阶级队伍一员"的原则，中华人民共和国教育部和中华全国总工会共同商定，不设立单独的教师节，对教师节日的庆祝纳入五一国际劳动节庆祝活动当中。从这件事情的发展过程来看，重要的不是教师节要不要设立，而是全国教师作为一个整体其政治地位得到了党和国家的承认，即不再认为教师是旧社会的知识分子，而是"工人阶级队伍的一员"，后续相关政策规划虽然也几经波折（"文化大革命"期间，教师被贬为"臭老九"），但是教师的政治地位总体看是处于逐步上升的过程中。

我国教师政治地位被确认并逐步得以提高，与国家重要领导人的关怀是分不开的。毛泽东主席就特别尊重教师，并经常倾其所有帮助教师。① 1980年3月15日至23日，中国科协第二次全国代表大会在北京召开。胡耀邦同志在这次大会上，正式提出了尊师问题，指出，"尊师，不仅是学生的问题，我们整个社会的成员，所有学生的家长，特别是我们各级政府的负责人都要尊师。"②

1985年5月19日，邓小平同志在全国教育工作会议上讲话时，指出："近几年来，从中央到地方，到农村党支部，有越来越多的同志，懂得知识和人才的重要，懂得教育的重要。这是我们党的一大进步，各级党委和政府，对教育工作不仅要抓，并且要抓紧、抓好，严格要求，少讲空话，多干实事。要经常深入学校，倾听广大师生的意见和呼声，为他们排忧解难。"③

进入新时代，习近平总书记十分重视提高教师的政治地位，他在全国教育大会上讲话时指出："长期以来，广大教师贯彻党的教育方针，教书育人，呕心沥血，默默奉献，为国家发展和民族振兴作出了重大贡献。教师是人类灵魂的工程师，是人类文明的传承者，承载着传播知识、传播思想、传播真理，塑造灵魂、塑造生命、塑造新人的时代重任。全党全社会要弘扬尊师重教的社会

---

① 毛泽东主席对自己的老师十分尊敬，不论是在中华人民共和国成立前还是中华人民共和国成立后，一直都是如此，更是传为佳话。他曾用自己的稿费备餐，邀请幼时的启蒙老师毛宇居老人一起吃饭。在徐特立60大寿之际，他在贺信中写道："你是我20年前的先生，你现在仍然是我的先生，你将来必定还是我的先生。"当听说曾当过自己校长的张干一家生活窘迫时，他派人两次把600公斤救济米和人民币50万元（旧币）送到张干家中……这样的例子举不胜举。（林伟：《感言开国领袖毛泽东的尊师情怀》，2009年9月11日9：49，来源：人民网-观点频道，http：//opinion. people. com. cn/GB/1036/10034439. html.）

② 教育部. 资料：我国教师节的由来. http：//old. moe. gov. cn/publicfiles/business/htmlfiles/moe/moe_320/200412/4956. html.

③ 邓小平. 把教育工作认真抓起来 [M]. 邓小平文选（第三卷），北京：人民出版社，2001：4.

风尚，努力提高教师政治地位、社会地位、职业地位，让广大教师享有应有的社会声望，在教书育人岗位上为党和人民事业作出新的更大的贡献。"①

显然，国家政治领导人对教师的敬重和关怀的态度对提高我国教师的政治地位具有十分重要的意义。更加重要的是要将政治领导人的态度转化为制度和相关政策，从而使得提高教师政治地位的政策规划成为一种常态化的工作。其中，值得一提的便是"教师节"的设立。关于中华人民共和国成立以后，我国教师节的来历，从目前的文献来看，至少有两个版本，一个是新华网上的版本，另一个是教育部网站上的版本②。为了能够提高教师的政治地位，国家有关部门特别是国家教育主管部门在中华人民共和国成立以后经常关注教师节的设立问题，做了多次的规划，终于在 20 世纪 80 年代将这项规划落实到位，这才有了我们今天的教师节。

应该说，为了提高教师的政治地位，国家及教育主管部门，在政策规划上做了不少工作。正是这些政策规划工作的实施，使得我国教师的政治地位在中华人民共和国成立以后能够稳步提高。为此，我们对中华人民共和国成立以来历次五年规划的文本做了认真梳理，梳理的结果见表 3-1 和表 3-2。

表 3-1　　　　我国国民经济与社会发展规划中关于提高教师
政治地位的规划内容

次序	时间	关于教师发展的规划内容	备注
"一五"规划	1953—1957 年	大力地培养新的师资，团结和提高现有的师资，充分地发挥他们的作用；同时，组织科学研究人员、厂矿技术人员和有关部门的专业干部在高等学校兼任授课。 充实高等学校中的领导干部，加强政治思想工作的领导，加强教员、职员，学员对马克思列宁主义和国家政策的学习。 提高中等专业学校师资的质量，并注意培养新的师资。 文化、教育和卫生系统工资福利增长 38.2%	主要是对教师发展提出要求，但未见提高教师政治待遇的规划

① 习近平．努力提高教师政治地位、社会地位、职业地位 [EB/OL]．习近平在全国教育大会上的讲话，http：//cpc. people. com. cn/n1/2018/0912/c419242-30287355. html.

② 教育部．资料：我国教师节的由来．http：//old. moe. gov. cn/publicfiles/business/htmlfiles/moe/moe_320/200412/4956. html.

次序	时间	关于教师发展的规划内容	备注
"二五"规划	1958—1962年	必须从高等学校毕业学生中间抽调适当数量的优秀学生,培养更多数量的研究生,并且有重点地选派高等学校的毕业生和教师出国学习我们缺乏的学科,以增加师资	同"一五"规划
"三五"规划	1966—1970年	没有形成正式的"三五"计划	/
"四五"规划	1971—1975年	"四五"计划最终以"草案"的形式印发	/
"五五"规划	1976—1980年	制定开始于1974年,没有独立的文本,包含在《1976—1985年发展国民经济十年规划纲要》之中。该《纲要》指出:加强师资培训工作,狠抓教材建设	/
"六五"规划	1981—1985年	规划工作和文本开始规范化。但是,未提及教师发展事业	同"一五"规划
"七五"规划	1986—1990年	加强教师队伍的建设,认真办好各级师范教育	同"一五"规划
"八五"规划	1991—1995年	加强师资队伍建设,努力提高教师的思想政治素质和业务素质	同"一五"规划
"九五"规划	1996—2000年	在经费、师资和教学手段上加强对贫困地区的支持 加强师资队伍建设,提高教师政治、业务素质,提高教师的社会地位,改善教师的工作、学习和生活条件	第一次在规划里提出要提高教师的社会地位
"十五"规划	2001—2005年	未提及教师发展事业	同"一五"规划
"十一五"规划	2006—2010年	进一步加强教师队伍建设	同"一五"规划
"十二五"规划	2011—2015年	严格教师资质,加强师德师风建设,提高校长和教师专业化水平,鼓励优秀人才终身从教	同"一五"规划

次序	时间	关于教师发展的规划内容	备注
"十三五"规划	2016—2020年	加强教师队伍特别是乡村教师队伍建设，落实乡村教师支持计划，通过政府购买岗位等方式，解决结构性、阶段性、区域性教师短缺问题。 全面推开中小学教师职称制度改革，改善教师待遇	同"一五"规划

表 3-2　我国教育事业发展规划中关于提高教师政策地位的规划内容

次序	时间	关于教师发展的规划内容	备注
"一五"规划	1956—1960年	未能找到相关的文本	/
"二五"规划	1961—1965年	未能找到相关的文本	/
"三五"规划	1966—1970年	未能找到相关的文本	/
"四五"规划	1971—1975年	未能找到相关的文本	/
"五五"规划	1976—1980年	未能找到相关的文本	/
"六五"规划	1981—1985年	未能找到相关的文本	/
"七五"规划	1986—1990年	未能找到相关的文本	/
"八五"规划	1991—1995年	该规划提出要"高度重视师资队伍建设和学校管理队伍建设，充分发挥广大教职工的办学积极性"。在全社会发扬尊重知识、尊重人才和尊师重教的良好风尚，不断提高教师的社会地位和生活待遇，在逐步改善他们的工作和生活条件方面做一些切切实实而有成效的工作，鼓励广大教师为发展教育事业，提高全民素质，推进社会主义事业做出更大贡献	第一次在规划里提出要提高教师的社会地位

续表

次序	时间	关于教师发展的规划内容	备注
"九五"规划	1996—2000年	在该规划的《加强师资队伍建设》中（参见：http://www.moe.gov.cn/s78/A03/ghs_left/moe_1892/s6616/s6617/201207/t20120706_138913.html）中提出了教师发展的举措。 "九五"期间，要进一步提高教师待遇，切实解决拖欠教师工资问题和医疗方面的实际困难；通过关、转、招、辞、退等途径，基本解决民办教师问题；大力推动教职工住房建设，使城镇教职工人均住房面积达到或超过当地居民平均水平	第一次在规划里提出要提高教师的经济待遇
"十五"规划	2001—2005年	在《不断加强教师队伍建设，努力提高教师和学校管理队伍的水平》中提出了教师发展的基本工作（参见：http://www.moe.gov.cn/s78/A03/ghs_left/moe_1892/s6616/s6617/201207/t20120706_138917.html）。 改进并强化教师的思想政治工作和师德建设工作。改革师范教育。全面实施教师资格制度，严把教师入口关，拓宽师资来源渠道，优化教师结构，进一步完善教师职务聘任制度，积极推行教师聘任合同制	只提了要求，没有提及待遇和政治地位
"十一五"规划	2005—2010年	在《切实加强教师队伍建设，全面提高教师队伍素质》中专门规划了教师发展的各项工作（参见：http://news.china.com.cn/txt/2007-05/24/content_8295638.htm）。 弘扬尊师重教的良好社会风尚。各级政府要在政治上、思想上和生活上关心教师，努力改善教师尤其是农村教师的工作、学习和生活条件，解决实际困难，维护教师合法权益。切实依法保障教师的平均工资水平不低于或者高于国家公务员平均水平，并逐步提高。健全教师医疗、养老等社会保障制度	间接地提到了提高教师政治地位

次序	时间	关于教师发展的规划内容	备注
"十二五"规划	2011—2015 年	在该规划的《建设高素质专业化教师队伍》中，专门论述了教师发展工作（参见：http://www.gov.cn/gongbao/content/2012/content_2238967.htm）。 提高教师的地位待遇。推进《教师法》的修订工作，依法保证教师平均工资水平不低于或者高于国家公务员的平均工资水平，并逐步提高。保障教师合法权益	提出提高教师经济地位
"十三五"规划	2016—2020 年	在该规划的《着力加强教师队伍建设》中，专门论述了教师发展工作（参见：http://www.gov.cn/zhengce/content/2017-01/19/content_5161341.htm）。 大力宣传和表彰优秀教师、师德标兵，提升教师职业的崇高感和荣誉感。 培养造就教学名师。在国家和省两级认定一批教学名师，鼓励教学名师交流讲学，在全国各地带动造就一大批高水平教学人才	没有提及教师政治地位问题

注：非常遗憾的是，通过各种检索，只能在国务院和教育部网站上检索到"八五"以来的教育事业发展规划的文本，此前的文本都未能找到。这让人觉得不可思议，因为教育事业发展规划是一件重大的事项，为何在国家政府网站里检索不到，这不应该是涉密文件。尤其让人难以理解的是，这么重要的文本在教育部的网站上也找不到，而且能找到的文本也不显示规划的起止时间（教育部网站上不少政策文本没有时间显示，或者不显示文件号，这对于政策研究者来说无疑增加了研究的难度。我们呼吁教育部相关部门能够在网站上完善相关信息），因此，我们这里的分析和判断不一定准确。

表 3-1 显示，在能够收集到的历次国家经济和社会发展五年规划的文本中，虽然未见到"提高教师政治地位"这样表述，但是，却有提及"提高教师社会地位"的规划。我们可以大致将其视为提高教师政治地位的另外一种表述，也就是说，对于提高教师政治地位这项工作，在国家层面的规划中并没有缺席。这是值得肯定的，也为稳定我国各级各类师资队伍提供了政策依据。

从表 3-2 中，我们可以看出，最早提出提高教师社会地位的是教育事业发展的"八五"规划，但所有规划均未直接提到提高教师政治地位，而这比国家的规划早了 5 年。同上述表 4-1 中的理解一样，我们可以大致将提高教师社会地位理解为提高教师政治地位的另一种表述。表明国家对于提高教师政治地位的重视。

此外，2019 年 2 月，中共中央、国务院印发的在《中国教育现代化 2035》中提出："提高教师社会地位，完善教师待遇保障制度，健全中小学教师工资长效联动机制，全面落实集中连片特困地区生活补助政策。"在这个超越五年规划、具有战略意味的文本中，再次提出要"提高教师社会地位"，体现出国家在政策规划中对于教师政治地位提高的重视。

（二）提高教师经济地位的相关政策规划

据教育部教师工作司介绍，2012 年 7 月由师范教育司改名组建成立的教师工作司职责包括："规划、指导各级各类学校教师队伍建设；拟订教师教育和教师管理政策法规；拟订各级各类教师资格标准并指导教师资格制度的实施；宏观指导教师教育和教师管理工作。"[①] 从该司的职责介绍中，我们不难看出，关于教师发展的政策规划部门应该就是教师工作司。那么，关于教师经济地位的相关政策规划也应该是该司的职责范围。

提高教师的政治地位固然重要，但如果不与经济地位的提高相结合，政治地位的提高也就失去了其应有的作用。从表 3-1 和表 3-2 中，我们可以看到，关于提高教师经济地位的政策规划在规划文本中出现的频次还是比较高的，这种政策规划导向对于提高教师经济地位显然是十分有利的。直到国家"十三五"规划和教育事业"十二五"规划中仍然强调要提高教师的经济待遇，这些都反映出国家相关政策规划部门对提高教师经济地位政策的关注和重视。

此外，在《国家中长期教育改革和发展规划纲要（2010—2020 年）》的第十七章《加强教师队伍建设》中也提出要"提高教师地位待遇。不断改善教师的工作、学习和生活条件，吸引优秀人才长期从教、终身从教。依法保证教师平均工资水平不低于或者高于国家公务员的平均工资水平，并逐步提高。落实教师绩效工资。对长期在农村基层和艰苦边远地区工作的教师，在工资、职务（职称）等方面实行倾斜政策，完善津贴补贴标准。建设农村艰苦边远地区学校教师周转宿舍。研究制定优惠政策，改善教师工作和生活条件。关心教师身心健康。落实和完善教师医疗养老等社会保障政策。国家对在农村地区

---

①　教育部教师工作司．教师工作司职责［DB/OL］．http：//www.moe.gov.cn/s78/A10/moe_898/tnull_9712.html.

长期从教、贡献突出的教师给予奖励"。正是上述一系列规划的制定和实施，才使得教师的经济地位在进入 21 世纪以后有了较快的提高。

（三）规范教师发展的相关政策规划

除了对教师的政治地位和经济地位做了相关的政策规划之外，国家相关部门在与"尊师重教"相关的政策规划方面也做了不少工作，这些政策规划涉及师范生的培养、教师职务规范、国内外进修政策、师德师风建设等。这些政策在上述国家和教育部的"五年规划"政策规划中都有明确的要求。在《国家教育事业发展"十三五"规划》中，专门设立了《着力加强教师队伍建设》的内容，从"加强师德师风建设、提升教师能力素质、吸引一流人才从教、优化教师资源配置、完善教师管理制度"① 5 个方面进行了政策规划。例如，在"落实大中小学师德师风建设长效机制"方面，该规划就提出：坚持教书和育人相统一、言传和身教相统一、潜心问道和关注社会相统一、学术自由和学术规范相统一，引导广大教师以德立身、以德立学、以德施教。开展多种形式的师德教育，把教师职业理想、职业道德、法治、心理健康等教育融入培养、培训和管理的全过程，推动各地各校出台具体的实施细则和办法，构筑覆盖各级各类学校的师德建设制度网络，推动学校针对师德建设突出问题开展自查自纠，学校领导干部带头，全面加强教师队伍学风、教风、作风建设，努力建设一支有理想信念、有道德情操、有扎实学识、有仁爱之心的教师队伍。

（四）明确教师权利与义务的相关政策规划

广义来说，教育法律也是教育政策的一部分。所以，对于教育立法也是制定教育政策的一个重要方面。在尊师重教的政策规划中，明确教师的权利和义务，是理清教师法律地位的重要举措。改革开放以来，国家立法部门在如何明确教师法律地位方面也做出了许多努力，其劳动的结果主要体现在《中华人民共和国教师法》《中华人民共和国教育法》《中华人民共和国高等教育法》和《中华人民共和国民办教育促进法》这四部法律文本之中。其中，《中华人民共和国教师法》对于教师的法律地位规定和阐释得最为系统，也最能体现

---

① 国务院. 国务院关于印发国家教育事业发展"十三五"规划的通知（国发〔2017〕4 号）［DB/OL］. http：//www.moe.gov.cn/jyb_xxgk/moe_1777/moe_1778/201701/t20170119_295319.html，2017-01-10.

国家对尊师重教这项工作的态度。法律的特点之一就是具有稳定性，即法律研制并颁布以后，其实施的时间比较长，教育法律也是如此。教育法律的这个特点本质上就体现出了其规划性，依据这些法律所制定的具体政策正是这种规划性的体现。从这个意义上看，教育立法就是教育政策的规划，而上述四部法律就是尊师重教政策规划的最好表现形式。

（五）老少边穷地区尊师重教的相关政策规划

由于受历史和传统的影响，我国在经济发展和教育发展等方面还存在着巨大的差异。从尊师重教的角度看，也存在着显著的差异。例如，我国的东部地区、沿海地区和工业基础比较好的地区，教师的工资收入和各种福利待遇总体有保障，而在中西部地区、偏远地区、少数民族地区、边疆地区等，教师的工作环境和工作基本条件比较落后，工资和福利待遇难以落实（特别是在 20 世纪这种情况更加突出），尊师重教的政策规划就难以落实，教师的社会地位难以提高，相应地，教师的价值也得不到社会的承认。

有鉴于此，国家相关部门在政策规划方面，加强了支边支教、农村学校振兴计划等方面的政策规划。这些规划的制定及其相关政策的实施，为改善教师的工作环境、提高教师的生活条件、让社会形成尊师重教氛围等方面奠定了坚实的政策基础。例如，在上述教育事业发展"十三五"规划里，有一个专栏里，对中西部和农村地区的尊师重教做了更多的规划，具体包括：落实乡村教师支持计划，努力造就一支素质优良、甘于奉献、扎根乡村的教师队伍。继续实施"国培计划"，集中支持中西部乡村教师校长培训。实施中西部中小学首席教师岗位计划，遴选师德高尚、教学水平高、带动能力强的优秀教师，组织开展教育教学研究，带动当地教师整体水平提升。建设乡村教师周转宿舍，保障农村特岗教师、支教交流教师、农村寄宿制学校管理教师等必要的住宿生活条件。加强贫困地区中等职业学校教师补充，引导地方采取多种方式定向培养。加快高校高层次人才队伍建设。

二、尊师重教政策规划的困境

中华民族有着悠久和灿烂的文明，对发展教育事业有着近乎疯狂的热情，这是世界上其他很多民族所不及的。中国虽然有着悠久的尊师重教的优良传统，但是，限于各种条件的制约在某个特殊时期，尊师重教的工作并未能得到有效实施。这正是我国尊师重教政策规划中面临的困境，主要表现为以下几个方面。

（一）尊师重教政策规划的连续性不足

从表 3-1 和表 3-2 中，我们可以看出，虽然国家制定了经济与社会发展的五年规划，但是实际上在很长一段时间内，这个规划从文本到实施都很不规范，直到"七五"以后才逐渐规范。而教育事业五年规划，从"一五"规划到"七五"规划根本就找不到（作为教育主管部门应该在其网站上完整呈现这些规划文本），这更使人觉得教育主管部门政策规划工作的不严谨，使得尊师重教政策规划的连续性遭受质疑。

（二）对于教师政治地位的政策规划不够明确

教师政治地位能否提高和稳定是尊师重教政策的集中体现。教师的政治地位问题在我国具有特殊意义。虽然毛泽东在抗日战争时期就提出："为着建立新民主主义的国家，需要大批人民的教育家和教师。"[①] 这是目前所能找到的文献中最早将"教师"和"人民"结合起来进行的表述。但是在中华人民共和国成立以后的相当长的一段历史时期以来，教师被视为从旧社会来的"旧知识分子"，因而，一段时期内，包括教师在内的这些旧知识分子被视为改造的对象，采取的态度是"改造和利用"，所以教师队伍的政治地位一直处于微妙的境地，"文化大革命"期间教师被贬为"臭老九"。

"文化大革命"结束以后，最早提出重视提高教师政治地位当属邓小平同志。"邓小平深深感到，在社会主义建设时期，必须使全党全社会对人民教师的社会地位和作用有一个牢固的正确的认识。"[②] 在 1977 年 5 月 24 日，他就指出："一定要在党内造成一种空气：尊重知识，尊重人才。要反对不尊重知识分子的错误思想。不论脑力劳动，体力劳动，都是劳动。从事脑力劳动的人也是劳动者。"[③] 邓小平的这个观点，改变了社会对教师政治地位的看法，特别是在"文化大革命"以后能够有这样的认识确实非常珍贵。"这是直接针对一些人认为脑力劳动者（包括教师）是资产阶级知识分子，把包括教

---

① 毛泽东. 毛泽东选集（第 3 卷）[M]. 北京：人民出版社，1991：1082.
② 李化树. 论邓小平的人民教师观 [J]. 中国教育学刊，2004（9）：7.
③ 邓小平. 邓小平文选（第 2 卷）[M]. 北京：人民出版社，1993：108.

师在内的脑力劳动者当作'臭老九'和改造对象的错误观点和错误做法的。"①

上述分析表明，中华人民共和国成立以后，提高教师的政治地位具有特别重要的意义，这种重要性甚至超过了提高教师的经济地位。虽然，几代党的领导人对提高教师的政治地位有过不少论述，但是在相关的政策规划方面表现得并没有我们所期望的那个状态，这种状态即便在建立教师节以后的一段时间都未能得到显著改善。今天，教师政治地位这个话题似乎已经淡化，但这个问题是否已经得到很好的解决似乎还是值得反思的。

（三）教师法律地位的法律规划急需加强

虽然《中华人民共和国教师法》在 1993 年就颁布实施，但是其实教师的法律地位并没有能够得到清晰界定，特别是当我们把教师与学校、教师与学生等多方面的法律关系放在一起研究时，教师的法律地位似乎更加模糊。虽然该法在 2009 年做了一次修订，但对于教师的权利和义务的内容并未做出修订。特别是，几经修改的教师法对于教师政治地位的规定也未能修订，大概最能体现教师政治地位的就是教师"对学校教育教学、管理工作和教育行政部门的工作提出意见和建议，通过教职工代表大会或者其他形式，参与学校的民主管理"的权利。虽然在多个网站显示 2019 年要对教师法进行修订，但实际上并找不到修订后的教师法，最令人不可思议是教育部的网站上公布的《中华人民共和国教师法》仍然是 1993 年的文本，连 2009 年修订的也未能呈现，让我们弄不清楚教师法到底修订了没有。

---

① 李化树．论邓小平的人民教师观［J］．中国教育学刊，2004（9）：7．在这篇文章里，还提到邓小平对教师政治地位的论述：1977 年 4 月邓小平在全国教育工作会议上指出："二十多年来，我们已经建立了一支人民教师队伍。……绝大多数教职员工热爱党热爱社会主义，勤勤恳恳地为社会主义教育事业服务，为民族、为国家、为无产阶级立了很大功劳。为人民服务的教育工作者是崇高的革命的劳动者。"这从理论上纠正了过去"左"的那套东西，为教育事业的繁荣和发展，为调动广大教师的积极性，为培养和造就一支稳定合格的教师队伍奠定了思想基础。邓小平特别强调尊师重教意识的"社会性"。为使教师的地位和价值为社会所认识，并使尊师重教成为一种全民意识和社会风气，他反复强调："我们要提高人民教师的政治地位和社会地位。不但学生应该尊重教师，整个社会都应该尊重教师。""搞教育是很光荣的，要鼓励大家热心教育事业。""对于终身为教育事业服务的人，应当鼓励。"

三、提高尊师重教政策规划质量的举措

与前面几章所涉及的内容不同，尊师重教既是覆盖面宽的政策，也是直接涉及教师个人切身利益的具体政策，因此，在政策规划方面要更加慎重和周密。面对尊师重教政策规划方面存在着上述不足，为了提高该项政策规划的质量，我们建议相关政策规划部门在巩固已有成就的基础上，进一步提高规划相关政策的科学性和合理性。

（一）保持尊师重教政策规划的连续性

政策规划的连续性是政策研制和实施的前提，从前文的分析中我们已经看到，国家和教育主管部门在尊师重教这个方面的政策规划的连续性并不强，这也许会对尊师重教工作的落实不会产生积极的作用。从尊师重教工作的实际情况来看，增强该政策规划的连续性是非常必要的。如何增强该政策规划的连续性？首先，要准确把握未来一段时间（至少5年）在尊师重教方面可能需要关注的重点事项。这是保持政策规划连续性的工作基础。其次，要反思围绕尊师重教已经规划政策的实施效果，为今后的规划寻找突破口或者规划的重点。最后，更多关注相关研究的学者的观点和相关研究理论，为今后的规划提供明确的思路。

（二）着力加强教师政治地位提高的政策规划

上文已经反复强调了在尊师重教政策中要特别关注教师政治地位的政策研制，因为这个政策对于尊师重教具有特别重要的意义。在这项政策的规划中，务必要弄清楚政治地位的含义以及其与法律地位之间的区别与联系。在实际工作中，这两个"地位"确实难以严格区分清楚，但我们可以明确的是，"政治地位"和"法律地位"这两个概念之间肯定不能等同。有鉴于此，我们的政策规划部门需要组织相关领域的人员开展研讨，在弄清楚它们的区别之后，再来规划如何提高教师的政治地位的政策。

（三）加强教师法律地位明细化的立法工作

教师的法律地位在上述诸多法律和法规文本中已经有了较为明确的规定，但是这些法律规定的文本仍然具有很强的原则性，落实到尊师重教的实践中还需要进一步明确和细化。这种明确和细化的工作就需要继续加强相应的法规研

制的规划工作，作为国家教育主管部门在依法制定相应的行政规章方面有较大的发挥空间，我们应该充分利用好这个空间，做好相关的立法规划工作，使我国教师的法律地位问题更加明晰、更好落实。当然，在受制于立法工作的时效性和规范性等方面因素影响的情况下，相关政策规划部门也可以考虑通过加强政策规划来辅助和弥补法律法规方面的不足。

（四）鼓励各级地方政府对尊师重教政策的规划

尊师重教工作的落实一定要依赖基层组织，而基层组织要高效地实现尊师重教政策的目标，必须要制定更为细致的政策。因此，上级政策规划部门一定要督促地方政府加强对该项政策规划的力度，并建立相应的督导制度和政策规划效果的评估制度。无论是督导制度还是评估制度，我们都必须要坚持因地制宜的原则，切不可用一把尺子量到底。因为，我国的文化、经济和教育的地区差异性非常大，如果坚持一把尺子量到底的话，可能会造成地方政府的过重负担而最终走向我们政策期望的反面。

第二节　尊师重教的政策研制

从整体上看，我国政府对于尊师重教的相关政策研制工作十分重视，也出台并实施了许多政策和法律法规，这些政策和法律法规的颁布与实施，对于提高教师的社会地位发挥了积极的作用，全社会尊师重教的氛围越来越浓厚。今后，政策制定部门的重点将是在进一步完善现有政策的基础上，创新政策内容和政策工具，使更多的尊师重教政策真正得到有效实施。

一、尊师重教政策研制的内容

前文已经指出，尊师重教政策的重点在于"尊师"，因为只有做到了"尊师"，"重教"工作才能得到真正落实；反之亦然。如果只强调重教而忽视了尊师，教育质量的提高就失去了基础。因此，我们必须首先厘清什么叫作"尊师"？"尊师"体现在哪些方面？围绕这些方面如何研制相关政策和法律法规。

（一）何谓"尊师"

中华民族有尊师的传统，而且将"尊师"和"重教"这两项事情结合起来并视为一体。钱穆先生曾经说过："中国社会一向所期望于师者，实乃如各大宗教之期望于僧侣，无论是幼学启蒙之师，乃至讲学论道之师，要之师之为业，必当明道做人，担负起人生中最伟大最崇高之职务。"① 可见，教师的作用和价值确实非常伟大。"在中国，师与道紧密结合在一起，师乃道之代表人与传递者，亦文化传统之代表人与传递者。……但现在，师与道的结合体却因为西方文化的冲击而再次断作两截。没有了道，师便也不再是原先传道的旧师。新师传的是知识，传的是西方文化，而且是缺少了宗教这一重要内容的残缺不全的西方文化。"② 因此，要恢复到"道"，就必须首先要"尊师"。

我们认为，对于"尊师"应该从多个层次和多个角度进行理解。从层次上来看，应该至少两个层次尊重教师，即对教师个体的"人"的尊重和教师整体的"职业"或"岗位"的尊重。前者强调的是教师作为个体的"人"在教育教学活动中应该得到的特别尊重，虽然教师也是社会中的一个成员，但是由于其从事的职业的特殊性，理应受到与普通公民不一样的特殊关照和尊重，其意义在于维护"师道尊严"而不仅仅被理解为是对教师个人某种特殊照顾

---

① 钱穆. 钱宾四先生全集（第41册）[M]. 台北：联经出版事业公司，1998：323.

② 魏兆锋. 钱穆论中国传统尊师之道 [J]. 教育观察（上半月），2016（3）：132. 在该文中，作者进一步指出：在西方文化当中，由于教会承担了教人做人的责任，教育的中心任务便只是传授知识；而在中国文化当中，由于教人做人的责任为学校所承担，因此教育的中心任务并非传授知识，而是教人学做人。新文化运动开始后，很多中国人矢志不渝地以打倒自己的传统文化为志业，中国的伦理道德也被视作"吃人"的工具而遭到抛弃；与此同时，在引入西方文化的过程中，西方之宗教又因不符合科学而被排斥在外。两方面结合在一起，便导致新文化运动之后的中国人在信仰上逐渐陷入了一种真空状态。由于主动放弃了人之为人的教育，个人功利主义失去了制衡其发展的力量而将中国人的精神领域迅速席卷无遗。

受此影响，此后的教育，其状况正如钱穆先生所说，"教师只成为一种贩智识者，他教的是书本，或技能……于是，师与道，便显然地划开，成为有师而无道"。在中国传统文化当中，无道也不传道之新师严格说来是称不上师的，至多只是教员。而道，易言之，中国传统文化，因失去了师这一鲜活的载体，其生命便又重新陷入风雨飘摇之中。从此之后，师成了无道之师，道成了无师之道。无道之师因不再负有传道之责任，不见重，也不自重；而无师之道因失去了承载与传扬的师，其自身之存在也有沦为"博物馆"（"博物馆"是列文森在其《儒教中国及其现代命运》第三卷中所用的一个著名的比喻，借以说明儒家传统的死亡。儒家传统沦为"博物馆"中的陈列品，此一情况有类于子贡所说的"文武之道"之"坠于地"。对此，钱穆曾经这样解释道："若国亡众灭，仅于古器物或文字记载考求而想见之，则可谓坠地矣。"）中陈列品的危险。

的简单尊重。后者强调的是对教师作为整体队伍的尊重，实际上是对教师这职业本身的尊重，因为教师队伍整体所代表的是社会民族和国家的意志。在我国教师队伍所从事的教育教学工作还代表着中国共产党的意志。基于这种本质要求，对于教师队伍整体理应有许多特殊的尊重。

无论是对教师个体的尊重还是对教师整体的尊重，我们都应该基于不同的视角尽可能多地反映教师工作的本质，从而使得相关政策的规划和研制更加全面、更加合理。根据人们对尊师的基本理解，我们这里设计了六个视角：哲学的、法学的、社会学的、心理学的、教育学的和经济学的。每个视角里都有特殊的内涵和要求，详细说明参见图 3-1 "尊师的内涵"。我们希望相关部门在尊师政策的研制过程中能够参考这个"内涵"要求，基于不同层次和不同视角系统研制相关政策及政策工具，使尊师重教工作能够真正得到落实，传承和维护师道尊严这个中华民族的优良传统文化。下面，我们将根据图 4-1 的设计要求，提出我们的政策内容。

(二) 尊重教师传道的政策

韩愈在《师说》中讲了一段家喻户晓的千古名言："古之学者必有师。师者，所以传道授业解惑也。人非生而知之者，孰能无惑？惑而不从师，其为惑也，终不解矣。生乎吾前，其闻道也固先乎吾，吾从而师之；生乎吾后，其闻道也亦先乎吾，吾从而师之。吾师道也，夫庸知其年之先后生于吾乎？是故无贵无贱，无长无少，道之所存，师之所存也。"韩愈的这一段话说明，我们对教师的尊重并非只是尊重教师本人，而是尊重教师所传授的"道"。不同社会发展的历史阶段，人们对于"道"的理解也不完全相同，简单地说，这个"道"就是学校的教育教学内容，受教育者应该虚心接受并学习这些内容。为此，相关政策部门应该周密研制如何完善和合理设计学校教育中的教育教学内容方面的政策，使得我们所设计的教育教学内容确实让学习者从内心敬重它们。

(三) 明确教师法律地位的相关政策和法律法规

无论是教师个体还是教师队伍，他们的法律地位是否明晰对于"尊师"这项工作来说至关重要，这是人类社会检验我们是否真正尊师的特别重要的政策基础。从教师个体的角度来看，即便是作为一名普通的公民，但由于其身份的不一样（师道尊严），他们所应得到的各种敬重仍然是突出的和特别的。在

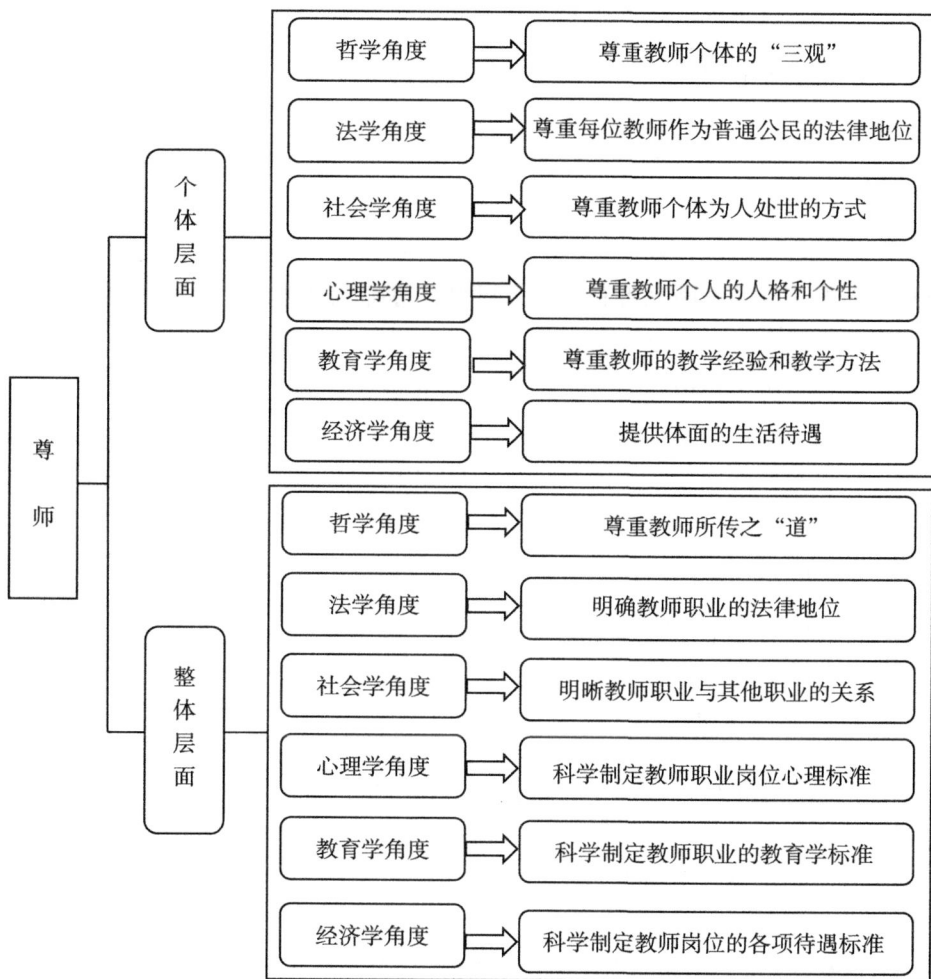

图 3-1 "尊师"的内涵

我国现行的几部教育法律中，对于教师的社会地位都有了规定。例如，《中华人民共和国教育法》第三十三条提出："国家保护教师的合法权益，改善教师的工作条件和生活条件，提高教师的社会地位。"与此同时，在这些法律文本中，对于不同类型学校的教师的权利和义务也都有一定的条款进行了规定。中共中央、国务院以及教育部也在政策规划和研制方面做了一定的工作，这在上文已经做了回顾和分析。

（四）明确教师职业特征的政策

从社会分工的角度看，教育教学是人类社会一项古老的职业，几乎与人类社会的所有发展历程都有紧密的关系。教育工作之所以能够人类社会漫长的历史演进过程中被保留下来的主要原因在于其能够发挥独特的社会价值，承担着独特的社会功能——培养人才、延续文化、发展文明、进化社会。而这些独特功能和价值正是由教师来承担的。因此，我们必须尊重教师，只有尊师才能实现我们人类自身的不断完善和进步。可见，尊师就是尊重社会发展规律，就是尊重每个人的成长，就是尊重每个人自己。尽管党和政府在尊重教师教育教学这职业上曾经走过一段不堪回首的弯路，但由于中华民族尊师重教这一传统的强大推动力，使得国家很快从歧路上回到正确的大道上。为此，专门恢复了教师节，这是对教师职业尊重的一个集中性的表现。同时，也制定了不少相关政策，例如，教育部《关于实施卓越教师培养计划的意见》（教师〔2014〕5号）、教育部国家发展改革委财政部《关于深化教师教育改革的意见》（教师〔2012〕13号）、《教育部关于实施全国教师教育网络联盟计划的指导意见》（教师〔2003〕2号），等等。

（五）保障教师身心健康的政策

教师的身心健康状况对于教育教学工作产生直接影响，良好的身心必然会有利于学生的身心健康发展，反之亦然。为了能够让教师在身心健康的状态下开展教育教学活动，国务院和教育部也制定了许多相关政策。例如，国务院《关于加强教师队伍建设的意见》（国发〔2012〕41号）、《乡村教师支持计划（2015—2020年）》、教育部应对新型冠状病毒肺炎疫情工作领导小组办公室《关于在疫情防控期间有针对性地做好教师工作若干事项的通知》（教师厅函〔2020〕2号）、《关于减轻中小学教师负担 进一步营造教育教学良好环境的若干意见》等。针对近年来，教师工作压力大、身心健康问题比较突出的情况，2019年教育部在《关于做好庆祝2019年教师节有关工作的通知》（教师函〔2019〕6号）提出："要关心教师健康，依法维护教师权益，落实定期对教师进行身体健康检查、因地制宜安排教师进行休养的法律规定，保证教师身心健康。"

（六）明确教师教育工作标准的政策

《中华人民共和国教师法》第三条指出："教师是履行教育教学职责的专业人员，承担教书育人，培养社会主义事业建设者和接班人、提高民族素质的使命。"这是对教师这一职业的法律界定，即教师是专业人员，因此从事教育教学工作就应该有相应的专业标准。中华人民共和国成立以后的很长一段时间，由于旧中国留下来的整个教育基础比较薄弱，国家急需大量教师。所以，国家对于教师教育教学工作的标准并没有予以过多的关注，当然也就不存在标准制定和执行等工作。改革开放以后，随着教育评价工作的不断推进和相关研究的不断深入，特别是进入 21 世纪以来，教师发展工作越来越受到重视，国家开始加强相关政策的研制。这些政策包括诸多方面，包括幼儿园教师、中小学教师、职业学校教师、特殊学校教师等资格和专业标准等方面（见表 3-3）。

表 3-3　　　　　　　教育部关于教师职业标准相关政策文本一览

序号	制定机构	政策名称	文号	发布时间
1	教育部办公厅、中共中央台湾工作办公室秘书局、国务院港澳事务办公室秘书行政司	关于港澳台居民在内地（大陆）申请中小学教师资格有关问题的通知	教师厅〔2019〕1号	2019 年 1 月 7 日
2	教育部办公厅、财政部办公厅	关于做好 2017 年农村义务教育阶段学校教师特设岗位计划实施工作的通知	教师厅〔2017〕4号	2017 年 4 月 5 日
3	教育部	关于印发《特殊教育教师专业标准（试行）》的通知	教师〔2015〕7号	2015 年 8 月 21 日
4	教育部办公厅	关于印发《中小学教师信息技术应用能力标准（试行）》的通知	教师厅〔2014〕3号	2014 年 5 月 27 日

序号	制定机构	政策名称	文号	发布时间
5	教育部办公厅、财政部办公厅	关于做好 2014 年农村义务教育阶段学校教师特设岗位计划有关实施工作的通知	教师厅函〔2014〕2 号	2014 年 3 月 3 日
6	教育部	关于印发《中等职业学校教师专业标准（试行）》的通知	教师〔2013〕12 号	2013 年 9 月 20 日
7	教育部	关于印发《幼儿园教师专业标准（试行）》《小学教师专业标准（试行）》和《中学教师专业标准（试行）》的通知	教师〔2012〕1 号	2012 年 2 月 10 日
8	教育部	关于大力推进教师教育课程改革的意见	教师〔2011〕6 号	2011 年 10 月 8 日
9	教育部	关于印发《中小学教师教育技术能力标准（试行）》的通知	教师〔2004〕9 号	2004 年 12 月 25 日

注：本表基于教育部教师工作司网站上公布的信息统计而成。该网站地址为：http://www.moe.gov.cn/s78/A10/jss_left/s6990/.

（七）持续改进教师福利待遇政策

教师的福利待遇能否得到充分保障并保持在全社会的中等偏上的水准是尊师政策的基本价值取向，也是检验教师社会地位的基本尺度，是让教师过一个体面生活水准基本要求。既然国家提倡要师道尊严，那么教师的生活质量本身应该是尊严的，否则教师何以维持社会尊崇感？

在如何保障教师合理的福利待遇方面，党和国家制定了不少相关政策。例如，2018 年 1 月 31 日，中共中央、国务院公布了《关于全面深化新时代教师队伍建设改革的意见》，提出要"把提高教师地位待遇作为真招实招，增强教师职业吸引力，造就党和人民满意的高素质专业化创新型教师队伍"。《中华人民共和国教育法》第三十三条提出："教师的工资报酬、福利待遇，依照法律、法规的规定办理。"在《中华人民共和国教师法》的第六章《待遇》中，共用了 8 个法条对教师的待遇做了明确的规定①。2019 年 2 月，在中共中央办公厅、国务院办公厅印发《加快推进教育现代化实施方案（2018—2022年）》再次提出："保障教师工资待遇，健全中小学教师工资长效联动机制，核定绩效工资总量时统筹考虑当地公务员实际收入水平，实现与当地公务员工资收入同步调整，完善中小学教师绩效工资总量核定分配办法和内部分配办法。"类似的政策和法律法规还比较多，这里不再枚举。

二、尊师重教政策研制中面临的困境

尊师重教是一个长期的不断改进的政策过程，中华民族几千年尊师重教的传统得到很好的传承与各个朝代统治者的相关政策的制定有着密切的关系。因此，当我们发现现行的相关政策还存在某些不足的时候，应该坚信只要我们不断改进，尊师重教的问题一定会得到圆满的结果。

（一）尊师重教政策研究的理论基础不够坚实全面

正确的理论必然会指导正确的实践，反之亦然。尊师重教既是一项传统，更是我们现在要给予高度关注的政策实践。这就需要我们政策研制部门必须理

---

①　这八条内容如下：

第二十五条　教师的平均工资水平应当不低于或者高于国家公务员的平均工资水平，并逐步提高。建立正常晋级增薪制度，具体办法由国务院规定。

第二十六条　中小学教师和职业学校教师享受教龄津贴和其他津贴，具体办法由国务院教育行政部门会同有关部门制定。

第二十七条　地方各级人民政府对教师以及具有中专以上学历的毕业生到少数民族地区和边远贫困地区从事教育教学工作的，应当予以补贴。

第二十八条　地方各级人民政府和国务院有关部门，对城市教师住房的建设、租赁、出售实行优先、优惠。县、乡两级人民政府应当为农村中小学教师解决住房提供方便。

第二十九条　教师的医疗同当地国家公务员享受同等的待遇；定期对教师进行身体健康检查，并因地制宜安排教师进行休养。医疗机构应当对当地教师的医疗提供方便。

第三十条　教师退休或者退职后，享受国家规定的退休或者退职待遇。县级以上地方人民政府可以适当提高长期从事教育教学工作的中小学退休教师的退休金比例。

第三十一条　各级人民政府应当采取措施，改善国家补助、集体支付工资的中小学教师的待遇，逐步做到在工资收入上与国家支付工资的教师同工同酬，具体办法由地方各级人民政府根据本地区的实际情况规定。

第三十二条　社会力量所办学校的教师的待遇，由举办者自行确定并予以保障。

解并研究相关的理论，为政策研制提供坚实的理论基础。应该说，我们目前在相关政策理论研究方面有了一定的理论，但是，大多数理论视角往往局限在教育学视角和少量的心理学视角，强调教师工作的教育价值。但实际上，我们通过上文的分析，尊师重教政策的研制需要一系列学科理论的支撑，这说明，我们在尊师重教政策研制的过程中还需要进一步拓展研制者的理论视野。

（二）研制的相关政策工具多样性不足

政策工具的作用在本书的前文已经多次做了分析和强调，就尊师重教这个政策领域来看，相关的政策工具被开发并得到了很好的运用，也产生了较好的效果，尊师重教已经成为社会大多数人的共识。如果将尊师重教作为我国振兴教育工作的基本抓手的话，那么还需要研制更多的教育政策工具来推动和催化政策更有效的实施。就已经使用的政策工具来看，激励性政策工具使用得比较多，而引导性、规范性等方面的政策工具却使用得不够，这很容易导致人们对尊师重教政策的误解，不利于教师队伍的发展。

（三）高校教师的职业标准研制政策急需加强

从上文的分析中，我们可以看出，在国家已经公布的教师职业标准方面，唯独没有看到高等学校教师的职业标准。从尊师重教政策的系统性角度来看，这一点应该是一个政策空白。由于高等学校学科的多样性和专业的差异性，高等学校教师职业标准的研制确实有很大的难度，这也许是高校教师职业标准至今还没有出台的主要原因。但是，高等学校作为国家高层次专门人才培养的机构，教师的职业水平和执业胜任力是决定人才培养质量的关键。因此，国家相关政策研制部门应该尽可能出台这个标准，为尊师重教政策提供基础性依据。

（四）减轻教师工作压力的政策研制薄弱

教师的工作是一个高度的智力劳动和体力劳动相结合的专业性工作。近年来，关于教师身心健康现状受到社会各界越来越多的关注，相关的研究成果也越来越多（如教师职业幸福感研究、教师职业倦怠研究、教师人身安全研究）。这说明教师的工作压力不断增大，需要社会各界特别是国家相关职能部门必须予以认真关注，尽快出台相关政策消除教师不应该有的巨大工作压力。就目前的情况来看，尽管相关政策部门已经出台了一些有关减缓教师工作压力的政策，但是还需要进一步细化和落实如何减轻教师工作压力、保障教师身心健康等方面的政策（高校教师的学术休假政策到目前为止几乎没有被执行）。

三、加强尊师重教政策研制的策略

进入 21 世纪，越来越多的人和国家意识到，未来社会的竞争是创新能力的竞争，根本上还是人才的竞争。人才来自何处？人才只能由学校教育来实现，这个任务只能由教师来完成。因此，尊师重教就是对中华民族的伟大复兴和未来社会的发展负责。基于这样的视角，我们认为，我国教育主管部门应该从以下几个方面加强对尊师重教政策的研制。

（一）合理借鉴古今中外相关政策研制的经验

人类进入近代社会以来，世界各国逐步意识到教育对于国家各方面发展的重要作用，纷纷研制加强教育的政策。我国拥有悠久的尊师重教的历史，历朝历代为此也制定了许多政策。今天，我们在研制尊师重教特别是尊师方面的政策过程中，不妨多研究一下古今中外的各种相关政策。以史为鉴可以让我们能够更加准确地把握尊师重教的本质，了解前人的得失，从而可以让我们少走弯路。尊师重教在当今世界各国基本上达成了共识，这说明其中有很多元素是可以共享的，因此，参照国外的经验可以拓宽我们的视野，让我们制定的政策更加合理。

（二）充分发掘教育部教指委的智慧

教育部各学科的教指委成员都是各个学科的顶级专家，他们对本学科领域的发展状况理解得比较深入。他们中很多人对尊师重教这个主题有过很多非常成熟的思考，所以，相关政策研制部门应该组织这些专家开展专项研究，参与相关政策的研制。例如，关于高等学校教师的职业标准这个主题，我们不妨从高等学校教师承担的基本任务的视角来研制出一套基本标准，这些具有个性化的职业标准就可以先委托教育部各学科专业的高等学校教学指导委员会专家研制各学科领域的职业标准，然后教育部以正式文件发布，变成国家的高等学校教师职业标准。

（三）储备多样化的政策工具

通常情况下，对于一个领域政策的实施来说，政策工具越多越有利于该领域政策的实施。对于尊师重教这个政策领域政策的实施来说亦是如此。上文已经指出，我国尊师重教政策工具类型并不丰富，这在很大程度上会制约有限政策的实施效果。所以，教育主管部门应该在现有政策的基础上，将未来的尊师重教政策研制工作的重点放在政策工具多样性和丰富化方面，尽可能多地研制方便实用的政策工具。

（四）开展教师发展的多学科研究

教师发展是尊师重教的一项核心工作，它不仅涉及教师整体的进步，也关系到教师个体的职业规划和胜任力的提高。教师特别是高等学校的教师面对的是不断进步和变化的社会，而这种变化也时时刻刻地影响着学校的教育教学工作的质量和成效，这种变化的需求都会成为学校教育内容的重要源泉。为此，教师要具有不断自我革新的意识，也要有不断创新的能力。此外，教师个人的品格、自我意识、幸福感的获取和人生观价值观的形成都会直接影响学校教学工作，这些都是教师发展所要关注的重点内容。可见，教师发展是一个多学科关注的对象，作为教育主管部门在研制尊师重教政策的时候，应该组织多学科专家共同研讨，基于多元化的视角共同研制政策。

第三节　尊师重教的政策实施

教师的劳动价值是巨大的，但是，这种巨大的价值往往难以通过具体的指标在短时间内直接测量或计算出来。教师劳动价值的这种潜在性和隐蔽性使得很多人难以理解教师的作用和教师工作的价值。这也是尊师重教工作难以受到重视和相应政策难以落实的主要原因，尤其是在当今社会中功利化思想还有较大影响的情况下，尊师重教的阻力会更大。为此，我们要加强相关政策的实施。

一、尊师重教政策实施的目的

尊师重教政策应该可以被升格为基本国策，因为这项政策在国家治国理政方面起到了基础性作用。正是因为尊师重教政策具有这个特点，所以，该项政策的实施的目的除了前文已经提到的之外，还具有其他多种目的。可见尊师重教政策的实施目的具有广泛性和多样性。我们在考察该项政策实施的过程中应该使用多学科的视角分析这些目的。

（一）弘扬中华民族传统文化

前文多次强调一个观点，尊师重教的目的并不仅仅在于尊重每个教师个体，更重要的目的是在于尊重中华民族优秀的传统文化。一个民族若是丢掉了自己的文化则这个民族从本质上看已经不是一个真正的民族了，就像现在不少"香蕉人"一样：虽然长着中国人的生理意义上的外表，其内心早已没有了中华民族的意识和文化，从其思想和价值观等方面看，他与其他异族已经没有什么差异了，他已经不是真正的中国人了。可见，民族文化无论对一个民族还是对一个个体来说，都具有无可比拟的重要作用。而我们贯彻落实的尊师重教政策正是为了达到这一目的而研制和实施的。

（二）加快中华民族伟大复兴的步伐

中华民族的伟大复兴是人类社会的必然选择，但是实现这个复兴的道路未必那么平坦。复兴的手段和途径多种多样，但是根本的手段必然是教育。所以，我们认为尊师重教应该上升为基本国策就是这个道理。因为，只有真正实现了尊师重教，才能找到我们中华民族的"灵魂"和"根脉"。而自"新文化运动"以来特别是西式话语体系、思潮泛滥以来，我们国家有不少人并没有意识到一个民族的"灵魂"和"根脉"在民族复兴中的作用和价值，盲目地跟着西方社会一起"西化""言必称希腊""言必称美国"。如果任其"混沌"下去，我们民族就会消失在地球之上，何谈中华民族伟大复兴呢？中华民族正走在复兴大道上，此时此刻，更需要我们拾起尊师重教的传统，使其成为复兴大业的奠基石。

（三）促进科学技术飞速发展

科技发展离不开教育，教育是科技发展的孵化器和不竭源泉。因此，尊师重教就是尊重知识、尊重人才，因而也就是促进科学技术的进步和发展。我国有深厚的科学技术基础，但是由于封建制度自身的保守性和闭关性，当世界进入近代以后，我国在现代科学技术这个领域逐渐被挤出世界舞台中心，于是留给我们中华民族的一个局面：不断追赶西方国家的科技文明。正是在这个追赶的过程中，我们丢失了很多优秀的传统，但是更重要的是我们丢失了在科学技术领域的自信心。如果任其局面长期发展下去，中华民族的命运和前途就堪忧了。可以这样说，实现中华民族的伟大复兴首先要实现中华民族教育事业的伟大复兴。

（四）培养合格的社会主义建设者和接班人

中国特色社会主义体现在教育事业中就是要培养合格的社会主义建设者和接班人，放弃了对这个目的的追求就是放弃了对中国特色社会主义伟大事业的追求，教育事业就会迷失方向。改革开放以来，我们在学习西方文化的时候，确实经历过一个"泥沙俱下、鱼龙混杂"的阶段。当年的年轻人中不少人对西方文化过度崇拜，受西化的影响比较大，而这些人现在正是国家各条战线的中坚力量（我们相信，这些人中绝大多数人是具有明辨是非的能力，能够成为中华民族伟大复兴的主力军）。为了避免这种可怕局面的出现，国家相关政策研制部门必须研制出一系列能够真实实现我们培养目标的尊师重教的各种政策和政策工具，特别要加强相关的政策工具的研制，因为它可以直接作用于教育事业的各个环节和具体操作过程，可以快速实现尊师重教的主旨。

二、尊师重教政策实施的重点

尊师重教政策的实施也是一项重大的系统工程，其中会覆盖很多领域、众多部门和千家万户。作为政策的实施者，应该抓住事物的主要方面，将精力和物力用到关键环节和关键节点上去，精准施策，使有限的政策资源发挥最大的社会效益。为此，我们建议在尊师重教政策的实施过程中，应该关注以下5个方面的重点工作。

（一）大力宣传尊师重教政策目的，形成尊师重教的政策氛围

任何一项政策在实施的过程中都要让相关利益群体明确政策实施的目的，尊师重教政策是一项涉及全社会的政策，因此必须在全社会范围内让所有人都能明确尊师重教政策的真正目的，从而赢得全社会绝大多数人的支持和理解。为此，相关宣传部门应该调动一切可以调动的力量和手段，规范宣传尊师重教政策的目的：加快中华民族伟大复兴的步伐。应该说，我们的相关部门已经采取了一系列切实有效的手段开展了宣传，但是，随着新媒体的出现，我们认为在宣传力度上还有一定的挖掘空间。

（二）提高教师的尊荣感，恢复教师教育工作的自信心

尊师重教政策实施的重点之一就是"尊师"，尊师要实现的目标就是让教师在工作和生活中获得尊荣感，进而提高教师对教育教学工作的信心，这一点对于曾经遭受事业挫折和心灵受到伤害的我国教师来说尤为重要。"文化大革命"结束以后特别是国家实行改革开放政策以来，尽管党和国家在尊师重教政策方面有了很多作为，但是，由于受到"左"倾思想和政策的冲击太大，不少教师仍然心有余悸，对于教育教学工作信心不足。进入21世纪以来，由于教育政策和教育管理法规自身的不完善，导致学生维权和家长维权意识畸形

化，学生攻击教师、家长伤害教师的现象屡屡出现，教育教学工作成了高风险职业，教师不敢管教学生现象越来越严重。长此以往，教师好不容易恢复起来的尊荣感和自信心将会再次受到摧残，严重影响我国教育事业的发展。由此可见，相关部门及时研制政策和法律法规，充分厘清教师、学生、家长和学校各自的责权利边界已经成为迫在眉睫的重要工作。

（三）切实解决教师教育教学工作中困难，创造良好的教育教学氛围

除了上述学生和家长对教师教育教学工作的干扰之外，社会上少数人对教师的人身攻击和校园里暴力事件也时有发生；加之社会分配和城乡发展的差距，导致教师在教育和教学工作中出现诸多困难，不少教师难以静心于学校的教学工作。这就需要政策管理部门要开展实际调研，针对上述问题出台有效的政策，加大对不法行为的打击力度，逐步改善教师的工作条件，在全社会营造一种尊师重教的良好氛围，让教师能够安于教学、乐于教学、善于教学。

（四）高度关注教师的经济地位，恢复教师应有的社会地位

尽管自 20 世纪 90 年代开始，国家在提高教师经济地位上制定了一些政策及政策工具，但是我国教师整体工资收入并不高的现象仍然长期存在。这从国家统计局统计的工资水平可以得到进一步验证。

在图 3-2 中，我们看到，在 2010—2018 年的这 9 个年度按行业分城镇单位就业人员工资总额中，虽然"教育城镇单位就业人员工资总额"在全国 19 个行业中位居第三，但是由于教育城镇单位就业人员数量庞大且勤杂人员和保障人员较多（在这 9 个年度中，"城镇单位就业人员工资总额"为 877472 亿元，"教育城镇单位就业人员工资总额"为只有 93901.6 亿元，占比仅为 10.7%；而位居第一的"制造业城镇单位就业人员工资总额"占比却高达 24.3%），实际上教师的人均工资并不高。这一点在图 3-3 和图 3-4 中可以得到验证。

从图 3-3 中，我们可以看出，在 2010—2018 年的 9 个年度内的全国 19 个行业中，"教育城镇单位就业人员平均工资"位居第九（年平均工资为 61701.2 元；与位居第一的"金融业城镇单位就业人员年平均工资"103756.3 元相比，两者相差 42055.1 元，教育人员的收入只有他们收入的 59.5%），排在教师前面的 8 个行业分别是：金融业；信息传输、计算机服务和软件业；科学研究、技术服务和地质勘查业；电力、燃气及水的生产和供应业；文化、体育和娱乐

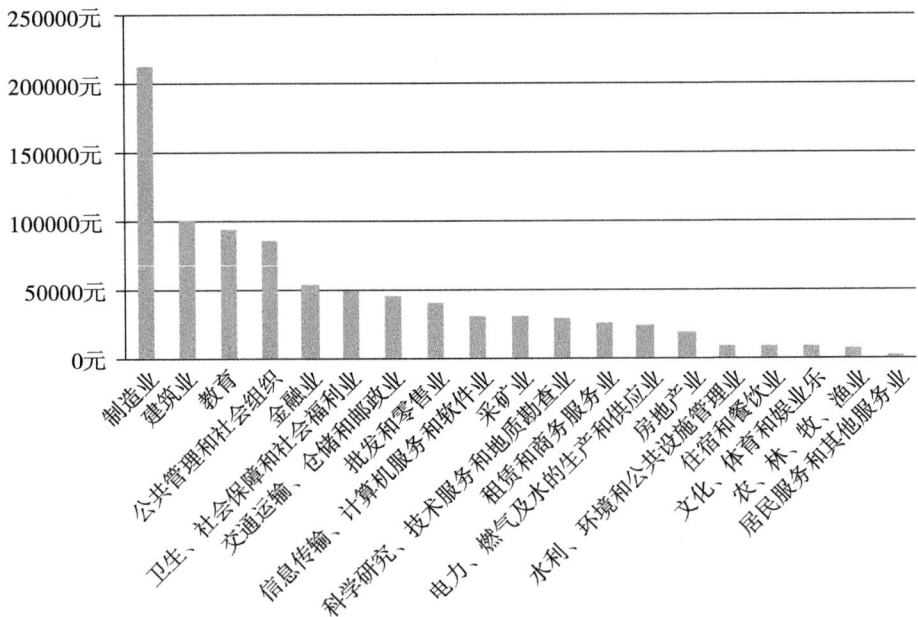

图 3-2　2010—2018 年年度国家统计局按行业分城镇单位就业人员工资总额一览

注：1995—2008 年的城镇单位就业人员工资总额即为原来的城镇单位就业人员劳动报酬总额。数据来源：国家统计局（http：//data. stats. gov. cn/easyquery. htm？cn＝C01）。

业；卫生、社会保障和社会福利业；租赁和商务服务业；交通运输、仓储和邮政业城镇单位就业人员平均工资。具有讽刺意味的是教师的收入居然正好居于"老九"。

那么，在"国有单位就业人员平均工资"中，教师的收入状况如何呢？在图 3-4 中告诉我们：排在教育行业的仍然还是 8 个单位，它们分别是：金融业国有单位就业人员；科学研究和技术服务业国有单位就业人员；电力、热力、燃气及水生产和供应业国有单位就业人员；卫生和社会工作国有单位就业人员；文化、体育和娱乐业国有单位就业人员；信息传输、软件和信息技术服务业国有单位就业人员；交通运输、仓储和邮政业国有单位就业人员；批发和零售业国有单位就业人员。教师（教育国有单位就业人员）在 2010—2018 年的年平均工资只有 62405.1 元，而排在 19 个行业第一位的"金融业国有单位就业人员平均工资"则高达 92865.8 元，教师的收入只是其收入的 67.2%。

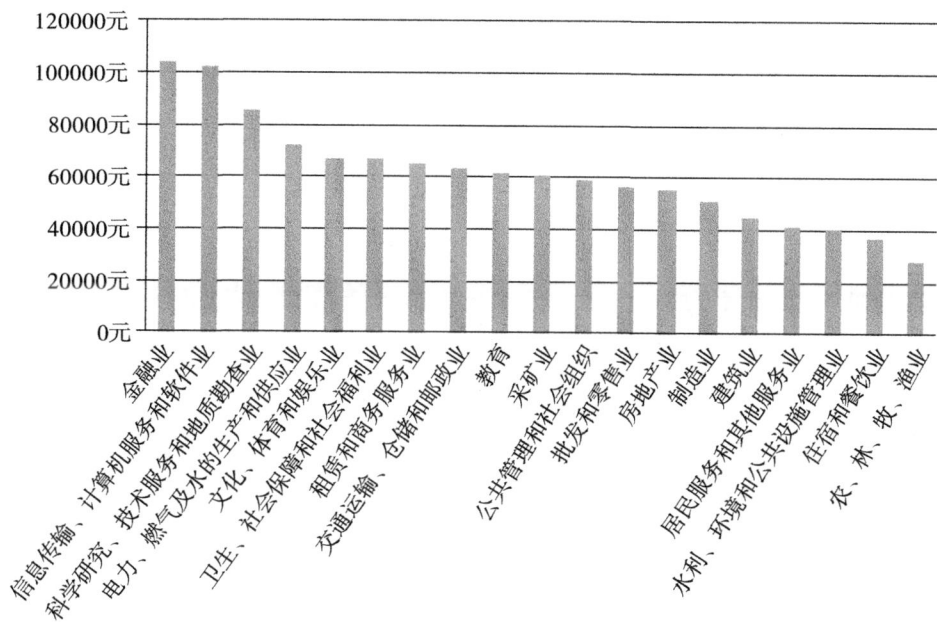

图 3-3　2010—2018 年年度国家统计局按行业分城镇单位就业人员平均工资一览

　　注：1995—2008 年的城镇单位就业人员工资总额即为原来的城镇单位就业人员劳动报酬总额。数据来源：国家统计局（http：//data. stats. gov. cn/easyquery. htm？cn＝C01）。

更具有讽刺意味的是教师的收入仍然处于第九位，似乎教师收入被"九""咒"上了。

　　不过令人倍感欣慰的是，在"城镇集体单位就业人员平均工资"中（参见图 3-5），教师作为"教育城镇集体单位就业人员"中的一员，其平均工资竟然排到了第四位。在 2020—2018 年，教师的年均工资达到 53842. 5 元，与排在第一的"金融业城镇集体单位就业人员平均工资"76460. 2 元相比，占比为 70. 4%。比图 3-3 和图 3-4 的占比分别提高了 10. 9%、3. 2%。

　　但如果我们仔细分析一下教师在这 9 年中的实际收入，就会发现（从图3-3、图 3-4 和图 3-5 分别是：61701. 2 元、62405. 1 元和 53842. 5 元），无论是哪一种统计口径，教育这个领域的年平均工资就是 59316. 3 元，在全国 19 个行业中刚刚过了平均数，即处于"老九"的地位。这样看来，与党和政府这么多年来大力倡导要提高教师待遇的政策导向相比，教师的工资收入确实有点

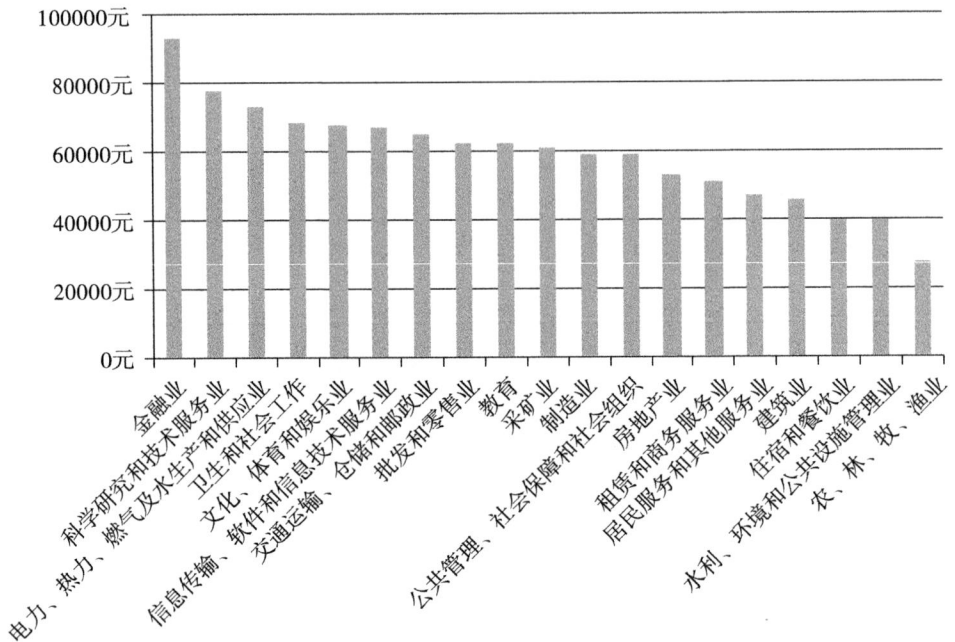

图 3-4　2010—2018 年年度国家统计局按行业分国有单位就业人员平均工资一览

注：1995—2008 年的城镇单位就业人员工资总额即为原来的城镇单位就业人员劳动报酬总额。数据来源：国家统计局（http：//data. stats. gov. cn/easyquery. htm？ cn = C01）。

尴尬，确实有点讽刺色彩。

（五）稳步提高退休教师的待遇，发挥退休教师队伍的余热

退休教师虽然离开了教育教学岗位，但并意味着他们的影响和作用也离开了。实际上，他们中的大多数人仍然对教育教学产生直接和间接的影响：一方面，许多教师身体健康状况良好，完全可以继续返聘到学校的教育教学岗位上来。特别是对于师资力量比较薄弱的区域，让这些具有丰富教育教学经验的退休教师继续发热是一个非常科学合理的选择。但是，他们作为退休人员返聘回学校来工作，待遇上应该要高于现职的教师，因为他们是在额外为学校作贡献。另一方面，提高退休教师的待遇也可以对现职教师产生激励作用，让他们看到为教育事业作贡献的价值，消除退休后因为工资收入的降低而产生的后顾之忧。

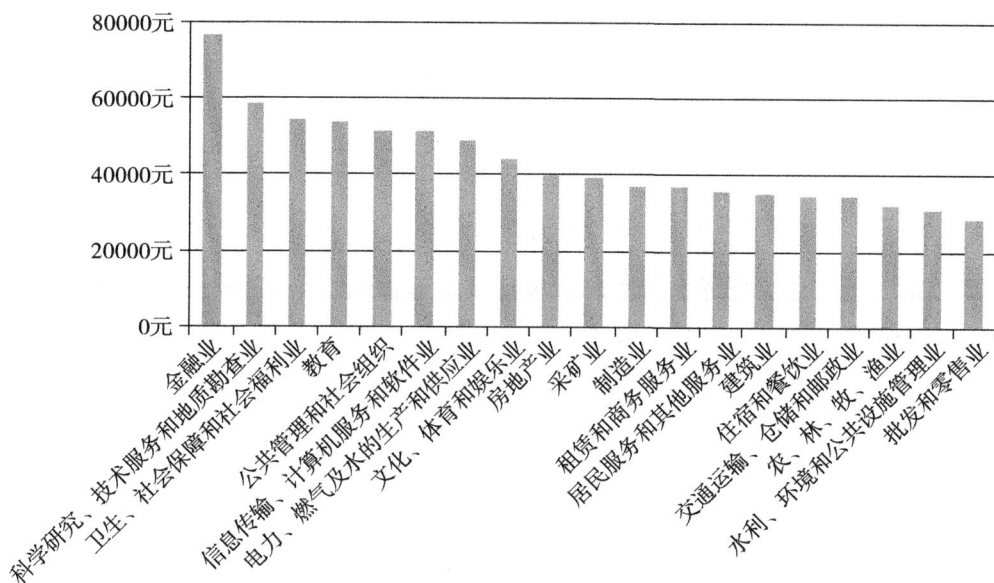

图 3-5 2010—2018 年年度国家统计局按行业分城镇集体单位就业人员平均工资一览

注：1995—2008 年的城镇单位就业人员工资总额即为原来的城镇单位就业人员劳动报酬总额。数据来源：国家统计局（http：//data. stats. gov. cn／easyquery. htm？cn=C01）。

三、尊师重教政策实施的手段

尊师重教政策在实施的过程中，应该围绕上述重点领域来展开，针对不同的重点领域的不同特点和要求，采用灵活多样的实施手段。以下几个方面的实施手段值得借鉴。

（一）加强教师发展式的教育和再教育工作，不断提高教师的综合素质

要提高教师的地位，就必须不断提高教师的综合素质。这就需要国家建立教师发展制度、教育和再教育制度，鼓励和支持教师在国内外参加广泛的进修和学术研讨活动。教师进修制度应该根据各级各类学校的不同情况提出不同的要求。例如，高校教师应该建立四年一轮的进修制度，而基础教育阶段教师则执行"6-3-3"年度的进修制度，即小学阶段教师至少六年要离开学校进修一次，而初中和高中教师则是每三年离校进修一次。退休教师虽然退出学校教育

教学第一线，但是作为一名专业人员，他们仍然需要进行人生再设计，同时也需要发挥他们对在职教师的传帮带以及督学督导作用。所有这些工作都需要建立相应的政策和制度，特别是要建立合理的薪资构成政策，明确只做加法的政策导向，按劳取酬。逐步完善教师资格制度，要更多从综合性大学中吸纳毕业生，而不能仅仅只看有没有师范教育的背景。

（二）加大旨在提高教师待遇的政策投入

待遇不仅是指经济收入，还应包括政治地位和社会声誉等诸多方面。所以，相关部门在研制提高教师待遇政策时，不要局限于给教师增加工资的政策，还需要制定如何提高教师政治地位和社会地位的政策。不仅要加大财政投入提高教师的经济收入，还要加大建立教师荣誉制度、学术休假制度、学术交流制度和乡野考察制度等诸多政策支持。还可以设计特别的优惠制度，如教师持执业证书可优先优惠购票乘坐各种交通工具、免费参观自然景点和各种具有教育意义的展览。要鼓励教师特别是中小学教师开展学术交流和乡野考察，以便让他们更多地接触业务、社会和自然，否则将难以为培养合格的中华人民共和国的公民奠定自身的素质基础。

（三）多方设计具有教育教学工作特征的符号性支持政策

学校教育教学工作既是一项专业性很强的工作，也是国家意志的具体体现，因而也是一种公务性活动（至少是准公务活动），参照国家公务员对于着装的要求，国家应该为教师配发教师职业装（教师制服）。教师职业装应该充分体现出中华文化的元素，而不是简单的领带西装革履；设计的服装要本着美观、大方、实用等原则，针对不同类型的教师设计出不同服饰的职业装，激发教师的尊荣感。

（四）制定和完善教师养老政策

国家相关政策部门不能简单地把养老政策等同为退休政策。养老政策和退休政策是两个不同的概念，养老政策不是退休政策或者退休政策的一部分。教师退休政策覆盖的对象是指退出教育教学工作岗位以后，仍然能够继续为教育教学事业作贡献的教师。而教师养老政策覆盖的对象则是那些因丧失生活自理能力而无法继续为学校教育教学作贡献的教师，也就是真正"老"了的教师。国家可以根据其在职和退休期间所作出的贡献享受不同的养老政策，目的是让这些"老"教师能够有尊严地走到人生的终点。

第四节　尊师重教政策的评价

中华人民共和国成立以来，党和政府制定了一系列政策来改善教师的工作和生活状况，取得了一定的效果。但仍然还有许多地方需要继续改善，政策质量的提高和数量覆盖面都还有一定的空间。为了提高尊师重教政策的效益，必须加强对现行尊师重教政策的评价。教育政策评价是一项十分严肃的工作，而尊师重教政策不仅涉及教师个体，更关系到国家教育意志能否得到有效实施的重大事项。因此，我们必须加强对尊师重教政策各个环节的评价，以图进一步完善相关政策。

一、尊师重教政策的目标设计是否科学

目标是评价的基本依据，因此尊师重教政策目标的设计是否科学是对该项政策开展评价的前提。那么，如何判定该项政策目标是否科学呢？以下几个方面值得参考：

（一）要有明确的理念或指导思想

明确的理念或指导思想是政策规划、研制和实施的基本保障。对于尊师重教政策的规划、研制和实施来说，无论是政策理念还是政策的指导思想都应该在"尊师"方面多下工夫，将重点放在如何"尊师"这个关键点上。离开了这个关键点，则尊师重教政策就失去了其原本的价值。然而，比较遗憾的是，相关政策部门在尊师重教政策过程中，重心并未能很好地调整到这一点，这在上述的分析中多次被提了出来，不再细述了。

（二）要能够用文字清晰地表达这些理念或指导思想

作为政策的理念或指导思想毕竟是一个精神产品，如果仅仅表达出来而未能落实到文本层面则既不容易被理解也难以被广泛接受和认知，尊师重教政策亦是如此。而要实现为大多数人所熟知和接受尊师重教的理念和指导思想，就需要对尊师重教的内涵进行充分理解并在此基础上进行概括和总结，以最简洁和通俗易懂的方式传播出去。在这一点上，我们有一些成功的经验，如标语、口号和公益广告都值得我们去尝试，尽可能做到家喻户晓。这种传播手段是否被使用以及使用的效果如何也是我们开展评价的重要方面。

（三）要尽可能多地让政策研制的相关主体准确理解这些理念或指导思想

上面讲到的是尊师重教政策理念和指导思想的表达和宣传工作，但是更为重要的则是各级相关政策规划、研制和实施主体能否真正理解这些理念和指导思想进而付诸政策实践。各级政策部门的政策规划、研制和实施最终都必然要落实到具体的工作人员，而他们的知识背景、工作范围和经验的不同，必然决定着他们对尊师重教政策的理念或指导思想的认识也有很大的差异。如果不能有效及时地消除这些认识上的差异，则必然会影响尊师重教政策各个环节的有效性，最终也会影响这个政策的实施效果。为此，我们在对尊师重教政策实施效果进行评价时应该要考察各级政策部门对该项政策理念或指导思想的认识水平。

（四）将这些理念或思想始终贯穿于政策研制和实施的全过程

从心理学的角度看，正确的行为一定产生于正确的思想和认识，但是正确的思想和认识并不一定能够产生正确的行为，因为，认识和行为之间存在着一种转化机制，如果这个机制没有建立起来，就难以实现认识和行为的统一。这个转化机制就是要建立信念，一旦将认识和知识转变为信念则一定能够产生特定的行为。对于尊师重教政策的研制和实施来说，要实现该政策的理念和指导思想就是要求政策部门能够将尊师重教变成自己的政策信念，就必然会使得他们能够将这些理念或思想始终贯穿于政策研制和实施的全过程，尊师重教的目的就有望真正得以实现。

二、尊师重教政策研制过程是否合法

尊师重教从规划到研制和实施都应该有一定的程序，所以，该政策的这些环节是否被完整执行是对该项政策进行评价的指标之一。进入 21 世纪以来，各级政策主管部门在行政过程中，程序意识越来越强，避免了很多因程序不到位而引起的不必要的法律争议。为了进一步加强尊师重教政策研制程序的规范性，以下几个方面值得关注。

（一）是否设计了完整的调研方案

是否设计了完整合理的调研方案是尊师重教政策研制的基本前提，一个完善周密的政策调研方案意味着政策研制工作成功了一大半，所以尊师重教政策管理部门必须重视这个环节并投入足够的精力来设计这个调研方案。在这个调研方案中要明确调研的目的、内容、对象、数据收集和处理的方法、调研主体以及前期政策实施中存在的问题。所有这些方面都将是对尊师重教政策研制工作进行评价的重要指标。

(二) 是否进行了合理的调研

尊师重教政策直接涉及千千万万教师的切身利益,相比较教育领域的其他政策设计,相关政策管理部门必须更加严肃、慎重和妥善处理政策研制中可能面临的各种问题。体现在该政策研制是所采用的调研是否合理,具体表现为调研的对象(各级各类教师、教育行政机构、教育学专家、各级各类学校学生)是否得到有效覆盖、调研的内容是否涉及前文所分析的方方面面、调研的区域有没有合理覆盖(既要有经济、科技和文化等方面发达地区,也要有老少边穷的欠发达地区)等。

(三) 政策文本修改是否征求了相关人员的意见

政策的本质就是确定利益分配的规则,因此,政策文本的修改实际上就是对原有利益分配规则的调整,尊师重教政策的修改亦是如此。在修改尊师重教的现有政策文本时,有必要在相关教师群体里开展尽可能广泛的意见征询活动,尽可能多地获得相关领域教师的理解和支持,切不可拍脑袋、凭经验,以免政策走样影响该项政策实施的效果。

(四) 如何调动相关专家参与的积极性

相关专家长期关注尊师重教的各方面信息,比较全面地了解国内外的政策状况,对于国内外相关政策的成功经验和失败教训都会有自己的理解和判断。而且他们作为第三方不涉及自身利益,所以能够比较客观和理性地分析尊师重教政策研制过程。因而在研制尊师重教政策过程中,相关政策管理部门如果多听取相关专家的意见是非常有益的,可以在很大程度上避免出现不必要的失误。

三、尊师重教政策实施效果与目标的达成度

人们在对每一项活动开展评价的过程中,必然要评价该活动的目标和活动实施的效果之间的契合程度即达成度,这是评价工作的最基本原则。我们对于尊师重教政策的评价自然也要遵守这个原则。众所周知,尊师重教政策的目标

有很多，假设这些目标为：A_1，A_2，A_3，…，A_n，那么这些目标总和就是尊师重教政策的总目标（TN），我们可以表达为：$TN = \sum (A_1, A_2, A_3, \cdots, A_n)$；同样，尊师重教政策实施过程中也会根据这些目标有对应的效果，假设这些效果为：E_1，E_2，E_3，…，E_n，那么这些实施效果总体情况就可以表达为：$IE = \sum (E_1, E_2, E_3, \cdots, E_n)$。考虑到目标和效果达成之间存在着达到的程度（完全达到、基本达到、模糊达到、没有达到），所以，我们还需要对E_1，E_2，E_3，…，E_n赋予相应的权重。对于"完全达到"的可以赋值为"$1 = a_1$"、将"基本达到"的赋值为"$0.6 = a_2$"、"模糊达到"的赋值为"$0.3 = a_3$"、"没有达到"的赋值为"$0 = a_4$"。那么，更为精确的实施效果的表达式应该为：$IE = \sum (a_1 E_1, a_2 E_2, a_3 E_3, \cdots, a_4 E_n)$。

根据以上假设，我们对尊师重教政策的实施效果与实施目标的达成度的评价模型应该是 TN − IE 的差值。从理论上来说，这个差值至少有三种结果，即：

（1）TN − IE > 0，即 $\sum (A_1, A_2, A_3, \cdots, A_n) - \sum (a_1 E_1, a_2 E_2, a_3 E_3, \cdots, a_4 E_n) > 0$

（2）TN − IE = 0，即 $\sum (A_1, A_2, A_3, \cdots, A_n) - \sum (a_1 E_1, a_2 E_2, a_3 E_3, \cdots, a_4 E_n) = 0$

（3）TN − IE < 0，即 $\sum (A_1, A_2, A_3, \cdots, A_n) - \sum (a_1 E_1, a_2 E_2, a_3 E_3, \cdots, a_4 E_n) < 0$

下面，我们对这三种情况进行讨论。

（一）TN − IE > 0 的讨论

当 TN − IE > 0 时，是指尊师重教政策设定的目标数大于实施效果所对应的数，即实施效果没有达到政策目标所设定的数量，说明政策实施的效果不理想，没有达到该项政策的预期。那么，我们就要分析 $a_1 E_1$，$a_2 E_2$，$a_3 E_3$，…，$a_4 E_n$ 的每一项数值，找到原因并提出改进对策。

（二） TN−IE＝0 的讨论

当 TN−IE＝0 时，是指尊师重教设定的目标在实施过程中完全实现了，说明这项政策取得了成功。但是，我们也要分析成功的原因，以便为相关政策的研制和实施提供经验。

（三）TN-IE<0 的讨论

当 TN-IE<0 时，是指尊师重教政策在实施的过程中除了实现了该项政策设定目标之外，还获得了该项政策目标之外的良好的实施效果（意料之外的惊喜），说明这种政策是最好的政策，但通常情况下这种情况并不多见，因而也只能是我们追求的理想。对于这样的结果更需要对其进行精细分析，找出这个意外惊喜的原因，更好地指导相关政策的研制和实施。

四、尊师重教政策工具的丰富性

尊师重教政策工具是促进尊师重教政策有效实施的重要手段，尊师重教政策能否有效推行与相应的政策工具是否丰富有着密切的关系。为此，相关政策管理部门应该积极创新和开发尽可能丰富多样的政策工具。

（一）是否坚持激励性为主的原则

从理论上说，尊师重教的政策工具可以有很多，如何在这些众多的政策工具中选择我们最希望的工具呢？我们认为，应该坚持激励性为主的选择原则。因为尊师重教的核心是尊师，尊师的主要目的就是维护教师的合法权益，调动教师的教育教学积极性。为此，凡是鼓励性或者激励性政策工具都是相关部门必须首先要考虑的。鼓励性政策工具并非就是我们通常所谓的增加工资和福利待遇，各种荣誉性和符号性的政策行为对于激励教师的教学热情和工作积极性也是非常有效的。因此，政策管理部门要转变观念、创新思路，挖掘政策工具的潜力，丰富政策工具的品种。

（二）选择的政策工具是否具有多样性

除了激励性政策工具之外，为了让全社会都能做到尊师重教，就需要政策管理部门必须积极开发多样化的政策工具，以满足尊师重教政策实施过程中的不同需求。尊师重教是一项非常复杂的系统性过程，需要社会多方面的支持和理解，自然也就需要协调多方面的利益。因此，在政策研制和实施的过程中就必须要有丰富的政策工具去应对这些协调工作，否则，很多政策就可能无法实施。

（三）是否使用具有创新和特色的政策工具

随着社会的不断进步和科学技术的不断发展，社会的结构也会随之发生改变，进而导致社会群体的需求和价值观念也会发生深刻变化。在这种条件下，尊师重教政策工作也会面临许多新问题、新情况和新形势，面对这些"新"字，如果我们还保守原有的政策工具可能难以满足这些"新"的要求。为此，政策管理部门必须要创新思路，开发出具有有效解决"新"要求的富有特色的政策工具。从这个意义上看，是否使用具有创新和特色的政策工具是我们对尊师重教政策实施效果的评价指标之一。

五、尊师重教政策对象是否满意

说到底，尊师重教政策效果如何的最重要评价标准就是该政策的实施对象——广大教师是否满意。我们相信政策管理部门在规划、研制和实施尊师重教政策的时候一定是尽可能使得政策达到最理想的效果，让尊师重教真正成为促进教育事业发展有力保障。

（一）尊师重教政策对象的满意度

如果我们把满意度的设值范围确定为0~1，那么，如果满意度达到"1"，就意味着满意度达到最高值，表现为非常满意；如果满意度的值为"0"，则意味着人们对某项工作非常不满意和极度厌恶。通常情况下，无论是群体还是个体，他们在评价某项工作时，出现上述极端满意值的情况并不多见。大多数情况下，这个数值会在0~1。作为政策管理部门所要追求的是尽可能使这个数值向"1"靠近，而减少出现"0"的可能性。我们在评价尊师重教政策时也应该考察这个数值的大小，并对其中的原因进行深层次的分析。

（二）密切相关者群体是否反对

在开展对尊师重教政策的评价过程中，我们既要重点考察教师的满意度，同时也要考察其他群体对尊师重教政策是否满意，准确地说，这些群体是否反对我们所研制和实施的这些尊师重教政策。为此，按照社会学的利益相关者理论，我们绘制了图3-6（教育工作者与社会各行业工作者之间的利益关系图）。

从图3-6中我们可以看出，如果我们把教师作为尊师重教政策受益者的核心受益者，那么，与教师这个行业（教育行业）还存在着一些关系十分密切的行业的从业人员对于我们所研制和实施的尊师重教政策态度如何也会影响尊师重教政策的实施效果。

这里我们有一个假设：之所以将图中的"与教育工作密切相关行业的工作者"设定为"密切"是因为紫色部分的教师的利益与他们之间有着某种密

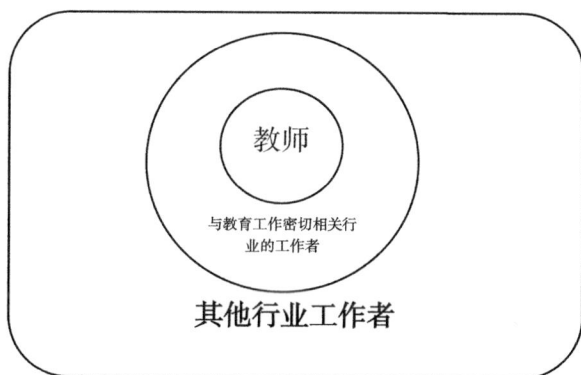

图 3-6　教育工作者与社会各行业工作者之间的利益关系图

切的联系，即教师获取利益的多少会影响他们利益的分配（或者增加收益，或者减少收益），因此，他们对尊师重教政策可能会采取三种态度：支持、默认或反对。所以，作为政策部门在设计尊师重教政策时就要考虑到这个群体的态度，力求所设计的政策不会影响或者明显影响他们的利益，争取他们支持或者至少是默认的态度，务必使他们不出现反对的态度，否则就可能会出现"按下葫芦浮起瓢"的问题。

至于"其他行业工作者"与教师之间的工作关系并不密切，由于这些工作者所从事的工作性质与学校教育教学工作性质相差较大，他们的收益与教师的收益相应地也缺乏直接的可比性，他们是否满意并不对尊师重教政策构成实质性威胁。因此，政策管理部门在设计尊师重教政策时可以暂时不考虑或者不多考虑他们的态度。

（三）受教育者的态度是评价中不可忽视的指标之一

受教育者是教育教学工作的对象，我们制定尊师重教政策的最终目的还是要看教师的教学效果即受教育者是否获益。如果我们制定的政策只是让教师获益而学生并未能从教师的课堂里获得有价值的知识，那么我们所期望的教育质量并未得到有效提高，则我们所研制的这些尊师重教政策就不能说是成功的。正因为如此，当我们在评价尊师重教政策实施效果的时候，务必要考察受教育者的满意程度，并对这个满意度进行有效的分析，即受教育者是否在身心方面得到积极的发展和提高，特别是在如果受教育者对教师的教育教学行为不满意的情况下，更需要我们高度重视，找到不满意的原因。

六、评价主体是否多元化

尊师重教政策的规划、研制和实施是国家治理体系和治理能力现代化的具体体现，而"治理"的核心就是治理主体的多元化和治理层次的扁平化。我们在评价尊师重教政策效果的时候，评价主体是否多元化即相关利益者是否能够参与评价是一个基本指标。

（一）鼓励教师积极参加评价

教师是尊师重教政策的最重要的对象，他们的感受和认识是对尊师重教政策进行评价的最重要的依据。因此，我们必须将教师这个群体纳入评价主体中来并认真听取他们的意见和建议。作为该项政策的评价主体意味着他们将根据评价指标做出自己的判断，在进行评价数据的处理时，教师评价的结果应该赋予更高的权重。

（二）动员学生全程参加评价

前文已经指出，学生作为尊师重教政策的体验者（受益者）对于教师教育教学活动质量的体悟也是最具有评价意义的，教师是否认真教学学生是可以感受得到的。有鉴于此，我们在对尊师重教政策开展评价的时候有必要将学生也纳入评价主体中来。教学是教师的教和学生的学的过程，这是教学过程的一对主体。所以，对于学生给出的评价结果也要增加其权重。

（三）合理吸收评价专家的参与

评估专家的介入能够更好地把握评价的目标和保障评价过程的规范化、科学化，能够对评价的结果做更为合理的数据处理和数据的解释。因此，评价专家的作用更多的是使得评价过程更加规范，并以较为中立的立场为政府部门提出改进的意见。

（四）适当购买社会中介组织的评价产品

近年来，社会中介组织和部门 IT 技术部门也在政府的组织之外，自主地基于一定的角度开展了丰富多彩的评价活动。它们的最大特点或者说优势就是它们掌握了大量的一手数据并善于运用各种技术手段对这些数据进行分析和处理。从目前的整体情况来看，这些数据的处理基本上能够反映各级各类教育机构的实际状况，是评价的一个重要的力量，而且它们的中立性更强。作为政策管理部门不妨通过购买的方式委托它们对尊师重教政策开展评价，从而作为政府政策决策的基本依据。

小　　结

尊师重教的根本目的是为了更好地落实党的教育方针，为国家培养优秀的人才，"尊师"不是简单地尊重某个教师个体，而是对教师所传授的"道"的尊崇，实现由教育大国向教育强国的转换速度。中华人民共和国成立以来，我国教师发展事业经过了很长时间的曲折历程，教师在社会上的地位特别是政治地位一度跌到了谷底，成为被人鄙夷的工作。到目前为止，教师队伍的整体经济收入在全国 19 个行业中处于第九位，经济地位堪忧。有鉴于此，相关政策规划和制定部门，必须明确尊师重教政策的重点，这就是首先要加强教师政治地位提高的政策研究并丰富相关的政策内容和文本。与此同时，也要保证教师所享受的福利待遇处于社会的中上层，使教师的生活更体面、更有尊严感。

第四章　建设教育强国的政策研究

我国的各级各类学校教育的数量位居世界首位，称为教育大国是当之无愧的，但是教育的质量和每个人获得教育的机会还不甚理想。正如党的十九大报告所说的那样，我国社会的主要矛盾已经变成"人民日益增长的美好生活需要同不平衡不充分的发展之间的矛盾"。这个分析同样适用于我国教育事业发展的现状。在未来的国家发展过程中，我们的主要任务就是将教育领域中的不平衡不充分逐渐转变为教育更加公平、资源配置更加均衡、每个人的发展更加充分（实现人的全面发展），这就是我们所说的建设教育强国。

第一节　建设教育强国政策的规划

说起"教育强国"这个概念时，很多人第一反应可能是高等教育强国、"双一流"建设之类的概念，总之，似乎教育强国就是高等教育的事情。其实，这个理解并不准确，教育强国是指国家整个教育体系都成为引领世界其他国家教育体系，成为其他国家学习和模仿的标准。所以，教育强国的"教育"不仅仅限于高等教育领域，还包括学前教育、基础教育、职业教育、继续教育等各级各类教育；是教育整体的强大，而不是某一个教育领域的强大。

一、建设教育强国政策规划的内容

从 CNKI 平台检索的信息来看，最早提出"教育强国"这个概念的是《体育函授通讯》（1999 年第 2 期）发表的一篇评论员文章《教育强国，科技强国》；同一年，时任教育部副部长的周远清在《教学与教材研究》（1999 年第 4 期）发文《强化"三个意识"，建设高等教育强国》，这是官方最早提出"教育强国"这个概念。到了 2008 年，关于教育强国研究的成果达到了第一个高潮，教育强国的研究开始成为教育界和社会关注的热点。可见，教育强国作为一个研究对象还是一个新的话题。因此，关于建设教育强国的政策所面临的困难会更多，更需要我们具有创新意识。

（一）明确教育强国的内涵，制定相关判断标准

若要规划好建设教育强国的相关政策，首先必须准确把握"教育强国"这个概念的内涵。通过多个文献检索平台，暂未发现西方社会在使用这个概念。西方主要发达国家之所以没有使用这个概念，可能主要原因在于他们天然地认为西方的教育体系、教育内容、教育手段和教育制度本身就是最先进、最发达、最科学的，具备了这些条件当然就是教育强国了。但是具有了这些特点教育是否就是教育强国呢？当然，并不是说西方人没有使用这个概念，我们就不能用，而是说既然我们现在要使用这个概念，就必须对此有一个清晰的合理的内涵表达，以便在国际交流与合作中赢得更多的话语权。

通常情况下，当我们对一个我们所不熟悉的现象试图下一个定义或者对其内涵进行界定时，最稳妥和合理的办法就是对这个概念的内涵做加法，及归纳法，然后逐步整合这些要素后再做一定的减法。教育强国也是一个没有权威界定的概念，因此，政策规划部门可以借鉴国内外教育状况对教育强国进行核心要素的界定后根据我们的需要适当增加要素，并据此制定标准作为政策规划的依据。

（二）整合多部门资源，协同建设教育强国

教育强国的建设不可能一蹴而就，也绝对不是依靠教育部门单一力量就能建设成功的。教育的发展除了教育系统内教师、学生以及行政管理部门的共同努力之外，还需要安定的国内外社会环境、强大的经济基础、深厚的文化传统、先进的科学技术，以及家长和社会多种机构的积极支持，如此等等。这一系列的要求必须要求政策规划部门强有力的整合多部门资源的统筹能力，调动多部门的积极性，协同治理教育事业，教育强国的蓝图才有望成为现实。

（三）合理配置教育资源，促进教育整体均衡发展

教育强国的标准之一应该是国家的教育事业能够均衡发展，至少不能有明显的差异（包括地域差异、文化差异、种族差异、宗教信仰差异、经济水平差异等），就这一点来说，世界上很少有国家敢称自己是教育强国，就连世界上最强大的美国也不具备教育强国的条件，因为它在这些方面都存在着因制度

而产生的差异。例如因种族、宗教信仰等原因引起的教育不平等（"布朗诉托皮卡教育局案"① 最为典型）；每个州的教育制度和质量标准存在的差异，等等。这些都是人为设计的制度造成的。建设教育强国，必须通过制度建设来消除这些差异，保持国家在各级各类教育领域都能够得到均衡发展。可见，对于每一个国家来说，建设教育强国是一项十分艰难的工作。

（四）不断提高教育质量，提升教育的国际竞争力

无论国内外学者对于教育强国这个概念作何理解，一个国家的教育到底强不强，最终都只能由这个国家的整体教育质量来决定，而其他所有的标准都必须建立并依托在这个标准之上。当今时代国家间的竞争根本上就是教育的竞争。一个国家只有建立了高质量的教育，才能赢得其他国家的认可和效仿，这个国家的教育才具有强有力的竞争力。我国要建设成为教育强国，首先必须制定能够真正提高教育整体质量的政策，使得教育发展有强有力的教育质量作保证，否则，教育强国建设就失去了根基。

二、建设教育强国政策规划中面临的问题

党的十九大报告指出："建设教育强国是中华民族伟大复兴的基础工程。""建设教育强国"第一次在党代会的报告中被明确提出来，这是党中央启动教育和国家走向强国的崭新征程，这是 1995 年以来我党确立的科教兴国战略的继承和发展，充分显示出党中央对教育事业的高度重视。为此，作为相关政策规划部门要敢于正视现状，大胆解决问题。

（一）政策规划目标比较模糊

有了教育强国的理念并不意味着就有了明确的目标，但是如何将这些理念转化为具体举措，我们还没有的成功经验，如果相关政策规划部门不能提高创新意识，就很容易导致该类政策规划目标难以准确表达。该项政策规划目标比较模糊的主要表现为三个方面：首先，政策对象的确定比较困难。教育强国建设虽然涉及社会的诸多方面和政府的诸多部门，但并非是对社会和政府部门的全覆盖。这就需要对政策对象做出选择，以便使得政策规划更加准确和具有可实施性。教育强国建设的这个特点决定着政策规划部门难以准

---

① 布朗诉托皮卡教育局案是一件美国史上非常重要、具有指标意义的诉讼案。

确确定政策对象，需要经过精细的研讨和审慎设计。其次，政策实施中的各种关系的确定比较困难。由于教育强国建设政策对象的复杂性，使得政策规划部门在确定政策对象关系时也会困难重重。最后，相关的政策工具的选择和研制比较困难。教育强国的覆盖面大、对象的复杂性决定着政府部门在选择和设计相关政策工具的时候必须创造性地调节个别与整体的关系，尽可能使用灵活的政策工具。

（二）政策举措还缺乏系统性，难以形成政策合力

由于教育强国建设属于一个全新的政策领域，国际上也缺乏现成的成功经验可以借鉴，这让现有的政策部门难以拿出切实有力的政策举措。主要表现就是现行的教育强国政策系统性不够，加之还存在着政出多门的现象，因此还难以形成强有力的政策效果。系统论认为，每个系统都有若干要素构成，若要使这个系统发挥最大功能，必须优化该系统的构成要素之间的关系，这就是系统论的"结构决定功能"的论断。因此，作为教育强国政策规划部门，若要发挥政策的整体功能，必须加强各相关政策要素的组合，特别是指导各相关部门开展富有成效的合作，从而形成该系统各要素之间的优化关系。

（三）教育的国际化面临的阻力趋于增加，我国的教育模式难以被认可

随着中国国力的稳步提升，越来越引起以美国为代表的西方社会怀疑和担忧。近年来，这些国家无端指责中国的制度、文化和经济方式。一些别有用心的周边国家也紧跟西方国家的步伐，不断与我国采取多种形式的摩擦，破坏我国发展的节奏。这些情况不断提醒我们，未来我国在与其他国家开展国际合作的形势可能会更加严峻，我们继续倡导教育国际化等活动可能会碰到更多的阻力和挑战。在这样的局面下，我们宣传和倡导的教育模式被认可的可能性会减少，这无疑增加了我国成为世界教育强国的外来压力。我国迈向教育强国的道路也许会更长、阻力会更多，面临的危机也会更加严峻。政策规划部门要为此做好政策研制以及政策工具的储备，抓住机会随时启用。

（四）社会各界对教育强国建设的意识不足

教育强国建设需要全社会的认同和支持，这会需要社会各界都应该树立教育强国建设的意识并将这种意识转化为实际行动。然而，就目前的情况来

看，社会各界的教育强国建设的意识并没有我们所希望的那样强烈，相反，还有不少人并不了解什么是教育强国，也不清楚建设教育强国的目的是什么，甚至还有少数人认为建设教育强国仅仅是一个政府显示自己政绩的噱头和口号，没有实际意义。出现这种现象的原因很多，但最主要的原因在于不重视教育事业，没有意识到教育事业在国家发展和民族进步中的作用，更没有意识到一旦教育强国建设成功对提升我国国际地位和在诸多领域赢得话语权的作用。为此，我们要通过研制一系列政策工具，不断提高社会对建设教育强国的意识。

三、建设教育强国政策规划的原则

由于建设教育强国具有战略性意义，因此，作为相关政策规划部门应该秉持严肃的态度、认真研究，使得相关政策的规划工作能够更加科学、合理。为此，应该坚持以下五项基本原则。

（一）可持续性原则

毫无疑问，教育强国建设是一项长期的战略而需要不断分步实施的过程，这就需要国家在设计和规划相关政策（包括法律法规）的时候，必须要基于长远的思路，使得所设计和规划的每个阶段的政策之间能够有机衔接，从而保持政策间的稳定性和可持续性。我国的政治体制和治理体制决定着国家的战略能够有效地做到稳定性和可持续性，这是我们国家优于西方国家的地方，只要我们能够充分发挥这样的制度优势，建设教育强国的道路就会越走越宽。

（二）国际性原则

教育的本质是培养人，而"人"是具有很多共性的，这就要求我们在实施教育强国战略的过程中，不能闭关自守、盲目冒进，而是吸收世界其他国家的教育建设经验，开展广泛的国际合作：我们需要世界，世界也需要中国。这是我们建设教育强国必须坚持的基本原则。坚持国际性原则本身意味着国际合作主体的平等性和公平性，要坚持独立自主的办学方针，反对将国际原则理解为片面地盲目地学习少数国家教育经验，更要反对假以国际合作外衣干涉别国教育主权的行为。

（三）创新性原则

教育强国建设的路径多种多样，没有成功的经验可以借鉴①。这就需要我们不断创新相关政策的理念和思路，特别是首先要能够中华民族自身发展的需求，这是我们建设教育强国的根本目的，离开了这一点所建立的肯定不是教育强国，也不是我们相关政策创新的方向。因为教育活动是一项具有明确价值的活动，离开了这样的价值去创新是绝对不能被接受的。教育强国政策的创新也不能偏离这个价值，更不能为了迎合西方国家的价值而否定我们自身的价值。

（四）协同治理性原则

协同治理既包括治理主体的协同也包括政策文本间的协同，本质上仍然是治理主体间的协同。之所以要坚持协同治理原则在于教育强国建设是全社会、全方位的重大战略性创举，必然涉及社会中大多数的主体（集合意义上的主体），如果不能建立有效的协同治理的理念和机制，就无法完成这项创举。因此，相关政策规划和研制部门，必须采取有效措施，最大限度地吸收这些主体的智慧和利益关切，调动他们参加教育强国建设的积极性。

（五）弘扬中华优秀文化的原则

加强国际合作必须坚持"以我为主、为我所用"的原则，具体表现就是坚持弘扬中华优秀文化的原则。中华民族有着悠久的举办教育的优秀传统和科学丰富的经验，我们有深厚的文化底蕴和充足的教育资源，不应该因为近代百年的曲折而丧失了我们举办教育的信心，更不应该怀疑建设成为教育强国的能力。相反，我们必须在建设教育强国的过程中充分弘扬我们民族的优秀文化并以此为基础开展教育的国际合作与交流。因为，如果我们丢掉了自己的传统文化，就失去了国际合作与交流的基础，也失去了我们在国际合作中的话语权，也就吸引不了国际同行的注意。

第二节　建设教育强国的政策研制

建设教育强国是一项系统工程，我们不仅要关注高等教育建设，更要关注

---

① 我们要警醒自己，西方发达国家所经历的教育发展过程并非就是建设教育强国的成功范例，也不是建设教育强国的唯一选择和必然路径。当今西方国家的教育也存在着诸多的问题，这也引起了西方不少学者的反思。

基础教育建设，因为基础教育是国家教育体系中发挥着基石作用，只有优质的基础教育才能托起整个民族教育的大厦。然而，长期以来，我们在讨论教育强国建设的过程中却忽视了这一点，而将一直将教育强国建设重点放在高等教育上，这是一种典型的"第三碗米饭"① 的短视行为。

一、教育强国建设政策的内容

建设教育强国是整个教育体系共同努力的结果，只有各级各类学校教育及其相关组织和主体的积极合作和参与，才能建设教育强国。为此，教育政策规划和研制部门要研制多种政策工具，把各方面的智慧和热情都激发出来，围绕教育强国建设目标共同努力。

（一）不断建立健全家庭教育政策

父母是孩子的第一任老师，父母的教育对孩子的发展十分重要。我党历代领导人都对家庭教育寄予了很高的期望，相关部门也制定了不少政策。2019年3月4日，全国人大代表张荣珍在接受记者采访时谈到，目前我国家庭教育存在不同层次的缺位缺失，应制定出台家庭教育法，即《中华人民共和国家庭教育法》并要围绕这部法律制定相应的法规和政策文本，以便使这样的法律能够真正落实。

（二）切实实施学前教育政策

学前教育是一个人接受正式普通教育的最早阶段。虽然国家一直将其视为教育体系（学制）中的一部分，但是长期以来，学前教育并没有得到足够的政策支持，特别是在农村地区和边远地区，学前教育多年来一直就是一个空白。近年来，虽然相关政策逐步出台并得到落实，但与其他各个阶段的教育相比，学前教育显然是最薄弱的环节，成为国家教育体系中的一条"跛腿"。如果任其继续下去，教育强国的梦想必然会落空。由此可见，学前教育不是政策的有无（实际上学前教育的政策和法规文本数量还是比较丰富的），而是是否将政策和法规能够真正落到实处，快速诊治好这条"瘸腿"。

---

① 有一个笑话。说是一个人吃了三碗米饭。旁边有人问他，是哪一碗米饭让你吃饱的。这个人毫不犹豫地说，是第三碗米饭。

（三）重构回归基础教育本质的政策

基础教育在整个教育体系中扮演着桥梁的作用，衔接着学前教育和高等教育，因此，基础教育的质量在国家教育强国的建设中发挥着至关重要的作用，这种作用甚至超过了高等教育在教育强国中的作用。从教育部基础教育司介绍①中也可以大致看出基础教育的作用。截至 2020 年 7 月 17 日，本年度就已经出台了 11 项政策文件，反映出教育部对基础教育的重视程度。但是，基础教育中长期存在的应试教育成为制约我们建设教育强国的重大难题。为此，相关教育政策规划部门和研制部门，要在充分研讨如何解决应试教育这个问题的基础上，重新构建基础教育政策和法律法规体系。

（四）适当调整和重新评估高等教育政策

进入 20 世纪 90 年代以来，国家在建设高等教育方面可谓不遗余力，一轮又一轮的"工程"建设，使得我国的高等教育迅速地由精英阶段进入大众化阶段，目前已经接近普及化阶段。近年来，在高等学校开展"双一流建设"工程无疑更加体现出政府对建设高等教育强国的强烈愿望，制定了大量的配套政策②，这一系列举措让人感觉似乎我们离高等教育强国已经指日可待。但是我们必须对此保持冷静和理性，高等教育强国建设并非只是加大对高等教育的投入就能够实现的，因为教育的发展是整体的系统式的发展，高等教育必须是建立在基础教育之上的教育，忽视了高质量的基础教育，高等教育的质量也难以提高。道理很简单：高等学校没有优质的生源。

（五）深化颇有潜力的继续教育政策

继续教育这个概念本身的模糊性以及中国学者对此不够热心的态度，使得

---

① 教育部基础教育司介绍：承担基础教育的宏观管理工作，拟订推进义务教育均衡发展政策，拟订普通高中教育、幼儿教育、特殊教育的发展政策；会同有关方面提出加强农村义务教育的政策措施，提出保障各类学生平等接受义务教育的政策措施；会同有关方面拟订义务教育办学标准，规范义务教育学校办学行为；拟订基础教育的基本教学文件，推进教学改革；指导中小学校的德育、校外教育和安全教育；指导中小学教学信息化、图书馆和实验设备配备工作。

② 若要进一步了解教育部的"双一流"建设相关政策文件，可以登录以下网站浏览：http://www.moe.gov.cn/jyb_xxgk/zdgk_sxml/sxml_gdjy/gdjy_syljs/yldxxkjs_zcwj/.

教育界对继续教育研究始终未能成为我国教育领域研究的热点①。从继续教育实践的角度来看，国家对此的关注可以用"忽冷忽热"的态度来描述，相应的政策亦是如此。其实，继续教育与社会关系的密切程度远远大于其他各级各类学校教育，是直接联系生产实践和生活需要的教育形式。我国科学技术和科技创新如果需要继续挖掘潜力的话，首先应该是继续教育而并非现在的普通高等教育或研究型大学的普通教育。因此，继续教育在建设教育强国中的作用并没有充分展现出来，其能够发挥作用的潜力巨大，国家教育政策规划部门应该重视该领域政策的设计和研制。

二、教育强国政策建设中面临的主要问题

我国现行的教育制度深受西方国家特别是美国学制的影响，有明显的半殖民地教育的痕迹。中华人民共和国成立以来，虽然我们在学校教育制度方面做了很多改革，但是仍然还有一些不足，这些不足的存在制约着教育强国建设的步伐。

（一）家庭教育和学前教育长期薄弱

在我国漫长的教育发展历史中，家庭教育与学前教育始终被视为一件事情，统称为"蒙学"。蒙学特指儿童早期的启蒙学习。《易经·蒙卦·象辞》："蒙以养正，圣功也。"后人遂将儿童早期教育称为蒙养教育。直到晚清的癸卯学制（见图4-1）颁布的时候，专门设《蒙养院及家庭教育法》，学前教育与家庭教育紧密结合在一起予以实施。实际上，这个学制随着清政府的腐败和垮台并没有得到真正实施。在民间实际上是用家庭教育代替了学前教育。

中华人民共和国成立以后，1951年10月中央人民政府政务院公布了《关于改革学制的决定》，其中将幼儿教育纳入国家教育体系之中，提出对3~7周岁幼儿在入小学前实施使其身心获得健全发展的教育。但是，在广大农村地区，学前教育长期并没有实施（在相当长的一段时间内在很多县级市镇也未能实施学前教育，到目前为止，还有不少农村地区仍然未能建成较为规范的学前教育机构），家庭教育仍然承担着学前教育的职责。

相比较学前教育，家庭教育更加薄弱（主要表现为没有相关的规范性文

---

① 彭彧华在《中国高校继续教育发展存在的问题及对策建议》（《北京经济管理职业学院院报》2018年第3期）一文中对继续教育的理论和实践做了比较好的梳理和归纳，值得我们阅读和思考。

年龄　学年

32

通儒院

28

分科大学堂

24

优级师范学堂公共科分类科加习科　高等学堂　大学预科　高等实业学堂　讲习所实业教员　专攻科

21

简易师范学堂　初级师范学堂　中学堂　中等实业学校　本科预科

16

高等小学堂　初等实业学堂　普通实业补习学堂

12

初等小学堂　艺徒学堂

7

蒙养院

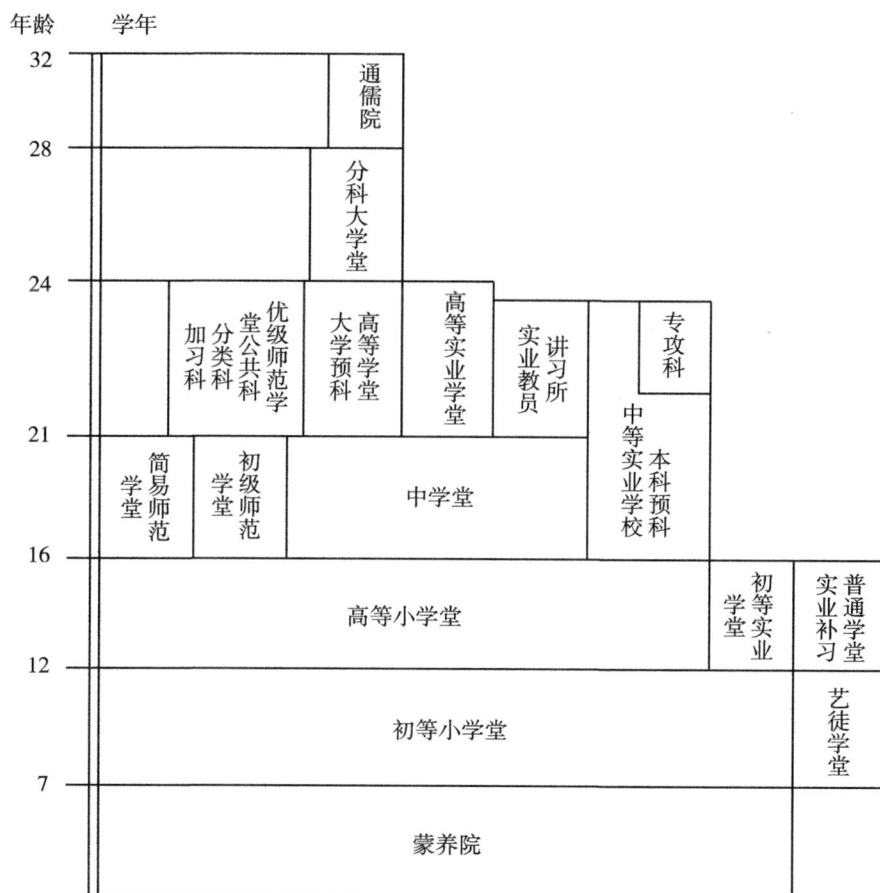

图 4-1　癸卯学制

件和标准，处于一种灰色状态），家庭教育的重视大多停留在领导人的讲话和教育学者的少数文章之中。而且，更让人担心的是，在广大国民中普遍将家庭教育视为私人的事情、是中国的传统，不需要国家来治理。这就很难让家庭教育规范化和法制化，更难纳入国家的学制之中。所以，家庭教育目前基本上处于放任自流状态，然而家庭教育在教育强国的建设中的作用一点也不亚于已经纳入国家教育体系之中的各级各类教育。而且家庭教育也不能简单地等同于学前教育，而是贯穿于一个人一辈子的教育（见图 4-2）。因此，我们呼吁社会各界密切关注家庭教育的现状并采取有效措施。

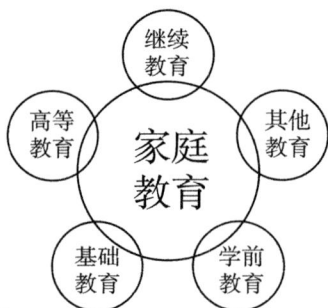

图 4-2 家庭教育与其他各级各类教育之间的关系

（二）基础教育管理体制不利于提高其教育质量

我国基础教育特别是义务教育的管理体制经历了一个艰难的改革进程，1985 年出台的《中共中央关于教育体制改革的决定》中坚持"基础教育地方负责，分级管理"的原则，基本形成了"市县办高中，乡镇办初中，村办小学"的格局。因此，"中央《关于教育体制改革的决定》颁布以后，由于农村基础教育实行了'分级办学、分级管理'，过去那种国家包揽办学、过度集权的体制已经被冲破，地方的使命感和责任心有所加强。"① 但是，由于我国各地经济发展水平差距极大，将基础教育特别是义务教育交由乡级和村级举办，显然是勉为其难，实际上乡级和村级财政根本没有能力兜底，基础教育发展困难重重，不少地方连教师的工资都难以保证。而且"随着中国经济区域发展不平衡、城乡差异扩大、人口流动加快，在实践过程中基础教育'以县为主'的管理体制显得管理重心过低，加强省级统筹又成为时代呼声。2011 年，北京、上海、安徽、广东、云南、新疆、深圳成为省级政府教育统筹综合改革试点，探索统筹建立健全以政府投入为主、多渠道筹集教育经费、保障教育投入稳定增长的体制机制。"②

---

① "深化基础教育管理体制改革研究"课题组 . 深化基础教育管理体制改革研究报告 [J]. 教育研究，1998（12）：3.

② 欧媚，易鑫 . 庆祝改革开放 40 周年教育改革纪事·教育管理体制 突破教育管理体制的瓶颈 [N]. 中国教育报，2018-11-14. 同时可以参阅教育部网站上的该文文献：http：//www. moe. gov. cn/jyb _ xwfb/moe _ 2082/zl _ 2018n/2018 _ zl89/201812/t20181205 _ 362459. html.

到目前为止，由于基础教育规模庞大，"以县为主"的财政体制已经明显兜不住这个庞大教育规模的需求，广大农村地区和边缘省份，县级财力仍然捉襟见肘。这就是基础教育管理体制存在的问题，从而导致基础教育发展严重受阻，迫切需要从体制上加以破解。

（三）高等教育中的人才流失导致教育强国后继乏力

高等教育同样存在着管理体制上的困境。"1998 年 7 月 1 日，发布国务院做出《关于调整撤并部门所属学校管理体制的决定》，将裁撤的部委所属高校进行了调整。原来国务院有关部门直接管理的 367 所普通高校改革后只剩下 111 所，其他大多数高校实行了省级政府管理、地方与中央共建的管理体制，这一前所未有的大规模改革前后总共经历了近 10 年的时间，基本上完成了新中国历史上最大的一次高等教育宏观管理体制改革和布局。""这场高等教育宏观管理体制改革和布局使得中央和地方两级政府管理、省级管理为主的高等教育管理格局由此基本形成。"① 这种体制上的改革并未彻底解决高等教育发展中各种棘手的难题，只是缓解了这些问题的冲击力，高等学校的办学自主权这个高校迫切需要解决的问题至今仍然未见到有实质性的变化，反而给人感觉下放给高等学校的权力都是高等学校不想要的棘手的权力，而核心权力则基本上没有下放。

高等学校上述问题已经存在多年，我们不寄予过多的希望能够在短时间内就得到解决。其实，在高等教育中目前最令人关注的焦点问题则是高等学校中的人才流失问题越来越严重。其表现主要集中在两个方面：

首先，人才外流状况每况愈下。大量人才流出境外，致使我国培养的优秀人才不能为自己的国家服务，而是为其他国家服务。他们在国外已经形成一股科技力量，这样的力量不但不能帮助祖国的建设力量，反而成为国内科技竞争的对手。我们自己千辛万苦培养的人才反倒成为制约我们发展的力量，这是我国高等教育发展的"异化"。说得更加严重一点，是我们留学教育政策的失败。现在是采取措施加以纠正的时候了。

其次，国内人才恶性流动。国内人才恶性流动现象愈演愈烈，一些头上戴

① 欧媚，易鑫. 庆祝改革开放 40 周年教育改革纪事·教育管理体制 突破教育管理体制的瓶颈 [N]. 中国教育报，2018-11-14. 同时可以参阅教育部网站上的该文文献：http://www.moe.gov.cn/jyb_xwfb/moe_2082/zl_2018n/2018_zl89/201812/t20181205_362459.html.

着各种"帽子"似乎闪着十分耀眼光芒的"学者"不断地"炒卖"自己，而且还不断从一个学校"主动流到"另一个学校，"身价"不断翻番，而其贡献是否名副其实，这些人是不是真是人才并没有谁去关注和评估。愈演愈烈的现象迫使我们不得不、也不能不要重新思考对于高等学校贡献和地位的评价指标。因为，许多高校之所以花大价钱接纳这些"人才"是由于我们对高等学校的评价过于看中学校中这些"有帽子的人才"的数量（"五唯"的问题在高校真的很严重），而对于学校为社会所做的贡献却重视不够。

（四）继续教育与社会需求脱节严重致使国家创新能力难以持续

继续教育既是一种非普通学历教育，也是一种紧密结合社会和个体直接需求的教育，简单地说就是直接满足从业者即刻需求的教育，增强他们的创新能力。正因为如此，继续教育应该直接且密切与社会各界保持联系，根据需求情况提供高质量的教育资源和教学（培训）服务。在 2010 年前后开始，我国高等学校中的不少继续教育机构（如成人教育学院、继续教育学院等）招收来自高考落榜学生和专科毕业学生，走专升本或者举办教学活动，给予这些学生成人本科文凭和学位。这显然是继续教育普通化，背离了继续教育的初衷。其结果就是继续教育与社会需求严重脱节、国家创新能力难以为继，不仅远离了建设教育强国的目标，也远离了建设强国的目标。

三、完善教育强国政策的举措

教育强国的建设是一个需要多方面共同努力才能实现的漫长之路，我们现在只是万里长征迈开了第一步，后面的道路可能还会面临坎坷和荆棘。以上所谈到的问题也并非仅仅只有这些，而是当前比较突出而已。正因为如此，我们现在要提出的举措也并非仅仅只需要这些举措，而只是针对上述突出的问题提出的权宜之计。事实上，建设教育强国远不仅仅就是这些举措，所以，下文所提出的这些举措难免会挂一漏万。

（一）加强家庭教育与学前教育政策研制与实施

与其他阶段的教育相比，家庭教育与学前教育的政策（包括法律法规）文本存在的空白点最多，这些空白点正是相关政策规划部门和研制部门努力的方向。就目前的现状来看，我们认为相关部门不一定急于在短时间内把这些空白点全部都填补上，而是根据实际情况把家庭教育和学前教育工作中急需的政策和法律法规先立起来，抓住关键保证这两个教育能够基本运行。其他相关政策和法律法规在今后的质量提升中逐步健全和完善。

(二) 创新基础教育管理体制政策

2019 年 12 月 20 日，国务院教育督导办印发通知《2020 年把义务教育教师平均工资收入水平不低于当地公务员作为督导检查重点》①，这说明国家对义务教育阶段教师待遇的关注。但是，在我们看来，基础教育发展的最大制约因素不是教师的工资待遇问题而是管理体制的问题。现行的管理体制的本质是把基础教育视为地方政府的事业而非国家的事业。这一点在前文的分析中也可以看得出来：在对基础教育的管理体制的设计上我们经历了由乡镇管理到县级统筹到目前大多数实现省级统筹的过程，但始终未能实现由中央政府统筹管理。这种将基础教育视为地方政府事业的观念在现代社会里已经非常落后了，随着信息技术对教育事业的渗透，这种观念所带来的负面影响将会越来越严重。我们认为基于地方政府事业的管理体制的本质是基础教育学生与高等学校学生平等受教育权并没有得到同等重视，我们现在还缺乏这方面的意识，更谈不上落实。

《中华人民共和国宪法》第十九条明确规定："国家发展社会主义的教育事业，提高全国人民的科学文化水平。国家举办各种学校，普及初等义务教育，发展中等教育、职业教育和高等教育，并且发展学前教育。"根据宪法的规定，基础教育与高等教育一样具有同等的法律地位，都应该由国家（这里

---

① 该《通知》内容如下：

通知指出，各地要高度重视义务教育教师工资待遇保障工作，认真落实《义务教育法》和中央有关文件中对义务教育教师平均工资收入水平应当不低于当地公务员平均工资收入水平的规定。

通知强调，各地要做好统筹安排，按照国务院关于保障义务教育教师工资待遇的工作部署，加大工作力度。在年终为公务员发放奖励性补贴及安排下一年度财政预算时，务必统筹考虑义务教育教师待遇保障问题。

通知明确，各省（自治区、直辖市）要结合当地实际，于 2020 年上半年对本行政区域内义务教育教师工资收入落实情况组织督导检查。对发现政策落实不到位的，要采取约谈、问责等多种措施督促整改。

2020 年，国务院教育督导委员会办公室将把义务教育教师工资收入保障情况作为重点内容进行督导。

参见：《国务院教育督导办印发通知 2020 年把义务教育教师平均工资收入水平不低于当地公务员作为督导检查重点》(http：//www. moe. gov. cn/jyb_xwfb/gzdt_gzdt/s5987/201912/t20191220_412802. html? tdsourcetag＝s_pcqq_aiomsg, 2020-08-04.）。

的国家应该被理解为中央政府）统一举办。可见，教育部门应该在宪法所规定的基础上规制相关基础教育政策。

（三）调整高等教育建设思路

我国高等教育建设面临的主要困境不再是办学经费不足（尽管很多高等学校办学经费并不充裕），而是高等学校自身的办学活力如何被激发出来（如果高等学校有了强劲的办学活力或动机，则办学经费不足的问题也能迎刃而解），高等学校在办学过程中的"等""靠""要"的现象依然故我。与基础教育培养合格国民的要求不一样，高等学校的主要目的是创新，而创新就必须要发自内在的热情和动机，"等""靠""要"是不可能创新的。高等学校失去了创新的热情和动机则培养创新人才自然也就成为空中楼阁了。为此，需要进一步调整高等教育建设思路，激发高等学校办学的活力，"一校一策"地调动高等学校建立其独特的创新机制。

（四）制定回归继续教育本质的促进政策

继续教育的本质是"活学活用"以便使其能够紧密联系社会各种需求和学习者的各种需求（即要满足两个主体的需求），其课程设置和教学方法更多的是拼盘式的和快餐式的。由此观之，目前的继续教育机构在观念上和制度设计上显然存在着诸多的不足。作为继续教育机构和相关政策研制者必须密切跟踪社会和学习者各方面需求，做到及时的"有求必应"，这样才能使继续教育事业能够平稳地发展下去。这里特别要指出的是，伴随着智能化技术的运用，继续教育和普通高等教育有可能会走向融合，因此，高等学校和继续教育机构都应该有前瞻性的设计和思考，不断创制，否则双方都可能会被淘汰。

第三节　建设教育强国的政策实施

围绕教育强国建设的政策及法律法规文本的数量非常多，相应地这些文本的内容也必然十分复杂。如何将这些数量多、内容复杂的文件加以实施确实是一件十分复杂的工作，这就需要相关政策规划和研制部门组织专家和相关人员开展研究，使现有的政策发挥出最大的效力。

一、建设教育强国政策的实施现状

教育强国政策的复杂性决定着相关部门在实施这些政策的时候必然会面临

很多困境，直面这些困境并对其产生的原因进行深入、客观的分析，能够帮助我们更好地解决这些难题。

（一）建设教育强国的政策目标聚焦不够

建设教育强国是一个宏观的长期的目标，正因为如此这个目标本身也会具有一定的模糊性。这就需要我们政策规划、研制和实施部门必须将这个宏观的、长期的、模糊的目标进一步明晰化。最简单的办法就是将这个目标划分成若干层级若干具体的目标，只有明确各个时期的具体的奋斗目标，才能使得我们所研制的政策和法律法规得到真正的实施。国家在现阶段确定了建设教育强国只是为我们树立了一个宏观的长远的战略目标，而作为相关的政策实施部门并未能将这个目标细化和具体化。这种现状的存在显然不能保证教育强国的实现，如果不采取切实有效的实施举措的话，则必然会制约我国建设教育强国的步伐。

（二）建设教育强国政策的内容过于庞杂

建设教育强国本身是一个庞大的系统工程，几乎涉及国家的所有部门和社会的全体力量，这些部门和力量都会基于各自的视角思考和制定相关政策。因此，出现相关政策内容过于庞杂是难以避免的，也是缺乏相关统筹机制所导致的。政策内容过于庞杂必然让相关政策实施部门难以分清主次、手足无措、疲于奔命，进而导致教育强国建设进展缓慢。

（三）建设教育强国政策实施部门相互推诿难以有效作为

这个问题的存在与上述两个问题有着密切的内在关系，可以说就是上述两个问题的自然延伸或另一种必然表现。教育强国建设必然需要众多部门和社会主体的参与，但是这些部门或者社会主体在参与建设过程中，却缺少一个强有力的机构去思考这些部门或社会主体在其中如何发挥作用、发挥多大作用、发挥作用的效果如何等。实际上，在现行的政策实施机制中这些都是十分不明确的。其结果就是每个部门、每个主体看上去似乎都在努力，又似乎都不在努力，特别是当涉及某些具体政策执行的时候，也就难免会出现部门间的推诿、扯皮、踢皮球的现象。即便有部分部门愿意切实实施这些政策也因为这样的机制而失去了执行能力，难以有所作为。

（四）教育强国建设政策的手段不够丰富

政策实施手段是否丰富是相关政策能否得到有效实施的重要条件，一个良好的政策如果不能运用丰富的实施手段加以推进的话，则其自身的良好性也难以体现出来。建设教育强国的政策十分丰富，其中大多数政策应该都是良好政策，只要能够有效实施就可以加速实现教育强国之梦。但是，遗憾的是这些政策在实施过程中由于缺乏有效的多样化的手段，使得这些良好政策难以发挥其应有的效应来。其根本原因在于一些实施部门出于自身利益或者需要花费很多精力与其他部门协调而不愿意创新政策实施手段（政策工具），这使得我们很多良好政策的实施效果大打折扣，可谓事倍功半。

二、建设教育强国政策实施的举措

建设教育强国关键在于将现行的各种政策能够有效地得到执行，这就考验着相关政策部门和职能部门的执行力。而要提高它们各自的执行力，首先必须要明确各自的责任范围，关键时间节点以及如何考核这些政策的执行效果。

（一）建立政策实施目标体系

由于建设教育强国政策主体太多，所以，我们建议中央政府成立或者委托专门机构建立一个落实建设教育强国政策实施的任务体系，为了使这个任务体系更加明确，我们建议至少要建立四级政策实施的任务体系（见表4-1）。

表4-1　　　　　　　教师教育强国政策实施任务体系

一级指标	二级指标	三级指标	四级指标（实施举措）				
家庭教育	A	…	…	…	…	…	…
	B	…	…	…	…	…	…
	…	…	…	…	…	…	…
学前教育	D	…	…	…	…	…	…
	E	…	…	…	…	…	…
	…	…	…	…	…	…	…
基础教育	G	…	…	…	…	…	…
	H	…	…	…	…	…	…
	…	…	…	…	…	…	…

一级指标	二级指标	三级指标	四级指标（实施举措）				
高等教育	J	...	...	...	...	...	...
	K	...	...	...	...	...	...
	...	...	...	...	...	...	...
继续教育	M	...	...	...	...	...	...
	N	...	...	...	...	...	...
	...	...	...	...	...	...	...

表 4-1 是一个宏观层面的任务体系，详细的任务内容无法一一呈现出来。为此，下面我们以"家庭教育"政策实施任务为例详细说明建设教育强国政策实施任务指标体系的设计（见表 4-2）。

表 4-2　　　　**教师教育强国之"家庭教育"政策实施任务体系**

一级指标	二级指标	三级指标	四级指标							
			2021 年		2022 年		2023 年		...	
	指标内涵	指标内涵	指标内涵	实施举措	实施部门	实施举措	实施部门	实施举措	实施部门	实施举措	实施部门
家庭教育	A	A_1	A_{11}								
			A_{12}								
			...	...	...	...	...	...	...	...
			A_{1n}								
		A_2	A_{21}								
			A_{22}								
			...	...	...	...	...	...	...	...
			A_{2n}								
		...									
		A_n	A_{n1}								
			A_{n2}								
			...	...	...	...	...	...	...	...
			A_{nn}								

续表

一级指标	二级指标	三级指标	四级指标							
				2021年		2022年		2023年		...
指标内涵	指标内涵	指标内涵	指标内涵	实施举措	实施部门	实施举措	实施部门	实施举措	实施举措	实施部门
家庭教育	B	B_1	B_{11}							
			B_{12}							
			...	...	...	...	...	...	...	...
			B_{1n}							
		B_2	B_{21}							
			B_{22}							
			...	...	...	...	...	...	...	...
			B_{2n}							
		...	...							
		B_n	B_{n1}							
			B_{n2}							
			...	...	...	...	...	...	...	...
			B_{nn}							
	C	C_1	C_{11}							
			C_{12}							
			...	...	...	...	...	...	...	...
			C_{1n}							
		C_2	C_{21}							
			C_{22}							
			...	...	...	...	...	...	...	...
			C_{2n}							
		...	...	...	...	...	...	...	...	...
		C_n	C_{n1}							
			C_{n2}							
			...	...	...	...	...	...	...	...
			C_{nn}							
	...	...	......							

注：表中四级指标体系下面表格中的空白就是每个年度要完成的具体任务，它不仅规定了任务内容，也设定了时间节点和任务完成的责任部门。

如果我们能够在中央政府的统一领导下科学设计出这个实施任务体系并且能够付诸相关部门加以实施，那么，我们建设教育强国政策的实施就能够真正到位，教育强国的就有望早日实现。反之亦然。

（二）明确政策实施责任主体

所谓明确政策实施主体就是依据上述任务体系的要求，由上级部门为下级部门提出明确的工作任务，将每一项任务都落实到具体的责任部门。所以，明确责任主体的过程也就是明确责任任务的过程。下级责任部门在接到任务之后要积极实施，并接受上级政府的年度考核，各级政府依照这样的考核原则一级一级地沉下去保证目标任务能够层层落实。

（三）规范所要实施政策的内容

所谓规范政策实施内容就是依据上述任务指标设计本部门要完成的具体任务。尽管上述任务指标已经精准到四级指标，但实际上在落实这些任务的过程中，很多任务指标可能还需要进一步细化和明确。这就需要发挥各实施主体的主观能动性和积极性，创造性地对任务进行细化直至可以操作实施为止，最终的目标就是要完成上述各项工作任务。

（四）创新政策工具

在实施上述政策任务的过程中，各实施主体要"八仙过海、各显神通"，特别是要根据任务的需要创新研制政策工具。我们不主张毫无目的地设计政策工具，也不以追求政策工具的数量多少为目标，而是以是否有效完成政策任务作为是否创新政策工具的基本价值依据。

第四节　建设教育强国的政策评价

建设教育强国是我们多年来的梦想（虽然我们以前没有通过国家政策明确表达出来，但却是实实在在地存在于每个中国人的内心之中），从中央到地方都制定了一系列的政策好法律法规，那么这些政策和法律法规实施的效果如何呢？这就需要我们通过认真反思、客观评价，进而为今后的建设提供更加明确的方向。

一、建设教育强国政策的评价内容

建设教育强国是国家的意志，反映的是中华民族的共同心愿。因此，我们在对建设教育强国的各项政策和法律法规进行评价的过程中，务必要有足够高的站位和全局的、发展的观念。不要过多地纠结于具体的、细微的政策效力。为此，我们希望从以下几个方面对我国建设教育强国政策开展评价。

（一）组织评价建设教育强国相关政策的目标是否合理

评价的基本手段就是评估所要评估的对象是否有较为明确的工作目标，这是评价一项工作的基本依据。显然，总体目标是明确的，即将我国教育建设成为世界上最强大的教育，但是这个总体目标能否助推出相应的政策研制呢？这就需要我们进行评价了。因此，对建设教育强国相关政策进行评价时，首先要做的工作就是组织专家、政策规划和研制人员以及政策对象，即该系列政策是否有效地围绕着上述目标在不断地被研制、完善和实施。这不仅仅是只简单地做一点访谈或者问卷就能得出结论的工作，而是需要大量的典型的案例并结合访谈和问卷等手段进行复杂的数据分析才可以做出评价结论的工作，可见这项工作十分艰辛但却是必须要完成的，因而也是最有价值的工作，这在下文的分析中还可以继续得到进一步印证。

（二）组织评价建设教育强国相关政策的内容是否合理

有了上述对目标的评价结论，相对而言，我们在判断建设教育强国政策的内容是否合理方面就要简单易行了。但是，这并不表明该项工作可以轻松完成。实际上，由于建设教育强国政策文本数量巨大，涉及各级各类教育，因此对这些文本进行分析也是一项十分繁杂和艰辛的工作。目前，对于政策文本分析的评价手段很多，常用的编码分析法相对而言简便易行，关键在于能否找到关键词和有效信息点进行编码。这需要组织专业人员进行细致的研究，否则得出的评价结论就不一定准确。

（三）组织评价建设教育强国相关政策的实施效果

一项政策的实施效果如何是与该项政策所要达到的目标紧密相关，这就是为什么我们在上述文字中十分强调目标价值的意义所在。同样，我们在评价建设教育强国系列政策实施效果的时候自然要将实施的结果与目标进行对照后作出定性和定量的表述。如果实施的结果与目标达成度高，则我们的评价结论可以为"该项政策实施效果好"，以此类推。反之亦然。

（四）组织评价建设教育强国相关政策在实施中存在的问题

通常情况下，一项政策在第一轮实施的过程中都会或多或少地存在着一些政策研制者未曾料想到的问题，从而使得政策没有达到预期的效果。出现这种现象有其一定的必然性，无可厚非，毕竟"多快好省"的政策设计思想只是我们追求的理想而已，实际研制政策工作是不可能达到这样标准的。但是，从评价者的角度来看，我们必须要区分碰到的这些问题的性质和严重程度。如果碰到的是一些细微的不会对整体政策产生较大影响的问题，则这是允许的。但是，如果遇到的是十分严重的且可能会对现行政策产生重大否定作用的问题，则是不应该的，应该追究政策规划和研制部门的责任。因为出现这样严重问题的一定是规划或者研制过程中程序不当或者严重失职造成的。

（五）提出建设教育强国相关政策的努力方向

对政策评价的根本目的在于为该政策今后的修订、研制和完善提供努力的方向，对于建设教育强国政策进行评价的目的亦是如此。在我国，建设教育强国作为政策行为还是一项比较新生的事物，因此，在相关政策的规划和研制过程中必然会出现一些模糊甚至走弯路的过程。为了减少其模糊性，防止过多地走弯路，就必须经常性地开展政策评价，从而不断地明确政策努力的方向。

二、建设教育强国政策评价中存在的问题

正如上文所述，对建设教育强国政策的评价属于新生事物，很多方面的评价还处于探索阶段，因而同评价其他领域的教育政策相比，我们目前在评价教育强国建设的政策过程中面临的困难也比突出。

（一）评价主体不明确，评价队伍建设乏力

在我国，对政策进行评价工作的时间并不长。早期对教育政策的评价只是少数学者的个人研究兴趣而做的一些尝试，还谈不上做深入系统的研究。政府部门成立的政策研究机构①虽然开展了大量的政策研究，但其工作重点在于发挥智囊团作用，而对于政策的评估则并非其工作重点。20世纪80年代兴起的

---

① 早期设立官方政策研究机构的始于中共中央政策研究室（据说这个机构的前身来自1941年延安时期的政策研究室），该研究室成立于1981年，原称中共中央书记处研究室，于1987年后被撤销。改为中央政治体制改革研究室，1989年，与中共中央农村政策研究室合并为中央政策研究室。大约在这个时期，地方各级党委也相应设立政策研究室。

教育评估对于教育政策评价的研究工作起到了巨大的推动作用，到了 2000 年前后，一批学者尝试着用教育评价的理论和手段来对教育政策开展评价。这说明对教育政策评价的理论研究与实践在我国的历史比较短，还没有形成比较完整的从事政策研究和评价的专家队伍（教育部官方有相应的专家库，但并没有对这些评价队伍进行有计划的建设），民间组织的评价队伍更是"无组织""无纪律"。总之，我国的教育强国政策评价与研究的主体还不明确，无论是官方组织还是民间组织，都还存在着队伍建设力度不够等问题。

（二）评价手段急需现代化、信息化

现行的评估专家队伍中，整体年龄偏大，绝大多数在 50 岁以上，因而在使用最新评价理论和手段上难以接受，开展实际调研的精力不足（热情也不够），这就使得我们在对教育强国政策进行评价时，大多数人还比较习惯于传统的定性描述，而不习惯于定量研究和案例研究，实证研究的能力和精力也不够。我们认为，在对教育强国政策开展评价的过程中，必须要善于运用现代化和信息化手段，特别是要开展扎实有效的实地考察，这一点对于政策评价具有特别重要的意义。但是，目前的评价专家和相关人员在这些方面都还比较薄弱。

（三）评价理论研究有待深入

出现上述诸多不足的根本原因就在于我们还没有形成本土的评价理论。我们当今的评价理论几乎是自 20 世纪 80 年代从美国和欧洲国家舶来的，本质上这些评价的理念和价值导向都是西方国家的。我们几乎没有做任何改造和思考的情况下大量运用这些理论，现在看来，这些理论未必能够反映中国社会教育事业发展的实际情况，其背后的评价理念能不能指导我国教育进步等现在都需要我们反思和研究。如果说我们曾经是囫囵吞枣地使用西方的教育政策评价理论和方法，那么，我们今天就应该要静下心来理性地细嚼慢咽消化这些理论。但实际上，近年来这种食洋不化的情况并未改变，盲目地从一个极端走向另外一个极端。这种状况如果不能及时解决，我们在教育政策评价的理论方面将永无建树，对于建设教育强国政策的评价方面亦是如此。

（四）评价工作特色不足

通过上文的分析，我们不难发现，对于教育政策的研究和评价工作如果从是否具有我国特色的角度来看，我们还是处于刚刚起步阶段。无论是理论创新

还是方法和手段创新，我们都还不具备特色所需要的构成要件，因此，关于建设教育强国政策评价工作特色不足的现象也就不足为奇了。也有一些文献和媒体上的宣传说我们现在的评价特别是对高等教育的评价已经具有了中国特色了，例如"五位一体"的评价已经得到了部分国家教育评价界的认可。我们认为，这样的说法不够严谨和客观，因为这"五位"只不过是一个数字的加法而已，而其中的"每一位"背后的理论和方法均不是中国人创造，我们只不过是做了五种评价方式的组合而已。因此，我们依然坚持认为我国教育政策评价工作特色不足，建设教育强国的政策评价亦是如此。

三、进一步完善教育强国政策评价的举措

开展对建设教育强国政策评价的目的是为了加快实现教育强国的步伐，上述评价自身中存在的诸多问题首先需要从自身寻找解决的对策，但同时外界的支持也是必不可少的。在建设教育强国的道路上，我们希望看到的是相关政策的评价主体能够实现评价主体与社会各方面积极开展内外合作，提高评价质量、体现中国特色。

（一）加强对评价目标的评价

上文已经指出，评价目标的确定是评价工作中重之又重的工作，如果没有了评价目标，那么一切评价工作都将无法开展。可见，我们要科学地评价建设教育强国政策首先必须设计好评价的目标，即开展评价目标的评价。这在表5-1和表5-2中已经做了非常直观和细致的分析，这里不再赘述。

（二）不断创新评价的理论和手段

评价理论和手段的创新并非一蹴而就，需要我们长期的实践和思考。依据马克思主义的辩证唯物主义认识论，要在理论上有所建树和创新，首先必须开展大量的实践。这一点对于国内的学者来说尤为重要。我们的传统文化中有"坐而论道"的传统，不太注重田野式调研，因而所提出的理论往往过于抽象或脱离实践。为了能够在教育政策评价的理论和手段上有所创新，我们的相关学者和评价工作者必须要不怕艰苦、下定决心走到建设教育强国政策实施的第一线、最基层做无数的调查研究。要有当年恩格斯为了写《英国工人阶级状况》一书冒着生命危险深入工人中间去的忘我精神。

（三）建设一批相对稳定的评价机构

评价工作是否成熟与是否建立一支评价队伍和是否建设成一批相应的评价机构有着很大的关系，所谓"皮之不存、毛将焉附"就是这个道理。没有队伍和机构，评价工作就不可能持续和稳固。我们在开展对建设教育强国政策评价的时候也面临着同样的问题，希望能够通过民间和政府的共同协作，建立一支稳固的评价队伍，建设一批评价机构（以民营方式为主，官方机构多进行督导）。

（四）密切评价机构与政策机构之间的关系

加强对建设教育强国政策评价的目的还是为政府的相关决策和政策法律法规的制定提供可靠的信息和建议，所以，该项评价工作一开始就与政策机构之间形成了天然的血缘关系。我们认为，政策机构应该主动为评价主体命题作文、加强对评价机构的督导，保证评价机构的运行规范、客观、公正，并保持对不能完成评价任务的机构和个体追责的权力。对于评价机构来说要主动请缨，积极为政策机构出谋划策，发挥评价机构的参谋和智囊作用。

小　结

我们要长期树立这样一种观念：西方发达国家所经历的教育发展过程并非就是建设教育强国的成功范例，也不是建设教育强国的唯一选择和必然路径。中国在建设教育强国的过程中没有必要把西方的建设道路再走一遍，而是要突破窠臼、另辟蹊径。在我国，高等教育（高等学校管理体制）与科学研究（中科院、工程院、社科院等）两大体制并存不悖，导致国家创新能力被稀释。这种体制的长期存在无疑削弱了教育领域的研究力量，制约着教育特别是高等教育的研究水平；高等学校与科研领域中的人才恶性流动更加剧了创新能力的薄弱化、人才外流的现象愈演愈烈无疑使我们建设教育强国的工作雪上加霜。为此，中央政府要采取强有力的举措，构建教育强国建设政策规划体系及其实施体系，限时分责督促相关部门认真完成这些任务。

第五章　增强中华民族创新创造活力的政策研究

客观地说，"增强中华民族创新创造活力"的任务并非教育部门可以独立完成的任务，因此，相应的政策研究也不能局限于教育领域。但我们在这里研究这个政策主要是基于教育的视角，试图通过学校教育的努力提高中华民族的创新创造活力。

第一节　增强中华民族创新创造活力的政策规划

中华民族有着悠久而又灿烂的历史和文化，也是富有创新创造活力的民族，在人类文明进步中作出了极大的贡献。人类社会发展到今天，再次对提高创新创造活力提出了更高和更新的要求。为此，我们希望通过制定相关政策和学校教育来完成历史赋予我们的天职。

一、提高中华民族创新创造活力政策规划的内容

创新创造的本质是突破现状、跳出窠臼、超越现实、打破传统，这就需要培养每个人乃至一个民族必须具有怀疑精神和批判精神。这是我们做好相关政策规划和政策研制的基本理念和思路。

（一）营造创新文化氛围的政策规划

纵观五千年的中华民族历史，我们时常在创新创造和保守之间摇摆：通常情况下在一个新的王朝建立初期到鼎盛时期，社会文化氛围中更多地体现出来的是创新创造，而当这个王朝开始走向衰落的时候，社会氛围中看到更多的是保守、腐败。清王朝的灭亡至今才一百多年，它所产生的保守、衰败等负面影响还没有完全从广大国民的内心深处消除。为此，我们必须借助中华民族伟大复兴的战略契机，不断营造积极的创新创造的文化氛围。作为相关政策规划部门应该多从这个视角下工夫，抓住民族复兴的战略机遇，规划好创新创造的政

策氛围，尽快赶走留在广大民众心目中残存的少许的保守、消极的阴霾。

我们还应该看到，创新创造并不意味着彻底否定传统，而是基于传统的突破和超越。近代以来，我们在新文化运动和"文化大革命"期间对于中国传统文化的否定都走了极端，对于我国创新创造教育产生了很多负面影响。由于失去了中华文化的传统，我们学校教育所传播的创新创造只能是西方化的那些东西，没有中国元素和特色。如果继续这样走下去的话，我们只能永远望西方之项背、拾人牙慧，被他人牵着鼻子。

（二）加强"三基"政策建设规划

创新创造离不开基础，创新创造的素质来自于基础素养的培养，创新创造教育必须要有良好的基础教育来支撑，失去了基础教育的高校创新创造教育实际上是非常缺乏可持续基础的。目前，国家在高等学校里大力提倡创新创业教育，其实这是在补基础教育中的创新创造课，就像20世纪八九十年代在大学里开设大学语文课程是在补基础教育中语文教育的不足那样，两者是同样的道理。因为"基础"教育的主要目的是培养学生的基础知识、基本能力和基本素养，而这些正是创新创造所必需的，没有了这些基础大学生的创新创造从何而来？

在基础教育中，我们还要重视对继续教育的投入，因为继续教育是可以将知识转化为生产力最快捷的最有效的教育手段，如果在体制上做好这一点，继续教育是可以在国家的创新创造中发挥特别重要的作用。此外，在高等学校里对大学生加强"基础"科研的训练，并在"基础"信息设施上奠定坚实基础，无疑也会提高国家整体的创新创造能力。相关政策规划部门、研制部门和实施部门都应该关注这个方面的政策设计。

（三）合理规划拔尖人才培养的政策

严格地说，拔尖人才不是仅仅依靠学校教育就能培养得出来的，更不是大学阶段短短4年所能够实现的目标。拔尖人才是需要教育和社会充分融合和支持才能产生出来的，对于个体来说需要长期的教育积累和人生教育积累和感悟。我们做出这样的判断并不意味着否定学校教育在拔尖人才培养中的重要性，相反我们还必须更多地利用学校教育的优势来为拔尖人才成长打下坚实的基础。从学校教育的角度来看，拔尖人才培养要从中小学抓起直至博士生教育，是一个不断提升的教育阶段，期间还需要为这些优秀的学生提供尽可能多的实践。而所有这些都要有相应的政策和法律法规做支撑。

（四）加强对创新企业支持的政策规划

创新理论认为，企业是创新的发动机。而高等学校和科研机构的创新创造的成果大多数最终都流向了企业（即知识转化为生产力），这就需要调动企业的创新创造积极性，充分规划和设计相应的市场政策，否则企业不愿意接受转化，那么我们的创新创造的成果只能被束之高阁或者在境外被转化，如果这样的话结果就更加可怕。因此，一方面，我们要鼓励举办更多的创新型企业；另一方面，在加强对创新型企业政策支持方面，相关部门要特别重视对知识产权的申请与管理制度方面的系列政策及法律法规建设。

（五）国际交流与合作

闭关锁国是难以实现创新的，尤其是人类社会发展到今天这样的信息化地球村的生存状态，闭关锁国不仅不能实现创新创造，而且也意味着自寻绝路。中国近代史和中华人民共和国成立后的"文化大革命"都反复证明了这个论断。创新创造的本质是智慧活动，而新的智慧是必须通过不同文化背景的主体间智慧的碰撞才能产生，这是心理学的基本原理也是人类文明发展的历史经验的总结。为了提高中华民族创新创造的能力和热情，我们不仅要借国际化的大势，更要在相关政策规划和制定的过程中进一步推动国际交流与合作。

二、提高中华民族创新创造活力政策规划中面临的问题

对提高中华民族创新创造活力进行政策规划是一个新事物，这项工作的本身就需要创新创造和探索，这就在很大程度上体现出这项工作的难度和复杂，因而在这项工作的推进过程中出现一些不足也在所难免。

（一）关于创新创造政策规划的理论研究不够深入

创新创造是一项学术性、专业性很强的工作，它的基础工作是可以通过教育来完成，但是要最终实现"提高中华民族创新创造活力"这个目标，还需要社会各方面的支持和配合。实际上，一个人创新创造活力的提升是在学校教育结束以后逐步获得的，对于一个民族和国家来说亦是如此。这就需要对创新创造等相关问题开展系统且深入的研究，从而积累丰富而科学的理论基础。西方国家在这个方面已经取得了不少成果，国内也有不少学者长期潜心于这方面的研究，这些成果及相应的工作为我们开展相关政策的规划提供了良好的理论基础，我们希望能够在这个基础上发展出更多的政策理论。

（二）知识产权保护政策的规划还需进一步完善

中国人的知识产权及其保护意识总体上看并不强，目前国内的相关法律和政策主要还是对来自西方舶来品的改造或者本土化的结果。国家知识产权局网站（http：//www.cnipa.gov.cn/）显示，直到 1985 年我国才发布《国家知识产权局统计年报》，这在很大程度上反映出我国对于知识产权及其保护工作的认识水平和政策管理状况。而西方国家在知识产权的研究和保护方面则遥遥领先于我们①，其政府和国民的知识产权保护意识更加强烈，无疑为西方科学技术的快速稳定地发展提供了有效的制度保障。进入 21 世纪以来，国内知识产权申请数量极速增长，2019 年仅专利申请量就达到了 1400661 件（见表 5-1）。面对如此巨大的申请量，必然需要有合适的政策的支持，这就需要相关政策部门必须做好规划的完善工作，从而促进知识产权保护。否则，如果部门间的政策之间发生冲突，则必然会制约我国知识产权事业的进步。

表 5-1　　　　　　**2019 年我国申请国内外专利申请统计表②**

2019 年 1—12 月　　　　　　　　　　　单位：件

按国内外分组		发明		实用新型		外观设计	
		申请量	构成	申请量	构成	申请量	构成
合计	小计	1400661	100.0%	2268190	100.0%	711617	100.0%
	职务	1290264	92.1%	1892308	83.4%	418862	58.9%
	非职务	110397	7.9%	375882	16.6%	292755	41.1%

① 国际知识产权组织（https：//www.wipo.int/about-wipo/en/）在国际知识产权方面发挥着非常重要的作用，在此之前，西方国家已经建立了组多组织并签订了一系列国际协议。国家知识产权组织在其主页上这样介绍其组织的功能及简要历史：What is WIPO? WIPO is the global forum for intellectual property（IP）services，policy，information and cooperation. We are a self-funding agency of the United Nations，with 193 member states. Our mission is to lead the development of a balanced and effective international IP system that enables innovation and creativity for the benefit of all. Our mandate，governing bodies and procedures are set out in the WIPO Convention，which established WIPO in 1967.

② 本表来自国家知识产权局官网：http：//www.cnipa.gov.cn/docs/2020-02/20200211154926912363.pdf.

按国内外分组		发明		实用新型		外观设计	
		申请量	构成	申请量	构成	申请量	构成
国内	小计	1243568	100/88.8	2259765	100/99.6	691771	100/97.2
	职务	1136072	91.4%	1884452	83.4%	400106	57.8%
	非职务	107469	8.6%	375313	16.6%	291665	42.2%
国外	小计	157093	100/11.2	8425	100/0.4	19846	100/2.8
	职务	154192	98.2%	7856	93.2%	18756	94.5%
	非职务	2901	1.8%	569	6.8%	1090	5.5%

注：1. 本报表中，因小数取舍而产生的误差均未作配平处理。

2. 2019 年 12 月我司对专利申请量进行核算，本报表中三种专利申请量为核算后数据。

（三）相关政策工具的规划思路不够明确

创新创造活力的激发需要社会各界多部门的支持和帮助，而众多部门所掌握的资源和能够支持的方式千差万别。这就意味着，这些部门在激发创新创造活力的政策支持的时候所采取的政策工具也会随之呈现出丰富多彩的局面。这就需要中央政府的政策规划部门要对这些政策工具做好规划工作，以便使得众多部门政策工具能够发挥集聚效力，更加有效地提高中华民族创新创造的活力。但是，目前还没有能够形成有效规划这些政策工具的十分清晰的思路，这无疑会影响相关政策的实施效果。

（四）相关政策规划的视野不够开阔

对于任何一类政策规划工作来说，其规划的视野是否开阔必然会决定着其后续相关政策研制的质量和实施效果，激发创新创造活力的政策规划亦是如此。进入 21 世纪以来特别是党的十八大以来，我国各级政府十分注重创新创造工作，也制定了不少相关的文件，但也许是创新创造活力激发自身内涵比较模糊，导致我们的政策规划部门至今仍然未能有非常清晰的规划思路。规划视野不够开阔是这种模糊性的集中体现，各自部门往往囿于各自的利益关切而忽视了其他部门的作用，这必然会限制他们的政策规划视野。

三、提高中华民族创新创造活力政策规划的举措

创新创造是当今世界各国的立国之本，也是衡量一个民族和国家竞争力的标准。激发中华民族创新创造活力不仅仅是人才培养的教育工作，也是营造社会氛围进而提高全民族创新创造意识的过程。为此，相关政策规划部门应该拓展自己的视野，使得政策规划更加科学、合理。

（一）加强相关政策规划的中国化理论研究

通过 CNKI 检索发现，没有发现国内外关于"政策规划理论"的研究成果，通过百度检索结果亦是如此。目前能够看到的"规划理论"主要集中在两个方面："城市规划理论"和"职业生涯规划理论"。这说明，虽然"政策规划"这项工作无论是作为概念还是作为一项工作已经在进行着，但是，到目前为止仍然未能形成一种理论，政策规划理论的研究和建立仍然是一个空白，值得理论界和实务界共同关注。我们希望在这个领域能够领先占领学术桥头，进而引领世界各国学术界的关注和深入研究。因为，民族的就是国际的，建立起中国的政策规划理论也就是开启了政策规划理论国际化的重要进程。

（二）提高相关政策规划的针对性

激发创新创造活力的政策需要众多部门和社会各界的大力支持，这就必然会导致前文所述的部门和各界的协同配合的问题。也就是说，这些部门和各界能否协调一致将决定着创新创造活力能否得到有效激发。为此，相关政策规划部门必须将重点放在如何协调各部门和社会各界之间的协调机制的建设方面。这就是我们所说的规划的针对性或者工作重心。就目前的相关政策运行情况来看，相关政策规划部门在这个重心方面关注得不够，进而导致相关政策在实施过程中遇到不少阻力，影响了政策的实施效果。其主要原因就是部门和社会各界之间的协作机制没有很好地建立，而现有的机制不够完善，难以形成政策合力。

（三）依法规划更为完善的知识产权保护政策

目前，国内在知识产权保护方面的法律法规文本（包括相关的国际法文件）数量十分庞大，为我国知识产权的发展和保护发挥了非常重要的积极的促进作用。但是，我们也应该看到，囿于法律自身的一些特点和局限，仅仅依

靠法律法规本身并不能解决知识产权发展过程中的所有困难，这就需要国家相关部门在现有法律法规的基础上适时适当规划相关的政策，从而弥补法律法规的不足，促进我国知识产权更加健康地发展。

第二节 增强中华民族创新创造活力的政策研制

我国目前的人口总数位居世界第一，如何将我国的人口的数量优势转化为人力资源优势，实现人口强国是 21 世纪以来，党和国家一直在思考的问题。现在看来，实现这个优势转变的有效途径就是充分激发全国人民的创新创造活力，提高国家的综合创新能力。

一、提高我国创新创造活力政策研制的内容

一个民族的创新创造活力的激发并非简单的宣传和口号就能实现得了的，必须有一系列相关政策的支持方可完成。作为政策研制部门，应该围绕创新创造的核心工作，分门别类地研制具有针对性的政策。

（一）重点关注培养创新人才的学校教育政策

无论是民族还是国家，要提高创新创造活力最直接最有效的手段必然是教育，但是教育自身并不天然地就能够培养创新创造人才（也有可能培养出保守落后的庸人，如长期困扰我国教育的"高分低能"现象）。若要使得我们的各级各类学校都能围绕激发创新创造活力这个核心任务开展教育工作，必须研制出可以促进并激发具有创新精神学校教育的系列政策。创新创造活力的提高主要表现为四个方面：创新创造意识、创新创造知识、创新创造品质和创新创造能力。显然，在这四个方面的形成过程中，学校教育可以发挥其他部门所不具备的特殊作用。相关政策研制部门应该围绕这四个方面制定相应的政策特别是激励政策。

（二）调动企业在创新创造活力方面作用的政策研制

按照当今最著名的美籍奥地利政治经济学家约瑟夫·熊彼特（Joseph Alois Schumpeter）对创新概念的理解，创新就是建立一种新的生产函数，是把一种从来没有过的关于生产要素和生产条件的"新组合"引入生产体系。因此，企业家的本质是创新、企业家是推动经济发展的主体、创新的主动力来自

于企业家精神、成功的创新取决于企业家的素质。可见，企业在当今社会发展中的创新创造作用至关重要，发挥企业在创新创造中的作用毋庸置疑。作为相关政策研制部门必须为此提供足够的政策资源、营造宽松且能让企业获取更多自主权的政策氛围，帮助企业更好地完成创新创造的任务，构建新型的政企关系，在这个过程中提高政企各自的治理能力。

（三）提高政府部门治理能力的政策研制

创新创造活力的激发不仅需要政府出台一系列相关政策，同时，还需要政府的直接的特殊支持（如专项支持等），这就要十分考验政府的智慧和胜任力，本质上看，就是政府是否具有中央提出的现代化的治理能力。为了提高政府自身的现代化治理能力，必须为此研制相应的政策，确保政府的治理能力不仅得到提高而且要付诸实践。这样的政策既需要本级政府研制这样的政策（这是这一类政策的主体），更需要上级政府部门研制相关政策，从而提高这些政策的权威性。

（四）充分发挥社会组织作用的政策研制

创新创造是一个民族和国家的共同任务，特别是当我们已经迈进创新经济和信息化社会以后，创新创造的重要性就显得尤为重要。在这种情况下，政府必须调动整个社会的力量来提高全民族的创新创造能力。所以，除了上述的企业和教育、政府等部门之外，另一个值得我们关注的主体就是社会各种组织。它们是一个社会得以稳定的基本要素，如果能够正确引导和利用，会极大地促进国家各方面的进步。对于创新创造活了的激发，我们也不能忽视这个主体的作用，而是要研制各种政策加以规范和约束，充分使它们参与到创新创造活动中来。

（五）争取广泛的国际组织支持的政策研制

创新创造不仅需要国内力量的协作与配合，同样需要通过不断开展国际合作与交流，同世界各国和国际组织开展协作与配合，共同开展创新创造，为构建人类命运共同体创造更多的财富，让整个人类社会共同分享这些创新创造所产生的财富。有鉴于此，相关政策研制部门需要不断加强对如何开展国际合作与交流方面的政策研制，促进国内各相关主体与国家和国际组织之间的紧密联系。

（六）推动现代智能技术不断升级的政策研制

现代智能技术既是我们人类社会发展到今天这个阶段创新创造活动的成果，同时也是我们今后开展创新创造活动的最为重要的手段和推动力量，而且这种力量对我们当今社会所产生的影响将是革命性的和颠覆性的。然而，令人遗憾的是现在还有相当多的人并没有意识到现代智能技术对未来社会的影响，不少人误以为现代智能技术只不过是一种工具而已。作为政府的创新创造政策研制部门如果还停留在这样的认识水平，那将是一件十分可怕的事情。为此，我们希望相关政策研制部门紧急行动起来，只争朝夕地研制相关政策，正确把握和引导许多智能技术的正确发展方向（见图5-1）。

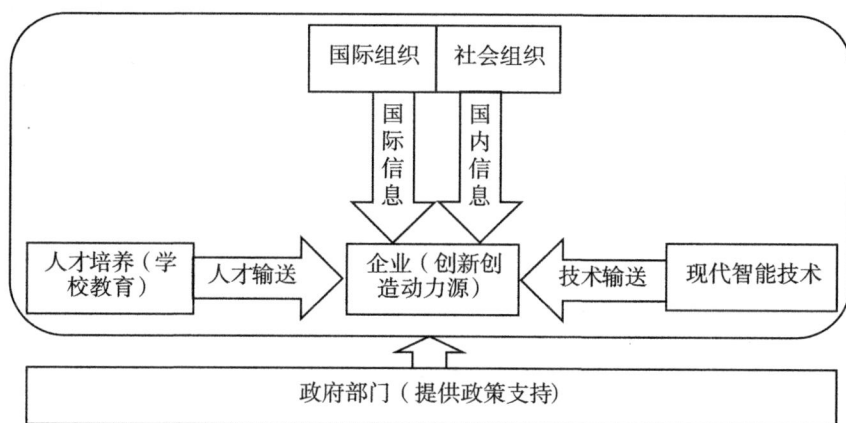

图 5-1 政策研制部门与创新创造部门的政策关系

二、提高我国创新创造活力政策研制中面临的困境

创新创造政策的研制本身就是一项创新性工作，因而在政策研制过程中出现困难和问题在所难免，对此，政策研制部门应该有充分的思想准备。也就是说，只要我们本着创新的精神，即便在政策研制过程中出现一些失误或者瑕疵，广大人民群众也是能够理解并将会继续予以支持。因此，相关政策部门应该放下思想包袱、大胆创新。

（一）激发创新创造活力的政策目标聚焦不足

创新创造是一项设计诸多方面的系统工程，为了推进这项工作的顺利进行，不能简单地采用"撒胡椒面"的方式设计政策（这样的政策可以有，但是不能完全指望这样的政策会实际发挥作用），而是要对创新创造进行周密研究的基础上形成一系列焦点。然而，从现行的相关政策来看，这项工作努力得还不够，对于创新创造活力激发中的焦点问题还没有做细致的梳理和归纳，因而，工作的重点不够突出，相应地必然会出现一些盲目的现象。

（二）创新创造教育政策在实施过程中流于形式的现象比较严重

20世纪80年代，创新创造教育就已经得到不少高等学校的关注。武汉大学1984年就在《人民日报》刊文首倡"尊重学生志趣、鼓励学生冒尖"的本科教育教学改革的战略思路，率先在全国推行学分制、插班生制、转专业制和弹性学制，允许学生转系、转专业和提前毕业，成为当时中国高等教育改革的新潮流。在2000年合校之初又提出创新、创造、创业的"三创"教育理念，注重发挥研究型大学的科研实力，大力培养学生的创新精神和实践能力。但是，像武汉大学这样能够实实在在开展创新创造教育的高等学校并不多见，即便进入21世纪以来，不少高校仍然将创新创造教育视为一种装饰性的工作，真正在学校的人才培养工作中加以落实的并不多见。有的学校甚至不知道怎么样将国家制定的相关政策加以落实，以至于使得创新创造教育流于形式。

（三）知识产权保护政策还存在着不少空白

前文已经提到，我国的知识产权保护工作虽然起步较晚，但是相关的法律法规文本还是比较多的，特别是由于我们国家加入了很多相关的国际组织以后，知识产权保护的国际法文本数量快速增加。但是，我们也还存在着政策文本不足的现象，这在一定程度上抑制了知识产权法律法规实施的效果。政策的弹性决定着政策有时候比法律在实施过程中具有更多的灵活性和实操性。因此，政策特别是政策工具有时候可以弥补法律法规的不足，提高国家意志执行的效率。效果政策部门还需要加强空白政策的研制。

（四）鼓励社会组织参与创新创造的政策不足

社会组织的广泛参与是创新创造活力得以激发的社会基础，也是营造社会氛围的基本保证。因此，相关政策研制部门应该制定相应的激励政策，鼓励社会组织积极参与到创新创造活动中来，同时也可以通过这些组织提供创新创造所必需的丰富资源和多种支持。此外，我们还可以依靠多种社会组织对创新创造政策实施的效果以及存在的不足开展评估，以提高相关政策的实施效果。然而，在创新创造方面我们对社会组织的作用认识还不够重视，已有的政策多半是号召性的，难以落到实地，因而也就失去了政策的意义。

（五）利用国际组织的政策研制工作薄弱

国际组织在提高各国的国际地位方面能够发挥特别重要的作用，创新创造本身也需要拓宽视野和加强国际合作，这就更加凸显国际组织的地位。改革开放以来特别是进入 21 世纪以来，我国政府对于开展国际交流与合作等方面工作的重视程度日益加强，中国积极开展国际活动，签署了一系列条约和协议，中国在国际组织中的地位日益凸显，相应地，中国在国际上的地位也在逐步提高。但是，我们在如何充分利用国际组织来促进我国创新创造活力方面的政策还是十分薄弱的，即便是在教育领域（例如高等学校的相关政策），目前所使用的政策资源也谈不上丰富和灵活（大多还是仅限于最为平常的交流，形式单一、深度不够），难以适应高等学校在人才培养过程中的国际化需要。

三、提高我国创新创造活力政策的研制路径

当今世界，几乎所有的国家都意识到了创新创造活力的提高在社会发展中的重要作用，但是意识到这个工作的重要性和是否能够通过政策实施这项工作是两个不同的概念。很多国家限于自身诸多条件的限制面对汹涌而来的创新创造的潮流表现得束手无策、毫无作为。而中国却准确地把握住了这个机遇，正在通过制定多种政策提高创新创造的能力和质量。

（一）相关政策部门要加强协作统筹政策的制定

前文多次强调创新创造是一个涉及众多部门的工作，因此在研制相关政策的过程中也必须要发挥众多部门的积极性，这就需要有一个更高层次的具有较高权威的政策部门进行统筹，从而协调全国与创新创造政策相关的各部门开展政策研制，避免出现政策之间的冲突。现在面临的棘手问题就是难以设置这样具有统筹能力的政策研制部门，虽然各级相关政策部门已经制定了一系列促进创新创造的政策，但因为未能形成有效的政策合力，实施效果不甚理想。当务之急是国家要着手组建这样的机构或者指定国务院某个机构（例如，国务院

研究室）出面统筹和协调这个领域政策的研制，进而形成强大的政策合力，激发全国各行各业的创新创造活力。

（二）强化创新创造的基础教育意识

创新创造能力的获得和提高是一个长期积淀的过程，其中，创新创造的意识培养最为重要。从发展心理学和认知心理学的角度来看，个人意识的形成年纪越小越容易巩固。因此，对于人的创新创造意识的培养应该从小抓起。就学校教育的阶段来看，应该从学前教育抓起，让人们从小知道创新创造的意义和基本方法。在整体的创新创造教育体系中，基础教育尤为重要，为此，必须配置足够的政策资源予以保障和支持。当下的基础教育仍然未能走出"应试教育"的泥潭反而有越陷越深的趋势，这与培养合格的中国公民的目标背道而驰，更谈不上创新创造意识和能力的培养。从培养高素质的创新创造人才培养的角度来看，基础教育如果放弃了对孩子们的创新创造意识培养的机会，后面的教育就非常难以弥补，甚至根本就不可能培养出创新创造人才。

（三）精准发现有创新创造潜力的企业

如果我们要问现在的企业中哪些企业最具有创新潜质，可能很多人难以回答，但可怕的是有些人却对此不屑一顾，而更为可怕的是相关政策研制部门中也有极少数的人也持同样的态度，这就非常危险了。客观地说，我国各相关政策研制部门在激发企业创新创造活力方面投入了大量的政策资源，促进了许多企业创新创造的活力。接下来，我们希望这些政策部门能够慧眼识珠，尽早精准发现有创新创造潜力的企业，并采用"一企一策"的方式提供政策支持，研制最为精准的政策工具，帮助这些企业尽早地把这些潜力释放出来。

（四）充分发挥高等学校创新创造的积极性

高等学校是创新创造活动转变为现实生产力的一支重要的生力军，在国家创新创造体系中扮演着举足轻重的角色。如何通过政策激发高等学校创新创造活力就成为相关政策研制部门必须关注的重点。但是，正如前文所述，我国高等学校在创新创造教育的实施过程中，并未真正理解创新创造教育的实质，注重形式而忽视实际效果，限于不太合理的校内政策，大学生和教师的创新创造活力并没有得到真正激发。例如，中央和国务院三令五申强调要反"五唯"（唯论文、唯帽子、唯职称、唯学历、唯奖项），但实际上高等学校并未能就此真正落实，或者变相实施，或者继续实施，或者强化实施。这就需要相关部门出台强有力政策和相关的监督检查政策工具，发现一起整顿一起，并对相关责任人进行严肃追责。

（五）细化深化国际合作政策

众所周知，改革开放特别是进入 21 世纪以来，由于经济全球化和教育国际化的大潮所驱使，国家对于各行各业开展国际化合作与交流十分重视，但是所制定的政策重点仍然是经济。今后政策的研制重点要逐步调整到对文化教育政策的研制，其中最为重要的是要围绕创新创造这个核心研制系统化的政策，从而在文本上可以更好地支持现行的法律法规，把法律法规和政策的力量整合起来，形成强大的政策合力，更好地服务于创新创造活力的激发。

（六）激发社会组织创新创造的热情

在创新创造活力激发过程中，社会组织的主要作用在于形成氛围和产生文化支持，这些工作看上去是无形的，但是一旦形成这样的氛围和支持力量则会对整个国家的创新创造工作形成强有力的支持。社会组织特别是一些知名的学会和行业协会类的组织能够在一个国家的社会生活中产生很大的影响，这些组织集聚着一大批优秀的学者和知名人士，他们本身就是创新创造人才。发挥这些人士和组织的积极性无疑会促进国家创新创造的有序发展。因此，相关政策部门在政策研制的过程中不能忽视这批组织及其人员的作用，而是要争取多方面的政策工具，赋予这些组织和个人充分的创新创造权利，充分发挥他们在创新创造过程中的作用。目前，在这方面的政策还是有很大的拓展空间，这就意味着我们国家的创新创造活力的激发也存在着巨大的空间。

第三节　增强中华民族创新创造活力政策的实施

中华民族是一个富有智慧的民族，在人类社会发展的历史上提供了许多创新创造的产品。进入 21 世纪以来，中国的创新创造活力正在被激发出来。因此，我们有理由相信，只要我们能够研制合适的政策并努力加以实施，中华民族的伟大复兴定会在不久的未来就可以实现。

一、增强中华民族创新创造活力政策的实施内容

对于相关政策部门来说，促进创新创造工作的最好的途径就是将政策不走样地实施下去，保证政策的初衷与实施效果能够基本吻合。这就需要政策实施部门能够真正把握政策的本质，并通过研制相应的政策工具加以支撑。

（一）　正确理解创新创造的本质和规律

创新创造政策的实施的前提是如何正确理解创新创造的内涵及其规律，这既是相关政策研制的过程中要考虑的，更是政策在实施过程中要准确把握的，否则在实施的过程中就会走样和变形，特别是在基层组织的实施过程中，这种走样和变形的情况就会时常发生。创新创造的本质是创新，只有具有了创新意识和创新能力，才有可能开展创造活动。所以，创新创造活动的规律就是创新的规律即自由探索追求真理。作为创新创造政策的实施者必须懂得这些道理并将其付诸政策的实施过程之中，为自由探索和追求真理创造良好的外部环境。

（二）　调动创新创造主体的积极性

创新创造的主体具有多样性，从理论上说，每个智力正常的人都可以开展创新创造活动，他们都是创新创造的主体。但为了能够使得创新创造政策能够精准地得到实施，我们这里对创新创造主体做了一定的限制，即企业、高等学校、科研机构和社会组织这四个方面的主体。作为政策实施部门要特别关注政策实施在这四个主体上是否起到了积极的促进作用，能否将他们的创新创造热情和动机激发出来。如果发现异常现象应该及时采取措施（例如，实施有效的政策工具）加以解决、尽可能在原有的政策框架内妥善处理好，并及时采集相关信息以便为下一轮的政策调整提供依据。

（三）　大力加强相关政策的宣传和解释工作

上文说到的这四个主体是国家创新创造任务的主要承担着，实际上还有众多的主体并没有纳入我们的分析范围，但这并不意味着我们要放弃对他们的关注。那么如何调动四个主体之外众多群体的创新创造积极性呢？这就需要对现行的相关政策开展多方面的宣传和解释，让普通民众了解创新创造活动的价值和意义，让他们加入整个国家的创新创造洪流中来。正所谓"大众创业，万

众创新"①。如果能够达到李克强总理所期望的能够"激发民族的创业精神和创新基因"，那么中国的国力将会急剧提升。

（四）依据政策的需要研制丰富多彩的政策工具

通常情况下一项政策的实施都会需要一种或者多种政策工具的配合和支持，使得政策及其工具发挥合力，达到实施效果的最优状态。创新创造活动是一项复杂的系统工程，涉及众多主体和大量的政策衔接环节，因而出现政策实施效果不理想的状况也在所难免。作为政策实施部门应该尽可能通过使用合理有效的类型多样的政策工具来提高政策的实施效果，充分激发创新创造政策自身的内在动力和能量。

（五）建立政策实施定期会诊疏通机制

为了避免创新创造政策在实施过程中出现"肠梗阻"的现象，有必要建立一种打通"肠梗阻"的定期会诊疏通机制，即了解出现政策不通畅的环节和根源，研究解决这些不畅通的举措。政策的定期会诊疏通机制在创新创造政策领域目前尚未建成（实际上大多数政策领域目前都还未有这样的机制），这本身就值得政策研制部门和实施部门去关注和研究，适当的时候也可以邀请管理学等学科的专家共同参与研究，一旦研制成功便可以延伸到其他政策领域加以运用。因而这是一件非常有价值的工作，也是对政策实施体制的创新。

二、增强中华民族创新创造活力政策在实施中存在的问题

创新创造过程本身就是一个开拓性的工作，必然会碰到许多前所未有的难题，面临各种挑战。为此活动提供支持的相关政策在实施过程中也同样会面临着形形色色的困难，因而出现问题也就具有一定的必然性。

（一）创新创造政策在实施中风险意识不强

创新创造活动是一个具有极大不确定性的活动，既有成功的希望也有失败

---

① "大众创业、万众创新"出自 2014 年 9 月夏季达沃斯论坛上李克强总理的讲话，李克强提出，要在 960 万平方公里土地上掀起"大众创业""草根创业"的新浪潮，形成"万众创新""人人创新"的新势态。此后，他在首届世界互联网大会、国务院常务会议和 2015 年《政府工作报告》等场合中频频阐释这一关键词。每到一地考察，他都要与当地年轻的"创客"会面。他希望激发民族的创业精神和创新基因。

的可能。作为创新主体（例如，创新型企业）在进行创新创造活动中或者对具有潜在创新产品进行投入时总是具有极大的不确定性，这就是风险。现行的创新创造政策在实施的过程中，几乎很少考虑到创新的风险性，即创新主体一旦创新失败后，国家并没有提供弥补这个风险所带来的损失的政策。这就使得创新主体的创新积极性受到严重制约，他们中的大多数会因为有些创新活动的风险太大而不敢开展投资和研发，容易错失很多可能成功的创新机会。

（二）风险防范机制不健全

在创新创造政策实施的过程中，除了在政策设计上缺乏一定的风险意识之外，随之而相关的就是防范机制不健全。政策实施者因为缺乏风险防范意识必然也就不会去主动思考如何建立相应的风险防范机制了。也就是说一旦发生重大的风险危机，很多部门就会惊慌失措，应对得毫无章法，其结果是企业遭受重大损失，政府的威信扫地，国家的经济发展严重受挫，国民的创新创造热情受到致命地打击。

（三）相关政策的风险应对能力不强

政策的研制和实施体现的是政策实施主体的管理能力（或者说胜任力）和对抗风险的应对能力，一项良好的政策往往也会表现出政策实施主体的坚强管理能力和强大抗风险能力。创新创造本身就具有很多风险，而规范和指导创新创造活动实施的政策如果不具备抵御风险的强大能力，那么如何能够保障创新创造活动顺利进行呢？而我们目前有关创新创造的政策在实施过程中确实还不具备抵御风险的能力，导致政策实施无疾而终，浪费了大量的政策资源。

（四）容错文化政策还没有真正形成

创新创造能否成功具有很大的不确定性，因此是否能够容忍创新创造失败是激发创新创造活力不可回避的问题。解决这个问题的途径有很多，例如形成容错的文化（但这需要漫长的时间来积淀，而且中国有成者为王败者为寇的传统观念、对于失败者难以给予合理评价和支持），在学校教育和媒体宣传中加强容错教育和宣传等。不过最行之有效且在短时间内产生效果的还是通过政策来规范和约束，建立效果的容错政策势在必行。

（五）容错政策实施机制尚不够健全

这是与上一个问题密切相关的问题，也是上一个问题的自然延伸。由于在创新创造活动中目前还缺乏比较有效的容错政策，故相应的政策实施机制也就自然不存在了。例如，科研项目最后因为各种客观原因而无法完成项目所预期的结果，在我们现在的管理机制中采用了黑名单制度，即该项目的申报人在连续几年内无法再获得申报项目的资格。这就是一种不能容错的简单粗暴的做法。长期下去，必然会影响科研人员的创新创造的积极性。

（六）创新创造奖励政策难以体现实际贡献度

国家十分重视对创新创造工作的奖励，各个领域都设置了一系列的奖励制度和奖项，这种制度建立的初衷是希望鼓励广大科研人员能够全身心地参加创新创造活动，但经过这么多年制度的演化，暴露出来的问题也越来越多。其中比较突出的问题是这些奖励未能真正体现出在这些创新创造活动中真正作出贡献的人的价值，表现为在奖励证书上，真正在创新创造活动中作出突出贡献的人往往榜上无名或者排序靠后，而那些榜上的"状元"往往只是一个虚名并未作出实质性的贡献。排名靠后的人拿到这个奖励以后并未能对其发展产生什么积极作用。例如，学校在教师职务晋升的时候往往只承认排名靠前的几个人，而后面的人员在职务晋升方面则完全不予承认。不知道学校只承认排名靠前几个人的作用的依据何在，难道说排名靠后的人所做的创新创造工作都是毫无价值的吗？如果国人的算计都放在这个方面，那么国家创新创造活力如何激发啊？

三、增强中华民族创新创造活力政策实施的对策

政策实施追求的是实效，因此实施的对策务必切实可行。这就需要政策实施部门充分调动各方面的政策资源，根据政策的主旨施策。创新创造活动的政策比较多，不少政策还是比较原则，甚至是抽象的，实施这些政策更需要创新。

（一）建设创新创造专业性风投银行

目前世界各国大多数设有风投基金（公司）组织，国际上也有不少风投基金（公司）组织。这些基金组织的建立为创新创造保驾护航，对于激发各自国家的创新创造活力确实发挥了十分重要的作用。但是，这些公司在本质上都是营利的，因此风投的目的也是希望从中获取巨额利润的。而这与我们所设想的激发创新创造活力政策的初衷并不一致，也与鼓励创新创造容错理念大相径庭。我们希望国家能够建设一种可以专门用于创新创造风险投资的银行，这

个银行的任务就是为创新创造活动主体提供无息贷款（当然为了降低风险带来的损失，银行在发放贷款时可以按照设计好的程序开展一定的评估），如果创新创造成功就需要偿还银行的贷款，如果不成功则无需偿还，甚至还可以视创新创造活动的实际情况进行一定的奖励（即"奖励失败"①）。这样的贷款政策就不会让创新创造活动主体因为担心还不起银行的贷款而裹足不前。我们希望中央政府能够尽快制定"奖励失败"的相关政策，开设创新创造专业性风投银行并在全球范围内形成银行体系，方便国内外（不要局限于国内的创新创造主体）的创新创造者能够方便快捷地获得风险投资。凡是从该行获得资助的创新创造成果都要将其成果的收益按照一定比例回馈银行或者获取一定比例的专利权。

（二）构建创新创造奖励监督制度

上文提到了现行的创新创造成果奖励中存在的诸多弊端，这些弊端的存在难以体现出许多创新创造者的实际贡献，挫伤了许多创新创造者的积极性。为了彻底改变这种不合理的奖励制度，我们建议实施这些奖励的主管部门的上级主管部门或者中央建立一个独立于这些主管部门之外的奖励制度监督审查机制，专门负责对这些奖励制度、程序、内容等方面进行审查和监督（例如，实施对创新创造团队的个体问询制度和所在相关群体的咨询问询制度，确保奖励的是真正做出实际贡献的人）。要破除奖励申报必须由领导或者知名学者挂

---

① 《新防务观察》2020 年 9 月 13 日发表了一篇新闻稿《9 月 11 日，卫星发射失败火箭坠地，导航系统成罪魁祸首：受到干扰》，其中说到尽管卫星发射失败，但是负责本次发射的群星公司在预定的窗口期内发射了火箭，依然得到了 200 万美元的奖励金。

据俄塔斯社 9 月 13 日报道，11 日美群星公司（Astra）在阿拉斯加州发射了 Rocket3.1 火箭，火箭成功点火，并离开了发射架，但是在飞行过程中，火箭导航系统发生故障，火箭坠地爆炸。群星公司是美国防高级研究计划局"发射挑战赛"唯一参与公司，项目意在开发快速的卫星发射能力，可以在美军方需要时，在几周或者几天的时间内将有效的载荷送入预定轨道。

从视频来看，火箭点火成功，并离开了发射台，在初期的飞行过程中没有任何的问题。不过在第一级火箭飞行过程中，导航系统故障引发震荡，使火箭偏离了计划的线路，飞行安全系统停机指令被触发，火箭发动机关机，火箭坠地爆炸。群星公司为参与此次发射比赛共准备了 3 枚火箭，此次发射的是第一枚。第一次发射任务失败，不过这家公司在预定的窗口期内发射了火箭，依然得到了 200 万美元的奖励金。到 10 月份，群星公司还将进行第二次发射任务，第二次发射将携带国防部研制的一颗通信实验卫星，几颗南佛洛里达大学用于实验星间通信的立方卫星。

帅的思维习惯，组织评奖的部门也要实行匿名和隐去成果名称和申报人信息等有效手段，甚至可以建立在国际范围内组织评审专家的评审团开展重大科研成果奖励评审。

（三）改革学校教育内容和手段

创新创造人才的培养最主要还是依靠各级各类学校教育来实施。这就需要政策实施部门要特别推行鼓励学校在教学内容上开展改革的政策，改革的核心就是如何培养杰出的创新创造者。由于受应试教育的影响，我国各级各类学校教育都普遍存在着"重知识传授而轻创新创造能力培养"的问题，"高分低能"的现象曾经饱受批评和诟病，然而这种现象却未能解决。所以，国家相关政策研制和实施部门都应该关注这方面政策的研制，有目的精准施策，尽早改变这种不健康的教育现象。

（四）加强创新创造政策研制的国际合作

当今世界已经高度融合，各方面都呈现出一体化和联盟化的倾向。在地球村里，每家每户都是创新创造的主体，在创新创造活动中应该经常走亲访友，互相支持和帮助，获取的利益大家共同分享。仅仅一家一户的"单干"是难以组织开展创新创造活动，也不可能让整个村子富裕和繁荣起来。上述创新创造风投银行建设只是这些合作的一个方面，只要拓展思路、敞开胸怀，本着人类命运共同体的建设理念，这个地球村的创新创造活动就会红红火火地开展起来。

第四节　增强中华民族创新创造活力政策的评价

在我们走向中华民族伟大复兴的关键时刻，如何激发每个人、每个群体和组织的创新创造活力成为全国人民的共识，而且必须要达成共识。在这样一个伟大时代的背景下，我们要像改革开放初期那样，发扬"世上无难事，只要肯登攀"的无畏精神，共同实现民族的繁荣富强。

一、增强中华民族创新创造活力政策的评价内容

中华民族既具有丰富的创新创造的精神，也有强大的创新创造热情，其所取得的辉煌成就曾经令世界各国神往。今天，当我们再次站到人类历史进程的最前沿的时刻，面临的最大挑战就是如何引领世界创新创造的方向。为此，我

们已经制定了一系列的政策和法律法规，那么，应该从哪些方面评价这些政策文本及其实施效果呢？

（一）　创新创造政策研制的目标是否明确

一项政策的成功与否与其研制的目标是否明确有着十分密切的关系，对于创新创造相关政策的评价也是如此。我们可以从三个方面来评价创新创造政策目标是否明确。首先，该政策文本中是否对目标进行了详细的描述和说明。通常情况下，政策在其文本的最前端都会有一段说明性的文字表述，这些文字表述中一般会有该政策目标或者目的说明。这些说明性的文字应该精准和具体，不应模糊和过于原则。其次，该政策目标是否符合所处时期的社会对创新创造的要求相吻合。每一个阶段的政策在研制的过程中一定是要解决一种或者一类问题，创新创造政策要解决的问题一定是当时社会中对创新创造问题的需求，如果文本中虽然也明确提出了政策目标但却不是此时各方面的需求，那么这项创新创造政策也是无目标的政策。最后，政策目标的设置应该是恰当和合理的，通常情况下不应该过于宏大，大而无当的政策目标无法实现也是盲目的。

（二）　创新创造政策研制和实施程序是否合理完备

遵守必要的程序是创新创造政策研制和实施的基本保障，这包含着在该项政策研制和实施这两个环节都应该有一定的程序。之所以要强调程序是因为可以在很大程度上保证该项政策研制和实施的过程中能够尽可能多地吸收规范的意见，最大限度地使得相关利益方能够在这些政策中获取最大化的利益。如果能够达到这样的目标，政策的研制的科学性就可以得到有效保障，政策实施的支持率就会更高、效果就更加理想。此外，强调程序性也可以尽可能避免政策管理部门的任性、武断和独断专行，减少失误。

（三）　创新创造活动主体的积极性是否被激发

创新创造政策实施就是要最大程度地激发相关主体的创新创造热情和活力，是否达到这个效果则是评价这项政策的根本标准。现在的棘手工作就是如何判断积极性是否被激发？有没有可能进行量化？我们在很长一段时间内对于政策对象的积极性是否被激发出来往往是官方通过某个媒体上进行一些新闻报道来渲染政策的效果。这只是证明该项政策效果的一种最简易的方法，而且通常是正面肯定的多，负面消极的几乎没有。从政策评价的科学性来看，这样的评价不够科学也难以有说服力。那么，除此之外，我们还需要寻找更加严谨的评价方法。比如能否对创新创造政策实施对象的积极性进行定量式分级，然后说明政策积极性是否被激发以及激发到何种程度。

（四）政策实施的相关信息是否得到完整和科学的采集

创新创造政策在实施过程中必然会产生大量相关信息，如相关人员的数量、满意程度、是否出现过失的政策行为、政策实施部门的态度、有没有遭遇各种阻力、是否达到政策的目标等。作为一个成熟的政策实施部门应该建立相应的信息跟踪机制不断地进行信息收集和处理，及时发现实施过程中的一切问题，为该项政策的下一轮修订提供第一手数据，这些数据是最有说服力的，应该尽可能多地获取并进行科学的技术处理。

（五）创新创造政策评价手段（指标）选择是否合理

创新创造政策评价手段（指标）选择是否合理是决定创新创造政策评价结果的决定性因素，不同的评价手段（指标）所作出的评价结果也一定会不同，因此选择评价手段（指标）是一件特别慎重的工作。例如，从西方国家评价组织每年的大学排行榜中不能发现，不同的评价手段（指标）所评价的结果也是不一样的。我们国家因为拿不出得到认可的排行手段而导致我国大学排行名次不高，难道中国的高等教育质量真的就比西方国家的大学差得那么多吗？西方的这些评价是否真的反映中国大学的真实水平呢？创新创造本身是一件难以量化的工作，因此其政策的实施效果如何就更要选择合理的评价手段（指标）。

（六）创新创造活动收益是否明显增加

相对于上述几个方面的要求，创新创造活动收益状况在很大程度上是可以通过很多数据进行描述和分析的。但是，需要注意的是我们这里所说的"收益"并不仅仅只是经济性的，还包括文化性的、教育性的、文明性的、科学技术性的等诸多方面。因为创新创造不仅涉及显性的方面，更多的还有隐性的方面，很多效益还具有一定程度的滞后性。因此，我们在对创新创造相关政策开展评估的时候，一定要放宽视野，从整个社会的进步和发展这个角度综合开展评价。

二、增强中华民族创新创造活力政策的评价中存在的问题

创新创造活动所具有面宽、效益的多重性及不确定性等特征，决定着对创

新创造政策的研制和实施情况进行评价将更加复杂和困难。目前所能够采用的评价方法大多数仍然是一种尝试性和探索性的，因此，所面临的问题也比较多。

（一）评价目标难以精准化

创新创造活动看似目标明确，但实际上创新创造活动的目标具有不确定性，因为作为创新创造的主体在开展创新创造活动之初并不知道它所要实现的目标是否可以实现。这就使得创新创造活动的目标难以精准评价，这也就是上文我们所说的对于创新创造活动社会一定要有包容性和容错机制，我们不能因为创新创造主体活动的目标没有实现而否定其创新创造活动的价值。虽然创新创造活动的目标难以精准评价，但这并不影响我们对创新创造活动目标评价精准化的追求，只要我们孜孜以求，总有办法找到解决这个难题的技术。

（二）评价主体和对象难以确定

创新创造的主体范围非常宽泛，虽然前文对此有过基本的限定，但实际上从理论上说每个人、每个机构（组织、政府等）都可以成为创新创造的主体。从其对立的角度来看，这些主体也可以成为评价的主体：当它们在开展评价的同时又变成了被评价的对象。因此，对于很多创新创造者来说，它们既是评价的主体又是被评价的对象，进而导致了评价主体和评价对象难以确定的状况。这种现象在其他政策领域中很少出现，显然给相关政策的评价工作带来很大的困难。

（三）评价方法难以科学化

创新创造活动的两个特征决定着对其开展评估的方法选择必然会难以科学化和合理化，这是对创新创造政策开展评价的又一大难题。我们这里所谓的"科学和合理"是指对创新创造活动的政策进行评价的结论要基本符合创新创造活动的基本规律，对创新创造活动的内在机理能够更有效地把握，进而找出创新创造活动中可能存在的不足之处及其所产生的原因，并将这些信息反馈给相关的创新创造主体，以期能够促进它们能够更好地开展创新创造活动。因此，评价就是改进和完善创新创造所需要的条件。

（四）评价效益难以准确呈现

难以准确呈现创新创造政策效益的原因在上文已经做了较为充分的分析，这也许是创新创造政策研制和实施的基本规律，果真如此的话，我们就需要在尊重这个规律的基础上对效益的内涵进行重新界定。实际上，无论是社会学还是经济学在诸多领域里都出现了类似的现象，对此我们只能通过多学科的视角逐步深入研究，我们还可以进一步跳出本学科的窠臼，特别是学会借用现在最先进的大数据挖掘等科学手段最终解决这样的难题。

（五）评价机制难以建构

评价机制的构建是实施评价的前提和基础，应当说，国内对创新创造政策开展评价的除了一些官方机构之外，也有部分民间组织积极介入对创新创造政策的评价，不管它们的动机如何，只要对改进这项政策有益的我们都应该秉持赞赏和支持的态度。目前面临的困境主要在于这些组织和机构之间应该建成一个什么样的机制使得它们能够在信息共享、技术共享以及定期会议制度等方面发挥作用，最终构成一个多元化的信息畅通的评价机制。

三、增强中华民族创新创造活力政策的评价路径

中国对于创新创造的经费投入已经不输给世界发达国家，当前和今后应集中力量办好三件事：一是培养最有创新潜力的人才，二是在最重要的创新创造领域集中投入购置最先进的设备为创新创造提供硬件条件，三是建立公开透明的选拔人才和投入机制，确保把最好的钢用在刀刃上。为此，我们在对创新创造政策开展评价时也应该基于这三个方面来寻找制度建设、手段选择和效益计算与呈现。如果能够将这些举措落实到位，我们对创新创造政策评价将会实现历史性的突破。

（一）加大对创新创造人才质量的评价

创新创造人才培养质量是一个相对比较容易量化的评价方面，同时也能够在很大程度上反映出创新创造政策的成效。在一个较长的时间内（10 年左右），如果各级各类学校培养的学生在创新创造能力方面有显著的改善，应该可以基本判断这期间国家所研制和实施的创新创造政策是合理的。与此同时，我们在评价创新创造人才培养质量方面也要不断改进相应的评价指标，使其逐

步接近质量本身，这就需要组织相关学科的学者开展细致的研究，不断优化这个评价指标。

（二）　认真开展对创新创造硬件设施的检查

创新创造必然需要一定的硬件设施作为活动的手段，这在科研机构和教育机构中尤为重要，西方国家的创新能力一直处于世界领先地位的重要原因之一就是这些机构拥有最先进的仪器设备，并鼓励科研人员和师生充分利用这些设施。我国的许多科研机构（例如中科院、社科院等国家级科研机构）和一些高水平大学近年来在科研设施方面投入力度很大，对提高国家整体的创新创造能力发挥了积极作用。但是，我们也要看到两种情况：一是大多数机构特别是高等学校还缺乏这样先进的、大型的科研装备；二是部分拥有先进装备的机构并未能充分发挥这些装备的效益，甚至还有少数机构把购置到的设备长期封存不用（有的是舍不得用、有的是怕用坏），等到需要使用的时候这些设备都已经落后或者报废了（正确的做法应该是鼓励科研人员和师生满负荷使用）。因此，我们希望通过创新创造政策的评价，加强对这种现象的排查，一旦发现即严肃处理，以便使这些设备能够被充分使用。

（三）　精准与模糊结合评价创新创造政策的效益

创新创造活动的不可预测性使得创新创造政策实施效益难以准确评价，但并不意味着我们就束手无策。通过多年来的政策评价实践来看，针对创新创造活动的这个特点，我们对其政策开展评价时可以将精准评价和模糊评价结合起来，弥补各自方法的不足，统筹评价创新创造政策的效益。上文曾经分析过"效益"这个内涵在创新创造政策中的准确意义，从中我们可以看出，有些效益是可以精准评价的，大多数不能精准评价的我们可以采取模糊的评价方法。我们如果能够将这两个方面结合起来评价的话，则基本上可以对创新创造活动的效益做一个判断，从而为改善这项政策提供基本依据。

（四）　积极构建透明公正的评价机制

创新创造政策是一个涉及千家万户的政策，正因为如此，我们在构建这样政策评价机制的时候特别要加强机制建设的透明和公正，让更多的主体参与这个领域政策的评价，使所有人不仅仅参与了评价过程，还了解到我国创新创造活动的真实情况。同时，也可以通过评价使得这些参与者接受教育和激励，从而有更多的人能够积极参与到各方面的创新创造活动中来，这样的政策评价才是最有效、最受欢迎的评价。由此可见，评价的目的不仅仅是对现状的判断，更重要的是通过评价发挥激励作用。

小　结

建立政策实施中的定期会诊疏通机制是创新创造政策活动赋予政策部门的重要职责。政策部门不能因为创新创造政策自身的复杂性而放弃这一会诊政策，相反要动员多方力量形成多元主体共同参与的会诊机制，及时疏通创新创造政策中的"肠梗阻"。

创新创造活动的风险防范意识不足和防范机制不健全是导致国家创新创造活力难以激发的特别重要的因素。传统文化中难以容错的文化是制约创新创造活力的重大阻力，破解这个阻力的最有效办法就是建立系列鼓励政策，使得创新创造容错思想和制度合法化。

创新创造活动所产生的社会效应是多方面的，其效益显现的链条是多维度的，既有长度，也有宽度和高度；既涉及显性的方面，也有隐性的方面。而且创新创造的许多社会效益还具有一定程度的滞后性，难以在短时间内看到明显的效益。这就需要我们在对创新创造政策实施效益进行评价时，务必采取多角度、多方位的评价。

第六章 教育公平体制机制改革研究

改革开放以来，中国教育发展取得了显著成效，教育经费投入大幅度增长，教育规模持续扩大，义务教育普及率和高等教育毛入学率不断提高。随着经济社会发展，全面实现教育公平对推动全国教育事业发展具有重要的关键作用。党的十九大报告指出，要"优先发展教育事业"，并把"建设教育强国是中华民族伟大复兴的基础工程，必须把教育事业放在优先位置"，同时明确强调要推进教育公平体制机制改革。习近平总书记在全国教育大会上强调，教育是党之大计、国之大计。教育的基础性、先导性、全局性地位更加凸显随着优质教育资源供给不足矛盾的凸显，我国教育进入了以促进公平、提高质量和优化结构为核心的内涵式发展新阶段。

第一节 何谓教育公平体制机制改革

教育公平具有平等、公正和正义的内涵，合法合理配置教育资源的理想形式。国内学者关于教育公平内涵的论述，包括以下几方面：一是接受教育的权利平等，即每个公民不论其民族、性别、家庭出身和宗教信仰如何，都享有接受教育的权利。二是接受教育机会平等。三是教育公平是相对的，绝对的公平是不存在的。四是教育公平不等同于平等（过程、学业成就机会）①。

从教育哲学视角来看，布鲁贝克在《高等教育哲学》中没有单独区分"教育公平"和"公平教育"的差异，而且提出了大学入学平等主义理论。我国教育公平的影响因素，包括基础教育不公平所导致的高等教育不公平，以及国家投入的偏差的影响。肖霞认为，"高等教育是一种竞争性的相对公平，一味追求数量上的大众化而忽视精英教育不是真正的教育公平，只有在大众化的前提下，促进高等教育大众化与精英教育协调发展，才能实现真正的教育公

---

① 范成梅. 浅议我国高等教育公平［J］. 黑龙江教育（高教研究与评估），2006（9）：12-14.

平"。李远贵从"补偿利益理论"的视角论述，他认为受教育权作为基本人权之一，"公平不仅意味着要求上学，更重要的是享受符合身心发展需要的教育"。

从教育经济学的视角来看，合理地分配教育资源是教育公平的体现，一方面将教育资源均等无差别分配，以平等为核心的社会公平，主要表现在公共教育领域；另一方面，将教育资源实行不均等、有差别分配，以不平等为核心的市场公平，体现了市场价值规律的要求，主要表现在非公共领域或半公共领域。安晓敏（2007）认为，我国教育领域中的供求关系长期处于紧张状态，主要是教育供给不能满足社会日益增长的教育需求以及教育财政资源的供给不能满足教育事业迅速发展的需要这两个方面。[1]

冉毅（2008）认为，高等教育公平是教育平等与教育效率的动态平衡，教育核心价值是平等与效率，效率是教育公平的内涵。[2] 我国义务教育阶段保证人人都有平等的享有教育的机会，高等教育阶段或其他非义务教育阶段由市场来调节，允许根据个人的先天或后天的原因分配教育资源，因而教育公平具有相对性。

从教育社会学的视角来看，国内学者大多认同的是瑞典教育学家胡森（Torsten Husen）和美国学者科尔曼（James Coleman）对教育机会均等的"三均等说"，认为教育公平是社会公平在教育领域的延伸，教育公平是教育机会均等和教育权力均等，教育机会均等主要体现在权力平等，同时提出教育机会均等的实现是一种社会行动乃至政治行动，还包括弱势群体从教育制度中得到补偿，实现整个教育事业公平、健康的发展。唐兴霖、任鹏（2011）认为，阶层差距是除城乡差距、地区差距和性别差距之外影响教育公平的另一个重要因素，急需从根源解决必须改变产生教育不平等的社会制度本身。[3]

教育公平是教育发展的理想形式，也是教育政策的基本原则。21 世纪以来，世界各国教育改革政策的共同趋向就是从政策制定到政策执行都以实现教育公平为导向。例如，为推进教育公平与卓越，美国制定了《不让一个孩子掉队》（2002）、《改革蓝图——对〈初等与中等教育法〉的重新授权》（2010）、《每个学生都成功》（2015）等一系列带有明显导向性的体现教育公

---

① 安晓敏. 教育公平研究：多学科的观点 [J]. 上海教育科研, 2007 (10)：22-25.

② 冉毅. 平等与效率：教育公平的核心价值 [J]. 教育与管理, 2008 (5)：3-5.

③ 唐兴霖, 任鹏. 转型社会的教育公平研究综述 [J]. 学习论坛, 2011 (7)：52-56.

平理念的战略规划，都以凸显教育的公平性和促进教育质量的根本诉求。英国、澳大利亚、韩国等国家也制定了全国性统一的教育标准，确保学生获得高质量的教育。因此，教育公平体制机制改革已成为现代教育政策的时代主题和国际趋势。

教育公平问题源于教育政策，教育政策是否公平是关键的影响因素。《国家中长期教育改革和发展规划纲要（2010—2020 年）》提出："把促进公平作为国家基本教育政策。""教育公平是社会公平的重要基础，教育公平体制机制改革的基本要求是保障公民依法享有受教育的权利，关键是机会公平，重点是促进义务教育均衡发展和扶持困难群体，根本措施是合理配置教育资源，向农村地区、边远贫困地区和民族地区倾斜，加快缩小教育差距。教育公平体制机制改革的主要责任在政府，全社会要共同促进教育公平。"[①] 国务院《国家教育事业发展"十三五"规划》提出，教育发展的基本原则之一是"坚持促进公平"。"教育的公平性是社会主义本质要求，要发展社会主义，逐步实现人民共同富裕，教育公平是基础。"

中共中央办公厅、国务院办公厅印发《关于深化教育体制机制改革的意见》提出，深化教育体制机制改革"坚持以人民为中心，着眼促进教育公平、提高教育质量，针对人民群众反映强烈的突出问题，集中攻坚、综合改革、重点突破，扩大改革受益面，增强人民群众获得感"[②]。由此可见，促进教育公平已成为我国教育政策的首要价值、时代主题和重大意义。

第二节 我国教育公平体制机制改革的历程

随着经济社会发展，人们对教育公平的诉求越来越强烈，国家对教育公平体制机制改革的力度也不断提升。从教育公平体制机制改革的政策变迁轨迹看，我国注重教育机会公平，重点在于保障人们拥有平等的受教育机会，标志性政策详见表 6-1 所示。[③]

[①] 教育部. 国家中长期教育改革和发展规划要（2010—2020 年）[EB/OL]. (2010-07-29) [2018-05-22]. http:// old. moe. gov. cn / publicfiles / business / htmlfiles / moe / info _list /201407 / xxgk_171904. html.

[②] 中共中央办公厅 国务院办公厅. 关于深化教育体制机制改革的意见 [EB /OL]. (2017-09 -25) [2018-05-22]. http：//www. moe. gov. cn /jyb_xwfb /s6052 / moe_838 /201709 / t20170925_315201. html.

[③] ①王建华. 新教育公平的旨趣 [J]. 教育发展研究，2017 (2)：12-17.

表 6-1　　　　　　　　我国教育公平体制机制改革的标志性政策

阶段	部门	时间	标志性政策文本
启蒙阶段	中共中央	1985 年	《中共中央关于教育体制改革的决定》
	国务院	1993 年	《中国教育改革和发展规划纲要》
起步阶段	国务院	2001 年	《国务院关于基础教育改革与发展的决定》
	国家主席令	2006 年	新修订《中华人民共和国义务教育法》（2006 年）
发展阶段	国务院	2007 年	《国家教育事业发展第十一个五年规划》
	国务院	2007 年	《国务院关于建立健全普通本科高校高等职业学校和中等职业学校家庭经济困难学生资助政策体系的意见》
完善阶段	教育部	2008 年	《支援西部地区招生协作计划》
	教育部	2010 年	《国家中长期教育改革和发展规划纲要（2010—2020 年）》
	教育部	2012 年	《国家教育事业发展第十二个五年规划》
	中共中央	2013 年	《关于全面深化改革若干重大问题的决定》
	国务院	2014 年	《国家贫困地区儿童发展规划（2014—2020 年）》
	国务院	2014 年	《关于统筹推进县域内城乡义务教育一体化改革发展的若干意见》
变革阶段	国务院	2017 年	《国家教育事业发展第十三个五年规划》
	中共中央	2017 年	党的十九大报告《决胜全面建成小康社会夺取新时代中国特色社会主义伟大胜利》
	中共中央、国务院	2017 年	《关于深化教育体制机制改革的意见》

　　党的十九大报告正式提出要追求更高层次的教育公平，即有质量的教育公平。坚持促进公平，让全体人民、每个家庭的孩子都有机会接受比较好的教育，让教育改革发展成果更好地惠及广大人民群众，进一步提升教育公平水平。新时代中国教育公平体制机制政策重点在于保障拥有平等的教育内容，并开始注重教育质量公平的建设，这与联合国教科文组织大会发布的《教育2030 行动框架》中的有关教育公平的改革发展方向相一致。

　　21 世纪以来，中国着眼于教育发展新的阶段性特征，鲜明地提出将促进教育公平作为国家基本教育政策，开启了以促进教育公平为重点的教育体制改革新阶段，主要体现在以下几个方面。

一、全面普及免费义务教育

中国面向发展基础薄弱的西部地区和农村地区，通过实施西部地区"两基"攻坚计划以及一系列教育工程专项，加快普及义务教育的进程。从 2005 年开始，中国开展农村义务教育经费保障机制改革，建立中央和地方分项目、按比例分担的农村义务教育经费保障机制，将农村义务教育全面纳入公共财政保障范围，实行"两免一补"（免除学杂费，对贫困家庭学生免费提供教科书并补助寄宿生生活费）。从 2008 年起免费范围扩展到城市，从而全国全面实现了真正意义上的免费义务教育。2011 年底，全国 31 个省（自治区、直辖市）和新疆生产建设兵团全面普及了九年义务教育，青壮年文盲率降到 1.08%，成为中国教育发展史上的重要里程碑。

二、促进义务教育均衡发展

在义务教育普及目标实现后，中国提出要把义务教育均衡发展作为一项重要任务，以遏制城乡之间、地区之间和学校之间教育差距扩大的势头。2006 年，国家修订《中华人民共和国义务教育法》，为义务教育均衡发展提供了法律保障。全国各地因地制宜，进行了有益的探索，例如，开展学校标准化建设，教师和校长交流制度化，优质高中招生名额合理分配到区域内初中，开展学区管理、联合办学、集团化办学、结对帮扶等扩大优质教育资源覆盖面，加强义务教育均衡发展督导评估等，在缩小教育差距方面取得了积极成效。同时，重视外出务工人员子女和农村留守儿童的教育问题，各地按照"以输入地政府管理为主、以全日制公办中小学为主"的政策，积极接收外出务工人员子女接受义务教育，建立农村留守儿童档案，健全动态监测机制，制定有效的教育与管护措施。

三、推进各级各类教育协调发展

21 世纪以来，大力发展职业教育，中等和高等职业院校，从 2002 年到 2012 年期间，招生人数从 565 万人增长到 1134 万人，每年数以千万计获得中等以上技术技能的农村和城市家庭经济困难学生进入劳动力市场，充分发挥了教育促进社会公平、促进就业的积极作用。为解决十分突出的"入园难"问题，2010 年我国实施以县为单位编制实施学前教育 3 年行动计划，采用多种形式扩大学前教育资源。学前教育毛入园率从 2002 年的 36.8% 提高到 2012 年的 64.5%，对于促进起点公平发挥了基础性作用。

四、加大对农村地区、边远贫困地区、民族地区教育事业的支持力度

中国采取转移支付、专项和政策倾斜等方式加大农村特别是西部农村教育的扶持力度。通过实施一系列重大工程项目，改善农村学校办学条件。为引导大学生到农村地区长期任教，2006 年，中国开始实施"农村义务教育学校教师特设岗位计划"，五年来共招募 23.5 万名大学毕业生到中西部 1000 多个县 2.7 万多所农村学校任教。为吸引优秀人才攻读师范院校并长期从教，2007 年中国实施部分师范生免学杂费政策，5 年在 6 所部属师范大学招收免费师范生 5.5 万人。

此外，还加强东中西部的教育协作，实施对口支援计划，推进教育援疆、教育支援西藏和四省份藏区工作，西部和民族地区的主要教育发展指标与全国平均水平差距逐步缩小。

五、建立完整的国家资助政策体系

中国逐步建立起覆盖学前教育至研究生教育阶段的国家资助政策体系，基本实现了"不让一个孩子因家庭经济困难而失学"。2011 年，中央财政每年安排 160 多亿元专项资金，为 680 个试点县的 2600 多万农村义务教育学生提供每天 3 元钱的营养膳食补助。2012 年，全国累计资助学生（幼儿）8413.84 万人次，资助金额达 1126.08 亿元，财政投入资助占比达 73.24%。为提升边远贫困地区学生营养健康水平。

教育公平是实现社会公平与公正的基础，也是维护公民基本人权和福祉的保障。截至 2017 年底，全国已有 81% 的县（市、区）通过义务教育发展基本均衡督导评估，重点监测的 24 个大城市数据显示，2016 年就近免试入学公办小学比例达 98.5%、公办初中比例达 97.8%，"择校热"现象有所缓解。学前教育、职业教育等短板逐步加强，2017 年学前 3 年毛入园率提升到 79.6%，"入园难"问题总体上得到缓解；职业教育年招生总规模达 930 万人，在校生 2682 万人，每年培训上亿人次。通过实施重大教育工程，农村和中西部地区基本办学条件和学生营养状况得到显著改善。

高等教育机会公平性不断提升，录取率最低省份与全国平均水平差距缩小至 4 个百分点。2012 年以来，累计 37 万个农村和贫困地区的学生通过专项计

划实现了上重点大学梦。

外出务工人员随迁子女全部纳入"两免一补"补助范围，在公办学校就读比例一直保持在80%以上，加上政府在民办学校购买学位达到了86%以上，留守儿童关爱体系逐步形成。特殊群体受教育权利逐步得到保障，盲、聋、培智三类残疾儿童少年义务教育入学率也已达到90%以上。

第三节 教育公平体制机制改革的现状与困境

改革开放40年来，中国始终把教育摆在优先发展的战略地位，大力发展教育事业，深化教育体制改革，教育总体发展水平跃居世界中上行列。但是，"中国是世界上最大的发展中国家，处在社会主义初级阶段，各种教育资源积累不足，教育总体条件还不是很理想，与人民日益增长的美好生活需要相比，教育事业发展不平衡不充分问题仍然较为突出"。①

一、教育发展差距仍然较大

中国教育发展已经达到一定水平，但由于人力资本底子薄、积累少，劳动力平均受教育年限与美国的13.3年、日本的11.6年、德国的12.2年相比，仍有较大差距。从教育发展看，区域、城乡、校际之间的办学条件和师资水平还存在较大差距。

一是区域之间发展差距大。现行财政体制下，越是经济欠发达地区，基础教育的公共投入反而越少，尤其是边远贫困地区以及民族地区，财政自给率低，教育投入稳定增长机制尚未形成，普遍办学条件落后。

二是城乡之间发展差距大。城乡之间的生均拨款、办学条件、师资水平差距依然存在，随着农村学龄人口减少、农村劳动力向城市流动、农村居民对高质量教育需求提高，农村生源进一步减少，农村教师队伍不稳定，加上不合理的布局调整，导致城镇学校挤、乡村学校松。

三是校际之间发展差距大。由于支持方式存在偏差且激励机制扭曲，公共资金尤其是项目资金通常更多地流向区域内办学条件好的学校，加上历史上形成的好学校的品牌效应，学校之间的差距短期内难以缩小。

四是教师资源配置仍不合理，结构性矛盾突出。农村地区、边远贫困地

---

① 佘宇，单大圣．中国教育体制改革及其未来发展趋势 [J]．管理世界，2018（10）：118-120.

区、民族地区教师依然紧缺，教师老龄化问题严重。农村中小学普遍缺少音乐、体育、美术、英语及信息技术教师，民族地区双语教师缺乏，幼儿教师数量不足。优秀教师不愿去农村基层、艰苦边远地区和薄弱学校，优秀的教师向城镇、发达地区和优质学校逆向流动。

二、教育体制机制尚未健全

从管理体制来看，与社会主义市场经济体制相适应的教育体制机制尚未形成，政府职能尚未根本转变，对学校管得过多过细，各级各类学校办学自主权没有完全落实，内部治理结构以及外部监督机制尚未建立。中央与地方、各部门之间教育管理职责权限交叉，教育行政部门统筹教育事业的权限不足，省级政府对区域内教育统筹不够。

从办学体制来看，民办学校发展不够充分，许多民办学校发展还处于低成本扩张的初级阶段，内部制衡和外部参与机制不健全，教育服务业仍缺乏充分竞争和规范、公平的市场秩序，制约民办学校发展的许多政策和制度问题尚未得到有效解决，特别是民办学校分类管理的相关制度还有待进一步落实。

从考试招生制度来看，现行统一招生录取制度尽管具有管理效率高、公信度高、操作相对简单等优点，但也存在偏重于用单一标准评价和选拔学生，过于侧重学科知识，忽视对多种形式学习成果和能力水平的认定，难以有效引导学生德智体美劳全面发展和个性潜能发挥，没有充分体现学生选择权和学校自主权，不能很好适应全民学习、终身学习的多样化需求等不足。

三、教育资源分布不均衡

我国地域广阔、人口基础大、人口分布不均，适龄儿童数量多，各个地区教育资源在不同的教育层次和教育体系分布不均衡的现象较为普遍。以我国的小学教育为例，同一城市会划分不同的教育区域；不同区域的小学由于具有不同的经费投入，又出现了所谓的"名校"甚至"实验班"的设置，其师资配置和其他资源的配置也要高于普通地区的普通学校，极大地影响了义务教育阶段资源分配的公平性，影响我国基础教育事业的发展。

我国教育事业经过多年探索发展，已经形成了比较完善的教育体系和教育格局，包括基础教育阶段、中等教育阶段和高等教育阶段。国家对义务教育具有强制受教育的要求，高等教育阶段对国家建设事业的发展具有极大的推动作用。

四、教育资源供需矛盾比较突出

随着社会进步发展，人们对于教育事业的关注和需求程度不断上升，受市场经济体制的影响，市场竞争比较激烈。为提升子女的社会竞争力，人们对于教育的关注和投入都在增加。适龄儿童的受教育现状已经影响到普通大众的日常生活，为教育事业的发展提供了新的契机，也对我国教育事业的发展提出了新的挑战。教育需求的日益增高，教育资源的争夺日趋激烈。国家对于教育的投入，特别是地方政府对于教育事业的投入必然有限，教育资源的数量受到了限制，教育事业在发展的过程中教育资源供需矛盾比较突出。教育资源供需矛盾已经影响到教育事业的持续发展，影响社会的和谐稳定。

第四节　教育公平体制机制改革的对策

教育公平机制的建立和改革都是一个长期的过程，我们不可能一蹴而就地解决这些问题。因此，面对相关机制建设和改革的各种问题时我们应该有定力、有耐心，否则就容易走偏方向，反而难以解决教育领域中的公平问题。

一、全面提升教育质量

中国经济正在迈向高质量发展阶段，人们对高质量的教育服务需求越来越强烈。衡量教育质量的标准是促进人的全面发展、适应社会需要，必须建立以提高教育质量为导向的体制机制，把教育资源配置集中到强化教学环节、推动内涵发展、提高教育质量上来。

更新教育观念，改变简单地把考试分数或升学率等同于教育质量的观念；充分发挥教育督导、考试评价、质量监测的引领作用，制定从学前教育到高等教育的人才培养质量标准，建立完整的教育质量监测评估体系，为改进教学提供科学依据。基础教育要坚持因材施教，促进德育、智育、体育、美育、劳动技术教育有机融合，深化教学改革，推行启发式、探究式、参与式、合作式等教学方式，实施走班制、选课制等教学组织模式，促进学生主动学习、释放潜能、身心健康，实现全面发展与个性发展的统一。

高等教育要强化政府宏观指导和总量调控，对高等学校实行分类管理，建立适应不同类型高校的拨款标准、质量评估、人事管理、监测评价等制度。抓住标准、专业、课堂、教师等关键环节，提升人才培养能力，通过发布专业类国家质量标准指导高校专业建设，开展教师教学能力培训，推进科教协同、产教协同、医教协同、部委协同等模式，实现人才培养与社会经济发展更加紧密结合。通过"双一流"建设、拔尖创新人才计划、协同创新平台建设等，使高等教育人才培养、科学研究在点上取得突破，带动高等教育面上质量整体提升。职业教育探索实行工学结合、校企合作、顶岗实习的人才培养模式，建立健全技能型人才到职业学校从教的制度，积极吸收企业参加教育质量评估。

二、教育公平得到依法保障

教育权利是每个公民的基本权利，尊重并实现每个公民的受教育权利，既是对宪法精神的落实，又是教育公平的起点。目前，我国教育领域建立起一套相对完善的法律法规体系，从不同教育的专业角度对公民的受教育权利进行保护，同时也对教育公平的具体实施进行了法律层面的规定，如《中华人民共和国教育法》《中华人民共和国教师法》《中华人民共和国义务教育法》《中华人民共和国高等教育法》《中华人民共和国民办教育促进法》等。随着经济社会发展和教育改革深入，也出现了一些新情况、新问题。习近平总书记强调："科学立法是处理改革和法治关系的重要环节。要实现立法和改革决策相衔接，做到重大改革于法有据、立法主动适应改革发展需要。在研究改革方案和改革措施时，要同步考虑改革涉及的立法问题，及时提出立法需求和立法建议。"①

习近平总书记指出："依法治国是坚持和发展中国特色社会主义的本质要求和重要保障，是实现国家治理体系和治理能力现代化的必然要求。"② 党的十八大以来，明确了政府在促进教育公平方面的职责，保护公民基本权利的教育权，人民利益得到日益充分实现。国家完善了教育方面的法律法规，2015年《中华人民共和国教育法》修订第十一条，增加一款，其内容是"国家采取措施促进教育公平，推动教育均衡发展"。

三、优化和扩大优质教育资源的供给

教育资源发展的不平衡、不充分问题，已经影响到人民日益增长的美好生活需要。优化和扩大优质教育资源的供给，缩小城市与乡村之间、地区与地区之间、学校与学校之间的差距，是推进教育公平的重要目标。2013年12月，

---

① 本报记者．学习贯彻党的十八届四中全会精神运用法治思维和法治方式推进改革［N］．人民日报，2014-10-28．
② 本报记者．习近平谈依法治国［N］．人民日报（海外版），2016-08-17．

教育部等有关部委正式印发了《关于全面改善贫困地区薄弱学校基本办学条件的意见》，明确以中西部农村贫困地区为主，从教学条件、生活条件、管理条件等方面提出了明确要求和具体措施，全面改善贫困地区薄弱学校基本办学条件，推进义务教育学校标准化建设具有重要的指导意义。

教育部在"十二五"期间实施"一省一校"高水平大学建设项目、中西部高校基础能力建设工程，"贫困地区定向招生专项计划"重点面向中西部地区参加全国统考的农村籍考生实行定向招生，5年来累计招收学生27.4万人。2013年，教育部、国家发改委、财政部联合印发《中西部高等教育振兴计划（2012—2020年）》，明确鼓励东部地区高等教育率先发展，支持中西部地区高等教育加快发展。2014年国务院印发的《关于进一步做好为农民工服务工作的意见》，明确指出公办义务教育学校要普遍对外出务工人员随迁子女开放，将随迁子女教育纳入财政保障范围。利用好现有的教育资源，逐步打破原有单一的培养模式，统一的课程资源，同一考评体系，为不同的受教育者提供丰富、开放、多元、可选的教育资源、教育环境和教育服务模式。

2016年国务院办公厅颁布实施《关于加快中西部教育发展的指导意见》，通过实施西部地区"两基"攻坚计划、深化农村义务教育经费保障机制改革、营养改善计划、校舍安全工程、农村薄弱学校基本办学条件改善计划、农村教师特岗计划、对口支援、定向招生等150项重大举措，确保经过几年的努力，使中西部学校都达到基本的办学标准。

在特殊教育方面，2014年，国家发布了《关于进一步加快特殊教育事业发展的意见》。目前，特殊教育专项补助费并不断提高，残疾人受教育机会显著增加，特殊教育体系基本完善。

四、建立"公平+质量"的评价体系

国内外教育事业发展评估标准体系一般都按照美国学者斯塔弗尔比姆（Stufflebeam D. L.）提出来的决策导向型评价模型（CIPP）来构建，其显著特点在于全局性、关联性、过程性和反馈性。"公平+质量"评价体系是典型的决策导向型体系，具有可预测、可规划的既定性特征，通常可以通过编制指标体系来监测和评估。在中国教育改革发展的特定阶段，"公平+质量"评价体系应该纳入教育现代化范畴来予以考量，不能过度依赖指标来推进工作、检测成效、说明成就。CIPP评价模式归类处理方法的指标，是建立在基本经验数据化的基础上的，从而可能会使公平与质量"赋予"的空间受限和受挫。

《国家中长期教育改革与发展规划纲要（2010—2020年）》提出，"改革教育质量评价和人才评价制度。根据培养目标和人才理念，建立科学、多样的评价标准。开展由政府、学校、家长及社会各方面参与的教育质量评价活动。做好学生成长记录，完善综合素质评价。探索促进学生发展的多种评价方式，激励学生乐观向上、自主自立、努力成才"。全国教育大会提出，切实扭转不科学的教育评价导向，深化育人方式、办学模式、管理体制改革，着力形成充满活力、富有效率、更加开放、有利于高质量发展的教育体制机制。统合多元评价方式，构建具有人本主义价值的科学、开放、灵活的新的评价体系，发挥对"公平+质量"的评价功能，而且更要成为"公平+质量"评价体系的有机组成部分。

五、关注薄弱地区教育资源配置

2000 年的税费改革使得义务教育的资源配置标准发生了巨大改变，由追求效率向追求公平迈进。2003 年全国农村教育工作会议确立了"在国务院领导下，由地方政府负责、分级管理、以县为主"的农村义务教育管理体制，进一步明确了各级政府保障农村义务教育投入的责任。2005 年，《国务院关于深化农村义务教育经费保障机制改革的通知》发布，着力建立中央和地方"分项目、按比例"分担农村义务教育经费的保障体系，并建立中央和省级教育财政转移支付，改变了以往以县为主的局面，有利于农村义务教育经费投入到位。由于我国经济发展差异较大，一些地方的县级政府无力完成国家和省级政府规定的部分教育经费投入，引发了部分地区教师收入下降、待遇保障低下等一系列矛盾。

近年来，随着《中共中央关于全面深化改革若干重大问题的决定》等政策法规颁布实施，强调加大教育投入、促进城乡均衡发展的要求。各级政府应合理配置教育资源，促进城市与农村教育资源一体化建设，关注西部老少边穷地区教育现状、加大教育资源投入，促进了农村薄弱地区教育的发展。

小　结

教育事业是关系千秋万代的民生工程。党的十八大以来，我国围绕教育机会、教育条件、教育规则、教育质量、教育保障，制定并出台了一系列政策，确保每个公民接受良好教育的权利，努力办好人民满意的教育。我们急需找准教育公平的动态性、区域性、相对性，破解教育发展面对的不平衡、不充分问题，实现人民对美好生活的向往，开辟中国社会主义教育事业发展的新局面。

第七章　教育治理现代化体制机制改革研究

教育现代化是社会主义现代化建设的重要组成部分。党的十九大报告明确指出："建设教育强国是中华民族伟大复兴的基础工程，必须把教育事业放在优先位置，加快推进教育现代化，办好人民满意的教育。"2019年2月，中共中央、国务院印发的《中国教育现代化2035》和《加快推进教育现代化实施方案（2018—2022年）》两个文件分别是教育现代化的顶层设计和行动方案。《中国教育现代化2035》是我国第一个以教育现代化为主题的中长期教育发展战略规划，是新时代推进教育现代化、建设教育强国的纲领性文件。加快教育治理现代化是建设教育强国的需要，也是满足人民群众接受更加公平而有质量教育的需要，深入思考教育治理现代化的内涵，把握推进教育治理现代化的意义，探索实现教育治理现代化的科学路径。

第一节　教育治理现代化体制机制改革的内涵分析

"治理"概念最早出现在中世纪时期、古典主义时期，但是真正进入公共政策领域要到20世纪90年代中期。西方国家把"治理"作为"国家失灵"和"市场失灵"的一种补充机制。"治理"在中国具有中国本土特色，已不完全等同于西方"治理"的原本含义。"治理"在教育领域呈现的是一种多元治理主体的互相信任、整体协调、相互融合以及集体行动的最优状态，即政府宏观管理、学校自主办学、社会广泛参与的多元结构。中西方学界对于"现代化"概念的认识有一定差异，在西方国家是指"由传统的社会或前技术的社会转变为具有技术理性的高度分化的现代社会"。

中国教育现代化坚持走中国特色社会主义教育发展道路，其内涵不断丰富、质量不断提高。《中共中央关于全面深化改革若干重大问题的决定》提出，"全面深化改革的总目标是完善和发展中国特色社会主义制度，推进国家治理体系和治理能力现代化"。《中国教育现代化2035》提出推进教育现代化的指导思想是：以习近平新时代中国特色社会主义思想为指导，坚持中国特色社会主义教育发展道路，坚持社会主义办学方向，加快推进教育现代化、建设教育强国、办好人民满意的教育。《中国教育现代化 2035》作为建设教育强国的纲领性文件，为新时代教育现代化的发展绘制了蓝图，明确了目标、任务和路径。"面对新时代、迎接新挑战，把握新形势、勇挑新重任，使自身现代化发展同党和国家事业发展的要求相适应、同人民群众的期待相契合，为实现教育现代化作出应有贡献。"①

教育治理是规范政府、学校、市场、社会等多元治理主体的权力与行为，维护公共教育事务秩序和提供优质教育公共服务的规范。教育治理现代化是探讨如何使系列治理制度从传统一元主导的管理形式向法治化、合作共治、善治的现代化治理形态的变迁过程，不仅能够导引教育领域综合改革的实践探索，也将带动教育治理理论研究的拓展、深化和创新。借鉴俞可平教授提出的衡量一个国家治理体系是否现代化的"五标准"，② 并结合我国地方教育（公共）治理实践，教育治理体系现代化的衡量标准表现为以下五个方面：一是权力运行制度化。公共教育权力运行的制度化与规范化，主要体现在是否有比较完善、规范的权力配置与运行制度安排，以使不同类型的教育权力和责任得以在各个治理主体中明确，并能够合理、合法使用。二是过程民主化。教育治理过程需要充分听取和采纳各个治理主体，特别是基层学校和公民的意见和建议，从而平等协商、共同决策。三是运行法治化。教育治理依据国家宪法和教育法律法规框架开展或进行。四是结构一体化。教育治理结构的政府-市场-社会的"三位一体"。五是效率最大化。追求效率最大化是实施治理的内在要求和根本目标。教育治理实践中能否有效提供优质的教育服务，促进教育公共事务健康、有序运行，是衡量教育治理体系现代化水平的主要标尺。

第二节 教育治理现代化体制机制改革进程回顾

我国从"教育管理"到"教育治理"的演变历程，基本上围绕教育权力运行形式改变而进行。1985 年 5 月颁布《中共中央关于教育体制改革的决定》将教育治理的"放权"理念写入文本政策是教育治理现代化理念的萌芽。从1985 年至今，我国教育治理现代化体制机制改革政策的演变历程大致分为四

---

① 刘斌. 以新担当新作为推进"中国教育现代化 2035"［J］. 教育与职业，2019（9）：5.

② 俞可平. 推进国家治理体系和治理能力现代化［J］. 前线，2014（1）：45.

个阶段。

一、萌芽阶段（1985—1997 年）

1985 年中共中央颁布实施《中共中央关于教育体制改革的决定》和 1986 年全国人大六届四次会议通过《中华人民共和国义务教育法》，中央开始放权给地方，教育行政部门放权给校长，政府放权给社会，进一步深化了教育管理体制改革，中等及中等以下教育实行"地方负责、分级管理"的基本制度。《中华人民共和国义务教育法》明确规定，设立学校及其他教育机构必须要有组织机构和章程，学校应当通过以教师为主体的教职工代表大会等组织形式，保障教职工参与民主管理和监督，并且国家实行教育督导制度和学校及其他教育机构教育评估制度，教育治理与学校决策的民主化进程和评价机制的完善相关。1997 年颁布实施《社会力量办学条例》，明确了"社会力量办学事业是社会主义教育事业的组成部分"，逐步向社会放权，允许社会力量举办高等教育机构等，体现了"教育治理"理念的萌芽。

二、探索阶段（1998—2005 年）

这个时期中央限定责任权限，中央攻坚于集中力量办好一部分关系国民经济发展全局的重点大学和重大教育工程项目，如 1993 年"211"工程重点建设项目和 1998 年"985"计划，其余由地方政府和其他中央业务部门，从根本上扭转部门办学、条块分割的局面。1998—2005 年，关于"依法办学、自主管理、民主监督、社会参与"的现代大学制度研究成为学者研究的热点。2001 年《国务院关于基础教育改革与发展的决定》提出了农村义务教育管理体制实行由地方政府负责、分级管理、以县为主的体制，以及 2002 年《中华人民共和国民办教育促进法》明确规定学校校长、理事会、董事会或者其他形式的决策机构如何行使职权。现代大学制度探索和"以县为主"的基础教育体制的确立等方面，体现了教育治理现代化政策的探索阶段。

三、推进阶段（2006—2012 年）

2006 年 9 月 1 日，新修订的《中华人民共和国义务教育法》正式明确了城市和农村的基础教育都实行由地方政府负责、分级管理、以县为主的体制，并且加入了"法律责任"的专门章节。其中，规定义务教育实行的是国务院领导，省、自治区、直辖市人民政府统筹规划实施，县级人民政府为主管理的体制，该体制明确了"以县为主"的体制，初步划分了中央、省和县在义务教育管理中的职责。实现教育治理现代化最终都离不开县域层面的努力，实现教育治理现代化的重点、难点都在县域一级。2010 年《国家中长期教育改革和发展规划纲要（2010—2020 年）》颁布，其在第四十五条和第四十七条明确了教育管理体制改革的内容，首次正式提出要建设现代大学制度，其中体现了教育治理的主要途径措施是"促进管办评分离"和"转变政府教育管理职能"，"管办评分离"成为推进教育治理体系现代化的重要路径。

四、深化阶段（2013 年至今）

2013 年，中国共产党十八届三中全会通过的《中共中央关于全面深化改革若干重大问题的决定》阐明了深化教育领域综合改革的体制改革内容，着重提出"推进国家治理体系和治理能力现代化"，治理体系现代化重在体制机制方面的突破，治理能力现代化则重在治理技术方面的创新。在 2014 年全国教育工作会议上，时任教育部部长袁贵仁提出"推进教育治理体系和治理能力现代化"，这成为"教育治理现代化"政策的正式提出阶段。2014 年国务院发布的《深化考试招生制度改革的实施意见》、2015 年发布的《教育部关于深入推进职业教育集团化办学的意见》、2015 年教育部发布的《关于加强家庭教育工作的指导意见》都体现了"教育治理法制化""尊重教育主体的多元化""与家长、社区建立协商式的教育决策机制"是构建教育治理现代化理论体系的重要方式。

第三节　教育治理现代化体制机制改革面临的困境

教育治理现代化对于深化教育体制机制改革和优质教育服务供给具有重要作用。但是，由于我国教育法制不足、治理结构不优和传统观念固化等问题，成为了教育治理体系现代化的障碍，并引发诸多矛盾或问题。

一、教育法治供给与教育治理制度需求的矛盾

教育治理现代化的实质是制度现代化，"通过加快制度创新而实现制度现代化，现已成为决定中国现代化进程和社会可持续发展的关键所在"①。教育领域制度现代化的推进，需要以深化教育综合改革为契机和动力，持续探索教育公共治理的内在机理、策略模式与实施路径，不断探寻和拓展教育治理的具

---

① 俞宪忠．制度现代化解构［J］．天津社会科学，2002（5）：33.

体制度创新的渠道和方式。目前我国教育治理环境，不仅缺少对教育公共治理主体的权利、职责的相关法律法规，而且教育治理各主体的权利、责任意识模糊不清，治理主体之间难以达成真正共识，民主、平等、团结、合作的伙伴关系也难以构建与维系。教育治理的多元主体互动合作困难重重，制度协同作用难以凸显。教育治理的制度未及时进行相关教育法律、法规或规章制度的更新，导致教育治理的政策制度与现有相关法律制度条文的矛盾，教育制度创新实践举步维艰。

教育公共治理体系以增进教育公共利益最大化的制度方案，寻求在"教育需求-教育供给"制度框架内的动态平衡及多边合作机制。治理主体以制度需求为导向开展制度设计、优化与创新，实现教育制度的需求性供给，是保证教育公共治理有效性与提高教育治理的实践逻辑。因此，如何从教育制度创新需求的角度出发，打破由教育法制不足造成的种种阻碍或制度藩篱，实现相关教育法律制度的"立"与"破"，为教育公共治理营造良好的法治环境，是推进和实现教育治理体系现代化的首要问题。

二、国家、高校和市场三者之间关系失调

经教育公共治理实践发现，目前我国教育治理结构存在规范、成熟的市场"缺位"，缺少自由、公平、开放的竞争环境。① 有研究者指出，"治理理论产生、发展并应用于公共管理实践的一个必不可少的社会条件是要有较为成熟的非营利性组织的存在"②。由于教育治理实践中的法规尚未成型，参与公平竞争的竞争者较少，以自由、公平、开放的市场竞争的形式的教育生产意义不足，政府只能凭借经验通过定向购买完成，吸纳最专业化的社会组织参与治理。我国社会组织发展起步较晚，具有较高专业化和成熟度的社会组织数量有限，其广泛参与和提供优质教育公共服务的能力、资源还相对有限。"当前我国社会组织大多具有半官方性质，其与政府有着很强的依附性和顺从性，并存在严重的行政化倾向。"③ 这在一定程度上导致社会组织在教育服务评估、教育质量认证和教育生产服务中的独立性、专业性与权威性可能出现偏离，其公

---

① 冯增俊. 市场机制引入与教育管理体制创新 [J]. 比较教育研究，2005 (3)：17.

② 沈承诚，左兵团. 西方治理理论引入的社会条件分析 [J]. 行政论坛，2005 (5)：23.

③ 金绍荣，刘新智. 非政府组织参与公共教育治理：目标、困境与路向 [J]. 教育发展研究，2013 (5)：56.

正性、客观性也受到一定质疑正是由于我国公共治理范式下规范、成熟的市场和公民社会存在"缺位",导致政府-市场-公民社会三元治理结构不优,教育公共治理最为核心的价值——多元主体合作共治难以完整呈现。

教育公共治理体现为地方政府与教育行政部门改革,治理目标定位于"小政府、大社会、大服务"。① "现阶段教育治理是在一元化结构的框架,急需充分发挥非政府公共组织在社会公共事务管理中的作用"。② 因此,如何构建规范的、适度竞争的市场和培育成熟、独立的社会组织,从而构筑健全稳定的三元治理结构是教育治理体系现代化亟待解决的根本性问题。

三、教育治理制度之间的角力

从我国地方教育公共治理实践看,教育公共治理大多是为促进区域教育优质均衡发展,由政府主导的自上而下的过渡性制度安排,兼具权威性和强制性的各方行为规则,以使各个治理主体规范、协调彼此的行为活动,以保证优质教育服务的合作供给。虽然由政府制定的规制性制度能够聚合市场、社会组织、学校以及家庭等各个主体资源,而且多元主体合作的治理实践也能够迅速开展,但总是存在某种阻碍、排斥或抗拒,预期的目标难以真正有效地达成。政府作为教育公共治理的核心主体,往往关注和重视规制性制度的变革和实施,忽略不同类型治理制度的同步设计与执行。由于教育公共治理的具体制度设计的不完善,引发的政府制定的规制性制度的角力,造成教育治理实践和公共治理绩效难以保证。因此,如何完善教育治理的制度设计,调和不同类型制度因素之间的作用向度,是实现教育治理的制度化和现代化的重要内容。

四、教育治理主体角色转换的"差位"

教育治理体系现代化不仅要求教育制度的现代化,更需要制度执行主体的现代化。正如英克尔斯所言:"如果一个国家的人们缺乏一种能赋予这些制度以真实生命力的广泛现代心理基础,如果执行和运用这些现代制度的人还没有从心理、思想、态度和行为方式上都经历一个向现代化的转变,失败和畸形发展的悲剧是不可避免的。"可见,教育公共治理主体的现代化水平直接关涉教

---

① 上海市浦东新区社会发展局.中国教育改革前沿报告:浦东新区教育公共治理结构与服务体系研究 [M].上海:上海教育出版社,2009:4-38,41,42,206-208.

② 臧志军.反思与超越——解读中国语境下的治理理论 [J].探索与争鸣,2003(3):10.

育治理现代化的实现程度。

从地方教育公共治理主体来看，无论是治理主体核心的政府，还是自主办学的学校，抑或是专业的社会组织，其主体角色意识、行为方式、合作能力都尚未达到教育治理时代的应有形态，仍然表征出传统管制型政府模式下的角色身份、思想观念和行政文化。教育行政部门及其工作人员理应扮演教育公共事务的管理者、协调者和服务者角色，但事实上，"政府的治理意识和治理能力还难以适应治理的深入，不少政府机关和公务员在角色定位上仅注重其作为权力者的身份，而忽视其权力来源和权力行使的根本宗旨，背离了政府存在的基本价值，依然是管制型而非服务型的政府治理风格"。①

正是由于政府主体及其工作人员的传统管控思想、意识与观念的根深蒂固，致使现代教育治理范式下的政府的"治理者"角色、行为和文化没有实现根本性转变，并导致了其他治理主体的认知、态度和行为方式依然停留在政府一元管理模式状态，各个治理主体之间的互动、合作精神尚未真正形成、集体行动依然处于"有名无实"的状态。因此，如何使多元治理主体，尤其是教育行政部门及其相关人员真正从传统"管理者"到现代"治理者"的转变，是推进教育治理体系现代化面临的重要问题。

第四节　教育治理现代化体制机制改革的举措

教育体制机制是教育治理改革的根本，注重顶层设计与制度创新相结合，提升治理能力，提高政策制定水平与执行力度。

一、推进教育法治化，夯实教育治理体系的基础

健全完善的教育法律制度是实现教育治理体系现代化的前提或基础，为教育治理的实践提供合法性基础，为教育领域综合改革与制度创新提供空间，为多元治理主体能动性的发挥提供制度保证。依据教育治理制度创新的合理需求，做好相关教育法律制度的"立"与"破"。教育治理体系现代化的实现，适时将成熟的教育治理政策与制度上升为教育法律或法规，那么就能够使教育治理实践获得更为广阔的法治环境与依据。

无论是宏观的教育治理政策制定还是中观的制度探索，都需要有完善的法

---

① 上海市浦东新区社会发展局.中国教育改革前沿报告：浦东新区教育公共治理结构与服务体系研究［M］.上海：上海教育出版社，2009.4-38，41，42，206-208.

律制度环境作为支撑，这是教育治理体系法治化的基本要求。为此，教育治理主体理应根据教育治理实践的需求，以教育制度创新的合理制度需求为出发点，在充分论证的基础上及时制定必要的相关法律制度，修订现有教育法律制度中存在阻碍、规制教育改革创新的条款或规定，为教育治理的制度创新提供必要的、充足的法制基础或空间，构建和完善各个治理主体的行为法制规范体系。

二、发挥治理主体核心作用，优化教育治理结构

发挥政府与其他主体（包括其他部门和组织）核心作用，形成井然有序、相互促进的治理结构，实现治理功能放大与资源最大化。强调集体行动的自发性、治理过程的自组织性、治理结构的有序性和治理结果的有效性，对于政府教育公共治理的角色、功能和作用起着明确的定位和指导作用。①

首先，政府要转变行政职能，从"划船者"到"掌舵者"、从"运动员"到"裁判员"，发挥其在教育治理中的宏观主导、协调作用。"因为成治理的关键在于政府对其他主体的有效整合以及对政策网络的有效管理。"② 目前"中国式"教育公共治理，需要政府起到网络化治理体系的构建者和整合者的角色作用，并"有助于形成多元主体、培养其治理能力"③。

其次，构建合理、有效的公共教育权力分配与制衡机制。因为教育公共治理现代化关键在公共教育权力在不同部门、不同主体之间"确权""分权""放权"和"让权"，形成公共教育权力制衡机制。④ 这种机制的建立需要做到以下三个方面：一是做好公共教育权力的整合与分类。把不同政府部门之中的公共教育权力进行科学、合理的整合与分类，为合理的"确权"和"分权"提供基础。二是根据权力的类别和性质，把其分配给与之相匹配的组织或主体，以使公共教育秩序得以规范，教育公共服务实现优质供给。三是制定各种权力的运行、监督制度，以保证各种权力的效用发挥。权力制衡机制能够使政府、市场、社会、学校等不同治理主体之间的权力边界清晰、权责明确和相互

---

① 麻宝斌，李辉. 协同型政府：治理时代的政府形态 [J]. 吉林大学社会科学学报，2010（4）：35.

② 孙柏瑛，李卓青. 政策网络治理：公共治理的新途径 [J]. 中国行政管理，2008（5）：76.

③ 臧志军. 反思与超越——解读中国语境下的治理理论 [J]. 探索与争鸣，2003（3）：53.

④ 本报记者. 教育"治理"辨析 [N]. 中国教育报，2014-03-05.

制衡，从而为教育治理的集体行动提供必需的权力基础。"通过让渡发展空间的政策、资金支持的政策、人才政策以及网络信息政策等增进组织的发展所需的基础条件"。①

最后，适当引入市场竞争机制，以提升教育公共服务供给的效益。比如，在教育公共服务的购买中，采用完善的公平、开放的竞争招标制度，以引进最为专业、成熟的社会组织参与教育治理。总之，通过政府核心主体角色作用的发挥，培育规范的市场，专业、成熟的社会组织，以便能够为典型意义上的"治理"构筑坚实、稳定和有序的治理结构。

三、促进教育多元治理格局，提升教育治理效能

教育多元治理主体能力发挥，必须以法治为基础和前提需要有明确的主体行为规范作为指导，多元主体之间的互动、协调的关系建立和维系提供法律制度支持。中央与地方政府教育事权的划分以及地方政府之间教育职责范围的划分，旨在通过简政放权、放管服结合改变高度集权、政府包揽过多的教育体制，构建多元参与的教育治理格局。改革开放以来，1980 年第一部教育法规《中华人民共和国学位条例》出台，我国走上教育法治建设的轨道。1995 年《中华人民共和国教育法》的颁布标志着我国教育法治建设向着综合法治的阶段过渡。进入 21 世纪以来，《中华人民共和国职业教育法》《中华人民共和国高等教育法》《中华人民共和国民办教育促进法》以及系列行政法规和地方性法规相继出台，基本形成了我国教育法律体系的框架，教育立法进入全面、系统的阶段，为推进教育改革与创新提供法律支持。2017 年 9 月，中共中央办公厅、国务院办公厅印发《关于深化教育体制机制改革的意见》，提出要深化简政放权、放管结合、优化服务改革，把该放的权力坚决放下去，把该管的事项切实管住管好，加强事中事后监管，构建政府、学校、社会之间的新型关系。

随着社会主义市场经济体制的转型，我国政府逐步从审批型向服务型转变，从"无限政府""全能政府"向"有限政府""责任政府"转变，从人治政府向法治政府转变，逐步形成以政府为主导，社会、市民、学校等多元治理主体的公共教育服务供给体系，逐步克服政府在公共教育服务供给过程中的"缺位""错位""越位"等问题。在教育领域，中央与地方、地方各级政府

---

① 邓国胜. 中国非政府部门的价值与比较分析. 中国非营利评论（第一卷）［C］.北京：社会科学文献出版社，2007：77-91.

之间的权责划分进一步转变了政府的教育职能，教育管理体制逐步实现了从大包大揽的"全能型"向分工精细的"服务型"转变，真正实现了由"划船"到"掌舵"的转变，不断提高教育治理效能。

四、健全教育治理政策制度，提高教育治理执行力度

教育政策是教育治理体系的重要构成要素之一。教育政策与教育制度密切相关，制度是政策的基础，制度需要政策的支持。政策具有组织、指导和协调的作用，没有政策或政策不完善，就难以革新旧制度并形成科学合理的新制度。教育政策包括政策制定和政策执行两个层面，在教育治理过程中，实现教育治理的动态平衡，处理好改革与稳定的关系，依赖于具体的政策制定和执行。

教育政策的制定要体现为人民服务的宗旨，要体现教育行政部门对教育治理各主体、各要素之间关系的调适，以保障人民受教育的权益作为教育政策制定的出发点。科学、民主地制定政策，充分考虑政策制定的可操作性，政策制定要以一定的经济社会发展环境为基础，以实践需求为依据，有助于确保教育治理的功能开发、结构优化和转型升级。

政策制定的科学性、民主性和可操作性，要求在教育治理过程中，健全政策制定前的调研与咨询、制定中的协商与监督、制定后的跟踪与问责，增强政策制定的层次性、连续性和延展性，扩大政策制定过程中的公众参与，促进公众利益表达。政策执行是政策过程的中心环节，是教育政策的关键点和落脚点。政策的成效依赖于政策的执行，政策执行到位才能落实到行动上，才能得到人民群众的理解、支持与认同，这是实现有效教育治理的基础和关键。

政策执行受执行环境、主体、客体等多种因素的影响。在多种因素的影响下，有效的政策执行依赖于作为教育治理主体的政府、社会、学校等方面的合力作用。政府推动行政体制改革，明确各执行部门的责权利，实现政策执行过程中的良好沟通、协调与整合，形成合力。同时发挥社会组织、新闻媒体在政策执行监督中的作用，建立科学量化的政策执行监督考核体系，以有效的考核奖惩实现有效的监督和激励。

教育治理制度完善程度影响着教育治理体系现代化目标的实现，至少需要从以下三个方面进行：

首先，教育治理制度设计要从整体上综合考虑各种要素，努力做到要素之间的协调共济，在技术层面、价值层面和运行层面保证其科学性、合理性、可操作性以及人性化。教育治理制度方式来看，需要通过显性化、通俗化和生活

化的语言表达方式，以使教育治理行动者对新制度的专业规范、社会期望和文化氛围的理解与认同。

其次，不断创新和完善教育治理实践的制度探索。不同类型的教育治理主体的资源和能力的发挥，可以通过具有创新性的制度来实现。比如，为整合社会组织、学校、社区、家庭的优质教育资源达致优质教育公共服务的合作供给，可以通过政府向第三部门购买、公共教育委托管理、学校家庭社区合作等方式。保证教育治理制度的科学性、合理性和有效性。适度引入市场机制优化政府购买教育公共服务的机制，形成教育公共服务的生产者、提供者和评价者之间的有机协作系统，以保证教育公共服务的优质供给。

最后，治理主体要制定、完善和优化教育治理范式下的行为规范制度体系，以发挥微观制度的目标导向、激励与约束功能。教育行政部门及其工作人员的服务、管理工作制度，市场的自由、公平、开放的竞争制度，学校自主办学规范制度，社会组织的专业服务制度、评估制度等。治理主体的行为规范制度的完善和精细化，能够确保各个治理主体及其成员的行动目标明确、规范有力和井然有序。治理主体也需要制定和完善多样化的工作激励制度，重视对行为自觉、绩效优异的组织成员进行物质和精神奖励，以做到正向强化和榜样示范。

五、参与全球教育治理，推进教育治理现代化

全球化大背景下，世界各国政府教育战略利益的考量，教育政策的制定语境逐渐从本国扩展到了全球，教育发展逐渐融合到全球治理的多维框架。1992 年，由德国前总理勃兰特发起成立的"全球治理委员会"（Commission on Global Governance）得到了联合国的认可，并出版名为《全球治理》（*Global Governance*）的杂志。① "全球治理"这个概念逐步走向大众视野，并为世界各国带来新的教育发展视角。

改革开放以来，我国通过教育服务贸易、与其他国家开展多元教育合作、积极参与教育国际援助等方式参与全球教育治理。党的十八大以来，我国提出"共商、共建、共享"全球治理的中国方案，展现中国担当，贡献中国智慧。中国积极响应联合国教科文组织重点关注的全球优先计划——"非洲优先计划"，并以实际行动支持和促进非洲教育发展。中国政府在联合国教科文组织

---

① 顾明远，王英杰，张民选. 全球化时代比较教育的挑战与使命 [J]. 比较教育研究，2015（4）：4.

中设立联合国教科文组织-中国信托基金（CFIT），支持埃塞俄比亚等8个非洲国家实施名为"加强教师培训，缩小非洲教育质量差距"的教师培训项目，旨在利用现代信息通信技术，通过远程教育方式进行教师岗前培训和继续教育培训。这是中国在联合国教科文组织首次设立信托基金，标志着一种新的合作伙伴关系的开始。

《国家教育事业发展"十三五"规划》提出了"积极参与全球教育治理"的目标，我国在教育领域发出中国声音、阐明中国立场、提供中国智慧，充分展现了大国胸怀、大国精神和大国气魄。在推进教育国际化的进程中，保持文化和教育的独立性对于每个民族来说都是至关重要的。全球化带来了文化和教育的融合，同时也带来了冲突和焦虑。冲突表现在外来文化与本土文化的不和谐，不能相融合；焦虑表现在对外来文化的浸透，本土文化有被融化、被改变，甚至丧失的危险的忧虑。教育的国际化与本土化相结合不是一蹴而就的，与国际形势、国内环境紧密相关，并立足于教育发展的需要，以螺旋式上升的形式不断交合。随着我国实力的不断充盈，在处理好教育本土化与国际化的关系的同时，中国以更加自信和开放的姿态走向世界，也将以更加积极和负责任的态度推动全球教育治理进入新时代。

小　结

教育治理现代化体制机制改革是持久的教育改革和深刻的社会变革。既不能简单延续中国教育发展的已有经验，也不能完全模仿西方发达国家的教育发展式，要扎根中国大地，坚持中国共产党的领导和社会主义办学方向，在继承历史、借鉴国外的基础上，探索适合中国国情、具有中国特色的教育治理现代化之路，逐步推动实现高等教育强国建设。

第八章　考试招生制度改革

当前，我国考试招生制度中出现的很多矛盾和问题，更多的不是制度本身的原因，而是没有形成与考试招生制度相适应的体制与运行机制，表现为体制与机制与现实社会和当前制度不能相互配套。因此，现行的考试招生制度改革主要改革考试招生制度中的体制与运行机制。通过建立更加科学合理、适应形势要求的考试招生体制机制，以实现国家人才培养和选拔的目标，最终促进社会的稳定和谐发展。

第一节　什么是考试招生体制机制改革

要讨论考试招生体制机制改革的问题，必须先清楚制度、体制、机制的内涵。

关于什么是制度，可谓见仁见智。美国制度经济学家康芒斯认为："如果我们要找出一种普遍的原则，适用于一切所谓属于制度的行为，我们可以把制度解释为'集体行动控制个体行为'。"① 德国社会学家马克斯·韦伯认为："制度应是任何一定圈子里的行为准则。"② 美国社会学家罗尔斯则这样定义制度："现在我要把一个制度理解为一种公开的规范体系，这一体系确定职务和地位以及他们的权利、义务、权力、豁免等"。③ "system" 一词即是我们所说的制度或体制，一般情况下，西方国家对制度和体制的区分不是特别明显。

我国针对社会制度中涉及规则、秩序、组织及其结构等问题，近代以后逐

---

① ［美］康芒斯. 制度经济学（上）［M］. 商务印书馆，1962：87.

② ［德］马克斯·韦伯. 经济与社会（上卷）［M］. 林荣远译. 商务印书馆，1997：345.

③ ［美］约翰·罗尔斯. 正义论［M］. 何怀宏等译. 中国社会科学出版社，1988：54.

步用体制一词来表达，解决组织机构中"who"和"what"的问题，也即"谁来做"和"做什么"。有人把体制定义为"使权力正常有效的运转，由权力者通过一定的议决形式确定下来的组织形式、权限划分、工作方式等具体的制度和规范"①。

谈到机制，必然涉及两个要素，即机构和制度，"机制就是制度加方法，或者是制度化了的方法，是在各种有效方式、方法的基础上总结和提炼而成的，在某种程度上机制是权力的实现方式之一。机制是在体制决定了由'谁'做和'做什么'的基础上再进一步决定'如何做'的问题好的体制应该是好的机制产生的前提，好的制度则是好的机制的保障"②。

在上述对"制度"、"体制"、"机制"内涵界定分析的基础上，我们可以很明显地看到，我国考试招生的根基未变，也即根本制度没有改变。国内现行的考试招生制度改革中的问题，基本上都在改革体制和运行机制的范畴之内。

总的来说，我国目前的考试招生制度是牵涉到考试和招生等方方面面的一系列规定的总称，如学校考试政策、招收政策、录取条件和办法等。从宏观的综合性角度来看，它指的是"由考试制度、招生制度、录取制度、管理制度等组成的制度体系"。③ 从本质上来看，目前我国的考试招生制度侧重教育的"筛子"功能，侧重于人才的选拔。这种人才选拔制度在我国由来已久却影响深远。因此，现行的考试招生制度根基未曾改变，只是这一根本制度在执行过程中出现了诸多体制和运行机制方面的问题。从这个意义上来讲，教育改革者应该根据我国的国情，认清教育考试招生改革不是对制度进行根本性的变革，而是改革考试招生制度中的体制与运行机制问题。

第二节　考试招生体制机制改革的阶段

我国的考试招生体制机制改革，主要是在政策文件的驱动下展开并实施，梳理这几个重要政策文件，是厘清考试招生体制机制改革历史脉络和现实实践的核心部分（见表8-1）。

---

① 李宜春 . 安徽行政管理体制创新研究［D］. 合肥工业大学，2007：7.
② 孟晓华 . 我国档案管理体制及其改革研究［D］. 中国人民大学，2003：5.
③ 王彬 . 我国高考制度改革的价值取向研究［D］. 上海师范大学，2013：4.

表8-1 我国考试招生体制机制改革标志性政策

阶段	发文机关	时间	标志性政策文本
起步阶段	国务院	1977年10月	《关于1977年高等学校招生工作的意见》
	中共中央	1985年5月	《中共中央关于教育体制改革的决定》
发展阶段	国务院	1993年2月	《中国教育改革和发展纲要》
	国家中长期教育改革和发展规划纲要工作小组办公室	2010年7月	《国家中长期教育改革和发展规划纲要（2010—2020年）》
成熟阶段	国务院	2014年8月	《关于深化考试招生制度改革的实施意见》

一、《关于1977年高等学校招生工作的意见》

1977年10月，国务院正式批转教育部《关于1977年高等学校招生工作的意见》，规定从1977年起，高等学校实行新的招生政策，"废除推荐制度，恢复统一招生考试，择优录取。具体采取自愿报名；统一考试；地市初选；学校录取，省、市、自治区批准的招生办法。"① 该《意见》具有重要的里程碑意义，它标志着我国高考制度在历经"文化大革命"后的正式恢复。经过拨乱反正，自此，我国教育才逐步步入正轨，教育制度也得以恢复和重建，教育的现代化也自此拉开帷幕。

二、《中共中央关于教育体制改革的决定》

1985年5月，全国教育工作会议召开，这是改革开放以来教育领域第一次全国性的会议，会议通过了《中共中央关于教育体制改革的决定》。该《决定》最终的落脚点是人才问题。为了保证改革方向不偏离，会议提出改革的根本目的是从整体上"提高民族素质，多出人才，出好人才"。

涉及考试招生部分的主要分为中考和高考两个阶段，相关内容有：该《决定》指出社会不仅需要高层次人才，也需要初级和中级的技术和管理人才。因此要在调整中等教育结构的基础之上，大力发展职业技术教育。单位招

---

① 邓小平在教育部《〈关于一九七七年高等学校招生工作的意见〉的请示报告》上的批示[EB/OL]. http：//www.zgdazxw.com.cn/dagb/2014-10/16/content _ 70182. htm，2019-05-21.

工必须首先从各职业技术学校的优秀毕业生中选取。但是这些学生特别是技术性比较强的专业人员，在从业之前也必须取得相应的考核合格证书。有关部门也应该制定并逐步实现相应的制度法规。

一般从中学对学生进行分流，初中毕业生有两个流向：一个是普通高中，一个是职业技术高中；高中毕业生同样也有两个分流方向：一个是普通大学，一个是高等职业技术院校；中等职业技术教育的结构不合理，需要通过学生分流逐步改变，通过对中等专业学校和技工学校扩大招生、对部分普通高中按计划转为职业高中等措施，用5年左右时间，使职业技术高中的招生人数和普通高中的招生人数基本持平。积极发展高等职业技术院校，优先对口招收中等职业技术学校毕业生以及有本专业实践经验、成绩合格的在职人员入学。

在高等学校考试招生方面，该《决定》指出要对高等教育进行体制方面的改革，关键是改变国家以往对高校管理过多过死的体制。在学生的招生计划、毕业生分配方面，要适当扩大高等学校办学自主权。由原来的国家全部统一招生、毕业生工作包分配，逐步向国家计划招生、用人单位委托招生、国家计划外少量的自费生三者相结合的办法。"但不论哪类学生，都必须经过国家考试合格，由学校录取。"①

三、《中国教育改革和发展纲要》

1993年《中国教育改革和发展纲要》（中发〔1993〕3号）颁布。其中文件第三部分"教育体制改革"第19条"改革高等学校的招生和毕业生就业制度"是本研究要讨论的重点。牵涉到的主要是高等教育阶段的招生改革。高等教育的招生政策和1985年《中共中央关于教育体制改革的决定》的相关规定本质思想一脉相承，都强调要转变完全由国家统一计划招生的体制，只是此次和以往相比，委托培养和招收自费生的比重进一步加大，但该前提是保证国家任务计划的完成。"国家仍要提出指导性的宏观调控的招生总量目标，并通过国家任务计划重点保证：国家重点建设项目、国防建设、文化教育、基础学科、边远地区和某些艰苦行业所需要的专门人才。"②

此外，大学扩招是高等教育领域内招生考试制度的重大变革。自20世

---

① 中共中央关于教育体制改革的决定［EB/OL］. http：//old. moe. gov. cn/publicfiles/business/htmlfiles/moe/moe_177/200407/2482. html，2019-05-21.

② 中国教育改革和发展纲要［EB/OL］. http：//www. moe. edu. cn/jyb_sjzl/moe_177/tnull_2484. html，2019-12-15.

纪末的扩招政策实施以来，高等教育已经逐步从精英教育走向大众化。20世纪末，原国家教育委员会曾提出 21 世纪第一个十年的高等教育发展目标是在校生人数达到 950 万，但是根据当时我国高等教育的规模和水平，要实现这一目标就要需要高校扩招，因此，高校扩招在 20 世纪末期被正式提出并实施。

四、《国家中长期教育改革和发展规划纲要（2010—2020 年）》

2010 年《国家中长期教育改革和发展规划纲要（2010—2020 年）》颁布，招生考试制度改革在第十二章作为专项列出。主要涉及从三十四条到三十七条四个条款，内容从总体思路到完善中、高考改革和监督管理四大块，具体为：推进考试招生制度改革；完善中等学校考试招生制度；完善高等学校考试招生制度；加强信息公开和社会监督。

在总体思路上，《国家中长期教育改革和发展规划纲要（2010—2020 年）》对考试招生制度改革的探索更为专门化和多元化。该文件专设一章四条对其进行探讨，这在以往的教育规划文件中是没有的，可见我国对考试招生制度改革的探索已经更加系统、深入和细化。总体上倾向于打破一考定终身、探索多元化的考试招生方式为改革方向。文件提到："探索招生与考试相对分离的办法，政府宏观管理，专业机构组织实施，学校依法自主招生，学生多次选择，逐步形成分类考试、综合评价、多元录取的考试招生制度。"①

考试招生制度改革针对不同阶段的教育要采取不同的方式。《国家中长期教育改革和发展规划纲要（2010—2020 年）》侧重对完善中等学校和高等学校考试招生制度有针对性地提出规划。初中阶段要进一步探索学业水平考试和综合素质评价，将如何就近免试入学落实到位。高中阶段学校考试招生方式，在优质普通高中和优质中等职业学校要体现学生合理分流。

高等学校考试招生制度改革在考试和招生方面都做出规划。在考试方面：在保证国家考试的科学性、导向性的前提下，对社会化考试和个别科目一年多考方面做出探索。关键是要"深化考试内容和形式改革，着重考查综合素质和能力。逐步实施高等学校分类入学考试。普通高等学校本科入学考试由全国统一组织；高等职业教育入学考试由各省、自治区、直辖市组织。成人高等教

---

① 国家中长期教育改革和发展规划纲要［EB/OL］.（2010—2020 年）. http：//www. gov. cn/jrzg/2010-07/29/content_1667143. htm, 2020-02-12.

育招生办法由各省、自治区、直辖市确定"①。研究生入学考试则加强创新能力考查。在招生方面：本着入学机会公平又利于人才选拔的原则建立多元的录取机制。普通本科招生结合高中学业水平考试和综合素质，仍以高考为基本方式择优录取。同时结合推荐录取、自主录取、定向录取、破格录取等其他方式。

考试招生制度改革的顺利推进离不开信息公开和社会监督机制的完善。无论是高校的统一或自主招生名额分配，还是招生章程、政策、程序、结果等都应该公开透明，并加强社会各界的监督，加强考试招生法规和诚信制度建设。

五、《关于深化考试招生制度改革的实施意见》

2014 年 8 月，中共中央政治局会议审议通过《关于深化考试招生制度改革的实施意见》（国发〔2014〕35 号）。考试招生制度是国家基本教育制度。我国考试招生制度总体上符合国情，但也存在区域和城乡入学机会不均、择校热、唯分数论、高考一考定终身、加分造假、高校违规招生等问题，为提高人才选拔水平，促进教育公平，须进一步深化考试招生制度改革，在试点推进的基础上，分步骤有序实施。

该《实施意见》的总体目标是："2014 年启动考试招生制度改革试点，2017 年全面推进，到 2020 年基本建立中国特色现代教育考试招生制度，形成分类考试、综合评价、多元录取的考试招生模式，健全促进公平、科学选才、监督有力的体制机制，构建衔接沟通各级各类教育、认可多种学习成果的终身学习'立交桥'。"②

该《实施意见》就深化考试招生制度改革提出五大任务措施：一是改进招生计划分配方式。集中解决如何提高中西部地区、人口大省高考录取率及重点高校的农村学生录取率，为破解择校难题问题完善中小学招生办法。二是改革考试形式和内容。对高中学业水平考试、综合素质评价应不断规范和完善，高职院校分类考试要加快推进，高考考试内容进一步改革深化。三是改革招生

---

① 国家中长期教育改革和发展规划纲要〔EB/OL〕.（2010—2020 年）. http：// www. gov. cn/jrzg/2010-07/29/content_1667143. htm，2020-02-12.

② 国务院关于深化考试招生制度改革的实施意见〔EB/OL〕. http：//www. gov. cn/ zhengce/content/2014-09/04/content_9065. htm，2020-02-12.

录取机制。对高考考试加分、高校自主招生高校招生选拔机制进行规范和完善，改进录取方式，拓宽社会成员终身学习通道。四是改革监督管理机制。加强信息公开和制度保障，对违规行为加大查处力度。五是启动高考综合改革试点，改革考试科目设置和招生录取机制。该《实施意见》还指出，要加强组织领导。并在随后出台《关于普通高中学业水平考试的实施意见》《关于加强和改进高中学生综合素质评价的意见》两个配套文件。

第三节　考试招生体制机制改革的瓶颈

从中华人民共和国成立初期到 1977 年恢复高考，时至今日，我国的招生考试制度体制机制问题在不断的探索中曲折前进，目前随着各项教育改革重大政策文件的持续推进，我国的各级各类考试招生制度不断完善，形成了相对完善的考试招生体系，考试招生体制机制改革政策在实施中也取得了一定的成果，但是也存在不少现实问题，成为改革的瓶颈，制约改革的进度。

一、考试招生体制机制改革政策的实施状况

随着我国考试招生体制机制改革的不断推进，教育事业取得长足进步：招生规模总体扩大，教育普及程度不断提升，考试评价体系不断改进。

（一）招生规模总体扩大

在 1949 年，我国文盲率占总人口的 80%。随着国力的提升和教育事业的发展，截至 2018 年年底，全国各级各类学历教育在校生 2.76 亿人，九年义务教育巩固率 94.2%。高中阶段毛入学率 88.8%，比上年提高 0.5 个百分点。全国各类高等教育在学总规模达到 3833 万人，高等教育毛入学率达到 48.1%。[①]无论是义务教育阶段、高中阶段，还是高等教育阶段，我国的教育普及程度都大幅度提升，在相应的人口基数上招生规模进一步扩大。

通过表 8-2，我们可以直观清晰地看到自 20 世纪末至今，我国义务教育阶段、高中阶段和高等教育阶段的招生人数变化。

---

① 2018 年全国教育事业发展统计公报 [EB/OL]. http：//www.moe.gov.cn/jyb_sjzl/sjzl_fztjgb/201807/t20180719_343508.html，2019-12-12.

表 8-2 　我国各级学校招生人数变化表（1999—2018 年）（单位：万）

年度	义务教育阶段		高中阶段	高等教育阶段		
	小学	初中		研究生	普通本专科	成人本专科
2018	1867.30	1602.59	1349.76	85.80	790.99	273.31
2017	1766.55	1547.22	1382.49	80.61	761.49	217.53
2016	1752.47	1487.17	1396.26	66.71	748.61	211.23
2015	1729.04	1411.02	1397.86	64.51	737.85	236.75
2014	1658.42	1447.82	1416.36	62.13	721.40	265.60
2013	1695.36	1496.09	1497.45	61.14	699.83	256.49
2012	1714.66	1570.77	1598.74	58.97	688.83	243.96
2011	1736.80	1634.73	1664.65	56.02	681.50	218.51
2010	1691.70	1716.58	1706.66	53.82	661.76	208.43
2009	1637.80	1788.45	1698.86	51.09	639.49	201.48
2008	1695.72	1859.60	1649.12	44.64	607.66	202.56
2007	1736.07	1868.5	1650.18	41.86	565.92	191.11
2006	1729.36	1929.56	1619.03	39.79	546.05	184.44
2005	1671.74	1987.58	1533.39	36.48	504.46	193.03
2004	1747.01	2094.64	1387.71	32.63	447.34	221.16
2003	1829.39	2220.13	1267.88	26.89	382.17	——
2002	1952.80	2281.82	1180.74	20.26	320.50	222.32
2001	1944.21	2287.85	987.99	16.52	268.28	195.93
2000	1946.47	2295.57	911.31	12.85	220.61	156.15
1999	2029.53	2183.44	905.26	9.22	159.68	115.77

数据来源：全国教育事业发展统计公报。

在高等教育阶段，自 20 世纪末扩招政策的提出和实施，高等教育实现了从精英化到大众化的跨越式发展。1999 年普通本专科招生人数为 159.68 万人，成人本专科招生人数为 115.77 万人，研究生招生人数仅有 9.22 万人，三者总人数为 284.67 万人。进入 21 世纪之后，成人本专科招生人数多在 200 万左右，而普通本专科招生人数和研究生招生人数则逐年增长，且增长幅度不小。到 2018 年，我国普通本专科招生人数已经达到 790.99 万人，成人本专科招生人数为 273.31 万人，研究生招生人数 85.80 万人，三者总人数相加已达 1150 余万人，是 1999 年高等教育招生人数的 4 倍多。这是我国教育事业获得的巨大进步。

在基础教育阶段，我国早在 21 世纪初，"已经有全国 85% 以上的人口地区普及了九年义务教育，青壮年文盲率下降到 5% 以下，总体上实现了'两基'目标。2016 年就近免试入学公办小学比例达 98.5%、公办初中比例达 97.8%，择校热现象得以缓解"。①

（二）考试评价体系不断改进

从 1977 年开始，我国的招生考试制度一直在不断的改革，无论是从考试的内容、形式还是其他方面，都有了很大的改进。1977 年，无论是中小学还是大学的入学，都采取严格的文化考试，通过开始把优秀人才集中在重点中学和重点大学之中。由此产生的重点学校制度引发了后续的择校热以及各个教育层次的应试教育的泛滥。20 世纪八九十年代国家开始逐步探索改革重点学校制度及素质教育改革之路，打破唯分数的考试倾向，逐步考试科目逐步与学生的个人兴趣和发展联系起来，评价方式也逐步实行从注重理论考试到注重学生平时成绩的多元评价方式转变。

目前为止，我国各阶段考试评价体系在改革的基础上不断完善。形成了良好的局面。目前，随着我国对相关体制的改革，各阶段的考试评价体系逐步多元化，取得了一定的成绩。

针对中小学择校热的问题，摒弃通过考试进行择校的方式，义务教育就近入学制度被普遍落实。"重点大城市基本实现了免试就近入学、规范有序入学、阳光监督入学，有效缓解了择校热。2017 年，24 个热点大城市小学、初中就近入学率分别达到 98.7%、97.0%。"②

高考考试科目和考试内容方面也进行大力改革。考试科目的改革先后实行过高中会考基础上的高考科目改革、"3+2"及"3+X"改革，部分省市尝试

---

① 佘宇，单大圣. 中国教育体制改革及其未来发展趋势 [J]. 管理世界，2018（10）：118-127.

② 陈宝生. 将改革开放进行到底 [EB/OL]. https：//mp. weixin. qq. com/s? __biz = MzAwMDMzMDYwMQ%3D% 3D&idx = 2&mid = 2651666194&sn = 6f9355925ecde015b63d70a75ad48cbe. 2019-05-23.

探索过将学业水平测试与综合素质评价引入高校招生选拔评价体系的改革。考试内容改革则一直是高考改革的重点。在考试科目方面：由原来的文理分开，到目前探索文理不再分科，考生总成绩由统考科目（语、数、外）和高中学业水平考试三个科目组成，外语科目提供两次考试机会，取分数最高的一次计入总成绩。在考试内容方面，也更加注重考查学生的独立思考能力和分析解决问题的能力，增加考试内容的基础性和综合性，改变原来单一以识记为主要考查内容的命题倾向。此外，改变以往的一考定终身的考试评价模式，形成更加注重参考学生综合素质"两依据、一参考"的多元评价机制，即依据统一高考成绩、高中学业水平考试成绩，参考高中学生综合素质评价信息进行综合评价。

研究生的入学考试评价体系也越来越多元化。因为，研究生阶段的学习要求学生具备更高的批判性和创造性思维，"以标准化考试为基础的招生录取方式并不能完全符合研究生培养的个性化需要，在客观上限制了高校人才培养的特色化和多元化"[1]。所以，不同于高考一直延续的标准化考试、一考定终身的传统，研究生的招生和录取工作正尝试逐步摒弃标准化考试的弊端，往多元化的考试招生录取方式转变。多元化的考试和录取方式能够比较充分、全方面地反映和兼顾学生的个体差异、高校类型、专业类别等。是未来教育考试招生改革的一种大趋势。但是，由于我国的特殊国情和相关法规制度的不完善，"需要注意招生录取程序的公平性、科学性和规范性"[2]。

二、考试招生体制机制改革存在的现实困境

深化教育领域综合改革的重要议题之一就是考试招生制度改革，考试招生制度改革自改革开放以来，为我国提供了大批量的人才，为人口大国向人力资源大国、人力资源强国迈进奠定了坚实基础。但也存在不少问题。如：唯分数论、高考一考定终身、中小学择校热、加分造假以及时有发生的违规招生等一系列问题。

习近平总书记在2018年的全国教育大会上谈道："深化教育体制改革，健全立德树人落实机制，扭转不科学的教育评价导向，坚决克服唯分数、唯升

① 刘光连，李劼，陈立章. 全国硕士研究生招生考试现状和改革建议 [J]. 现代大学教育，2016，(4)：85-93.

② 张宇迪，贾晓明，王战军. 我国博士招生"申请-考核制"的公平性制度设计 [J]. 学位与研究生教育，2016，(3)：48-51.

学、唯文凭、唯论文、唯帽子的顽瘴痼疾，从根本上解决教育评价指挥棒问题。"① 考试招生制度改革中存在多种多样的问题，但"五唯"问题涉及考试招生制度改革的本质，且表现尤为突出。

"唯分数"和"唯升学"中小学阶段表现得比较明显，把分数当成评价学生的唯一标准，不考虑学生的综合素质和其他方面的表现。分数高就是好学生，分数低就是差生。为了提高学生的分数，学校和教师大搞题海战术，考什么教什么，教学为的不是提高学生的全面发展、综合能力的培养，而是如何才能得到更高的分数。不少家长在其中也扮演了推动者的角色，他们会以提高分数为目标，给孩子在课余报考各类学习辅导班，不给孩子正常的休息时间，不断施加压力，不惜牺牲孩子的全面发展取得高分，最终考取好的学校。

"唯升学"表现在学生个体方面就是应试教育在学生身上的不断强化。人才评价机制过分关注分数，在被异化的各种招生考试中，考试分数的价值功能被夸大，分数所能反映出来的学生能力也被过分强调。由此导致学生的创造性和批判思维、合作意识等被无形地抹杀。不利于发展学生的特质和个性化发展，导致学校培养人才的能力和素质单一化，最终无法满足社会需要的多样化人才需求。"唯升学"表现在学校层面就是各个学校间片面追求升学率的恶性循环。只要升学率高，学校就能够得到奖励，不同学校将升学率作为最重要的比较指标，甚至以牺牲学生身体健康为代价追求升学率。长期以来，在我国各教育阶段考试招生制度中，考试都是核心环节，研考、高考、中考、小升初考试，甚至部分地区的儿童进入幼儿园还有幼考。直到目前，这种考试招生制度仍然没有完全摆脱应试教育的阴影。

"唯文凭"更多的是体现在高等教育领域，是应试教育体系下"唯分数"和"唯升学"的另外一种体现。"唯论文"在考试招生制度中更多的是体现在研究生考核招生之中。把发了多少论文、发了什么级别的论文当成评价人的主要方式，这是功利主义的应试教育在研究生阶段的延伸。

"五唯"问题日益严重，目前我国还没有建立起有利于学生全面发展和优秀拔尖创新人才成长的考试招生制度。"片面的应试教育倾向和已经严重影响了教育教学生态和学生全面发展，也导致考试从学习评价的工具异化为学习的

---

① 习近平. 坚持中国特色社会主义教育发展道路培养德智体美劳全面发展的社会主义建设者和接班人 [EB/OL]. http://www.xinhuanet.com/politics/leaders/2018-09/10/c_1123408400.htm, 2018-12-16.

最终目的，从助推学生健康发展的手段异化为制约学生全面发展的主宰者。"①
因此，破"五唯"，促进考试招生体制机制改革已经迫在眉睫。

第四节　考试招生体制机制改革的策略

教育改革要往有利于人才选拔的方向推进，以期能推动教育公平和社会公平正义。按照该原则目标，招考分离政策必不可少。鉴于目前的情况就要逐步改革考试招生制度中一考定终身、评价方式单一等问题，充分发挥政府、社会和学校的合力，让其各司其职，赋予高校应有的自主权，最终形成科学的评价体系和多元录取的考试招生制度。

一、分步骤推进招考分离

招生考试制度改革要取得实质性的推进，招考分离政策要最终落地，这是推动整个考试招生制度改革的突破口，然而招考分离在一轮又一轮的教育改革中却是提出又隐去，在真正涉及招考分离的教育实践时，最终都是去实质化的改革，未曾涉及招考分离的本质，让改革一度沦为支离破碎的应试教育的延续。

然而，现行的教育制度是招生和考试一体化，这也是出现"五唯"问题的原因，特别是高考的指挥棒效应，使得基础教育阶段基本上就是围绕高考这个指挥棒在运转，教学过程中出现考试考什么，学校就教什么，学生就必须学什么。分数成为唯一的评价标准，全国中小学校普遍存在分数至上的情况，盲目攀比分数，片面追求升学率，致使多地出现"高考工厂"的怪象，这些学校更是对学生实行思想和行为上的标准化军事化管理，把考试分数和升学率当成个人和学校追求的唯一目标。这从根本上是违背人才成长规律和教育发展规律的，是对学生身心的一种摧残。

我国目前高考形式是全国统一考试，各个高校在各省份有一定的招生名额。学生的成绩采取原始分或标准分的形式从高到低排名，考生自主填报志愿，最后根据学生的分数和志愿填报进行投档，高校在投档基础上择优录取。在此种情况下，考试机构和招生办未能从实质上分离，出现权责不明的问题。政府的权力无所不及，高校的招生自主权没有真正落到实处，高校不能根据需

---

① 朱永新，马国川．重启教育改革：中国教育改革十八讲［M］．北京：生活·读书·新知三联书店，2014：203.

要选拔优秀人才，中小学和社会监督机构几乎没有任何权力，只是被动地接受。

因此，为了扭转这种考试分数是学校招生录取唯一参照的应试教育的情况，解考试招生制度难题，必须实行招考分离，让学生摆脱分数枷锁健康发展，真正搭建学生和高校间的自由多次选择的机制，从根本上促使政府、高校和考试机构等各司其职，回归全面育人的本真。

但是，招考分离的改革方向容易提出，真正落实却比较困难。除了制度层面，它还涉及多方主体，如：政府、高校、中学、社会考试机构等，面临在管理上如何协调、在行动上如何让政策落地等一系列难题。总体从政策指引方向来讲是"招生和考试相对分离、学生考试多次选择、学校依法自主招生、专业机构组织实施、政府宏观管理、社会参与监督的运行机制，从根本上解决一考定终身的弊端"①。具体来讲，包括以下几点：

中学要自主开展教学，从全方位育人的角度出发，改变以往应试教育的倾向和以"识记"为目标的教育目的，提高学生的自主学习能力、实践能力、分析和解决问题的能力、创新思维和批判性思维的发展，摆脱应试的牵制，开展自主教学。无论是对学生的平时表现进行评价还是综合评价，都要由权威专业考试评价机构组建专业团队的专门机构来实施考试，而非像现在这样。当然，专门考试机构要受政府或者高校的委托、并接受市场和社会的监督，考试评价要遵循教育的基本规律和人才成长规律。

在招生方面，政府只起到顶层设计和宏观的管理作用，本着促进社会公正和教育公平的原则，完善高校招生名额分配方式和招生录取办法，让高校依法享有自主招生的权利，根据社会需要和高校实际招生优秀人才。相关的教育管理部门要明确自身权力范围，逐步弱化招生主体作用。在整个招生过程中，要公开透明，从根本上保障学生的权益，接受社会的广泛监督，让考试和招生相对分离，并在阳光下运行。

二、考试评价体系的综合多元设计

为了解决单一考试评价机制的局限性，分类考试、综合评价、多元录取的模式被广为提倡，这在 2014 年《国务院关于深化考试招生制度改革的实施意见》中有所体现，该《意见》把综合素质评价纳入评价体系中。在当前"五唯"问题凸显的时代背景下，招生考试制度改革的突破点之一就是要建立综

---

①　中共中央关于全面深化改革若干重大问题的决定［Z］．2013-11-15.

合、多元的考试评价体系。

就我国特殊的国情而言，考试制度是目前相对最为公平的一种人才选拔手段。但是进行选拔性考试的前提是有科学的综合评价体系。我国目前最为普遍的考试手段对学生的认知和识记能力进行评价行之有效，但对非智力因素的评价有很大的局限性。

因此，只依靠目前的选拔性考试对学生的整体素质水平进行评价就有失偏颇。这也是综合素质评价被纳入评价体系的深层次原因。但是，综合素质评价体系相对于以往的考试评价体系，在操作性上难度更大，需要科学有效、环环相扣的制度设计给予保障，在结果层面要不仅要体现学生的学习成绩，还要能反映出学生的自身潜质和综合能力；在技术上要充分利用现代科技，实现不同地区、不同学校之间学分互转和信息共享，突出过程与结果、量化与质性、综合与个性等因素的相互结合。

当前考试招生制度改革的第一个重点方向是建立健全评价工作程序，以评价过程中的公示、监督、申诉等制度的程序公平促进考试招生的结果公平。让各单位和各部门在工作程序中各司其职、合理划分权力边界。如：中学享有对学生进行综合素质评价的权力，高校享有对学生的招生录取权。在此基础上，社会各界合力构建诚信的制度环境，由中学、高校、教育主管部门、社会公众力量共同组成诚信委员会监督各中学的综合素质评定工作。

考试招生制度改革的另一个重点是考试机构的社会化。对于国内外信誉好和经验丰富的社会考试机构，可以考虑直接引入。对于省级的教育考试院和教育部的考试中心，可通过相关的认证制度提高其专业性，逐步从行政系统中分类出来。本着竞争和公平的原则，促进考试机构的社会化和专业化。

三、分类落实高校招生自主权

"高校自主权问题从其首次被理论界提出至今已 40 年，从被政策文件首次确认至今也已逾 30 年。"① 特别是 2014 年国务院在《关于深化考试招生制度改革的实施意见》中明确提出："探索基于统一高考和高中学业水平考试成绩、参考综合素质评价的多元录取机制。高校要根据自身办学定位和专业培养目标，研究提出对考生高中学业水平考试科目报考要求和综合素质评价使用办法，提前向社会公布。"这一新的考试招生制度规定更为新时期高校招生自主

---

① 王旭. 自我觉醒与法律保障：高校自主权落实的路径与依托 [J]. 现代教育管理，2017（7）：66-71.

权拓展了新的政策空间。众所周知，招生考试制度的改革与高校招生自主权的问题密不可分。高考之所以有指挥棒的魔力，除了应试教育等显在的原因外，和高等教育缺乏招生自主权关联巨大。那么应该怎么在招生考试制度的改革中将高校自主权真正落到实处呢？

首先，要依据我国的实际情况，针对不同类型的高校通过试点改革，逐步扩大高校的招生自主权。高校招生的自主权，主要体现在招生计划和招生标准的自主性两个方面。"只有拥有了自主决定招生计划和招生标准的权力，才能称得上是真正意义上的拥有了招生自主权。"① 但是，在中国现有教育体制与高考制度下，距离招生计划和招生标准完全自主意义上的高校招生自主权还有很大的距离和实践的困难。因此，我们可以启动试点改革，针对不同类型的高校分别进行改革。先在学水平较高、办学特色突出的国内一流高校，放开一定比例的自主招生名额，逐步探索自主招生的经验和模式。随后再根据实践积累的经验教训有步骤地选取部分高校和高水平的相关学科专业进行高考综合评价招生改革试点，赋予这些学校和学科专业更大的自主招生权限。

其次，高校要提升自身自主招生的能力。高校自主招生改革实践中所出现的种种问题和矛盾，除了招生自主权受限的因素外，高校自身自主招生的意识不强和自主招生的能力不足也是一个至关重要的因素。因此，在高校自主招生权获取的过程中，不仅仅是从主观上呼吁要求高校自身需要有自主权，更需要高校自身有作为，变被动为主动，加强宣传，主动探索新的招生模式，挖掘高校招生潜力，制定合理有效的招生策略，结合高校自身特色和学科特点，发挥学术权力在高校自主招生中的主导作用，制定客观、科学的选拔、鉴别考生的标准，探索适合自身的选拔鉴别体系和人才筛选办法，这才是高校提升自身招生自主权的硬功夫。

最后，高校拥有招生自主权并不是能解决所有的问题，它自身也会在系统内产生衍生问题。比如：招生腐败。因此，在高校有自主权确立之前，就要有预防性的政策和制度，避免产生新的招生腐败问题。

具体来说，招生自主权真正落实到位，离不开行之有效的制约与监督机制的完善。缺乏制度约束和监督的权力容易导致权力越界，因此，要通过完善招生考试的程序制度设计来确保政府、省级招生办公室和高等学校按照规章制度各司其职，让各自的权力在法律的范围内有各自行使的边界。在监督方面，要合理利用现代大数据信息技术和舆论监督的力量，以确保高校自主招生的公开

---

① 罗立祝．高校招生考试政策研究［M］．武汉：华中师范大学出版社，2007：137．

透明和公平正义。

小　结

我国的考试招生体制机制改革，从 1977 年恢复高考至今，在相关政策文件的驱动下展开实施并在不断探索中曲折前进。如：《关于 1977 年高等学校招生工作的意见》《国家中长期教育改革和发展规划纲要（2010—2020 年）》《关于深化考试招生制度改革的实施意见》等，随着各项考试招生体制机制改革重大政策文件的颁布实施，各级各类考试招生制度不断完善，形成了相对合理的考试招生体系。

目前，考试招生体制机制改革已进入攻坚期，遵照习近平总书记的讲话精神，考试招生制度改革的总体思路应该是在招考分离的基础之上，形成分类考试、综合评价、多元录取的考试招生制度。在此过程中，政府、高校、中学和社会考试机构等要各司其职，合理划分权力边界，最终形成有利于社会公平正义、有利于学生健康成长、有利于科学选拔人才的考试招生制度改革总体思路和战略。但同时在考试招生体制机制改革中也要根据实际情况，要注意国情，分步骤、分阶段、分类型开展，不可急功近利，避免改革流于形式。

第九章　国际化人才培养体制机制改革研究

在全球竞争中，我国所培养的国际化人才虽已取得了不少成绩，但仍无法满足国际社会的快速发展。作为培养国际化人才的主阵地，高校应随时代发展不断探索并创新国际化人才的培养模式，从而更好地满足国家乃至国际社会对国际化人才的需求。此外，在新的时代背景下，国际化人才培养的战略意义得到重申，即扩大教育对外开放、加强教育国际交流与合作是实施科教兴国、人才强国战略的重要组成部分，是推动教育事业进一步发展的重要措施，也是促进教育现代化的重要途径。随着"全球治理时代"的到来，所需人才出现"短板"与"缺口"，促使我国在高等教育领域急需重新关注国际化人才战略的实施。

基于上述国内外背景，在国家各项政策的指引下，高等院校应该积极顺应国内外发展形势，依据自身条件探索相应的国际化人才培养模式，建立新的国际化人才培养机制，从而为国家乃至国际发展培养更多合格的国际化人才。

第一节　国际化人才培养体制机制改革的内涵分析

目前，高校国际化人才培养的体制机制改革已经成为高等教育改革的重要发展趋势。在《国家中长期教育改革和发展规划纲要（2010—2020年）》中明确指出："将扩大教育开放作为高等教育体制改革的重点，充分推进国际交流与合作"①。由此可见，高校国际化人才培养的体制机制改革在目前甚至以后很长时期都是我国高等教育领域下的发展重点。

国际化人才培养的体制机制改革的目标在于"培养大批具有国际视野、

---

① 国家中长期教育改革和发展规划纲要工作小组办公室．国家中长期教育改革和发展规划纲要（2010—2020年）[Z]．2010-07-29．

通晓国际规则、能够参与国际事务和国际竞争的国际化人才"①。这为当前国际化人才需要具备的基本要素进行了清晰界定。基于此，国际化人才培养的体制机制改革的内涵主要包括两个方面，一方面，政府应积极有所作为，推行国际化人才培养的顶层制度设计；另一方面，各高校作为人才培养的重地，也需基于自身的学科特点和地域特点，积极探索如何培养符合需求的国际化人才。

随着自身实力的不断增强，我国在国际社会中的作用也越来越突出。全球治理人才的培养，必须秉持我国的"全球治理观"，通过广泛参与世界范围内不同事务的处理，有效地"出口"全球治理的中国方案，贡献全球治理的中国智慧，发出全球治理的中国声音，使我国成为当前全球治理体系的主要改革者、全球治理进程的主要协调者、全球治理方案的提供者，其重大战略意义不言而喻。基于此，需要特别强调，我国在这一改革过程中需要牢牢树立的理念是，更新更合适、更有效率的国际化人才培养体制，拓宽学生的国际化视野，同时还要在国际化的进程中坚持和弘扬本土的教育，不能一味地吸收外来教育，争取做到融会贯通。为创办世界一流大学不懈努力，使我国在未来的竞争中立于不败之地。

第二节　国际化人才培养体制机制改革的历史进程

自 1978 年党的十一届三中全会确立了"对外开放"这一重大国策，中国社会各领域开始主动与国际接轨，不断加强与国际社会之间的交流与合作，以期明确差距，实现社会经济的跨越式发展。尤其是在教育领域内提出"教育要面向现代化，面向世界，面向未来"的口号，从而为教育改革指明了方向。延展至高等教育层面，高等教育国际化是高等教育自身实现对外开放的一个突出表现。20 世纪 90 年代末以来，国际化已经成为我国高校的普遍战略选择。

国际化人才的培养可以说是自全球化以来高等教育的重要指导方针，并已上升至国家战略。"这一战略目标的确立，一方面源于全球化进程中世界范围高等教育国际化的冲击与挑战，另一方面源于中国政府树立的开放办学、建设世界一流大学等政策和观念的影响。"② 通过近几十年来高等教育国际化政策

---

① 国家中长期教育改革和发展规划纲要工作小组办公室. 国家中长期教育改革和发展规划纲要（2010—2020 年）[Z]. 2010-07-29.

② 金帷. 改革开放以来中国高等教育国际化政策的嬗变：基于数据与政策的联结[J]. 中国人民大学教育学刊，2012（4）：29-48.

的实施，我国高等学校始终以开放办学求发展的心态，不论是在学者之间的国际交流，还是在互派留学生的规模以及国内外院校之间的合作都达到了一个新高度，国际化人才的培养目标也得到了一定程度的实现。

此外，统计数据表明，"2016 年，全国共有高等学校 2880 所，比 2012 年增加 90 所，其中普通高校 2596 所。高等教育在学总规模 3699 万人，比 2012 年增加 373.8 万人，增长 11.2%，占世界高等教育总规模的比例达到 20%，高等教育毛入学率达到 42.7%"。① 我国当之无愧实现了世界高等教育大国，并且是第一大国这一发展目标②。

2016 年应该是高等教育国际化的转型发展年。在这一年的 2 月，厦门大学马来西亚分校正式开学，标志着中国大学第一所海外分校正式办学，为中国的高等教育国际化发展谱写了崭新的篇章。同年 6 月，中国正式宣布加入《华盛顿协议》并成为第 18 个会员国，由此，中国高等教育的对外开放向前迈出了一大步。这标志着中国工程教育加入国际质量标准及其保障体系，我国的工程教育质量达到了国际标准，中国高等教育开始向国际规则的参与制定者身份转变。

此外，随着我国"一带一路"倡议的实施，以及在相应部署了高等教育对外开放的新格局下，中国在高等教育领域开始有意识地从过去的"学习者"转变为现在的"反哺者"。可以说，我国当下的高等教育国际化实践是蕴含有本土特色或大国自信的国际化。实践的发展可以丰富理论的深度，因此，新时代背景下新型国际化人才的提出可以促使高等教育国际化理论得到进一步地拓展与深化。

随着新时期国家"一带一路"倡议的提出，以此为标志，我国对外开放的格局得到了进一步拓展与深化。从过去中国保持向世界谦虚学习的心态到如今制度自信、道路自信、理论自信与文化自信这"四个自信"的提出，中国正在从过去"走出去、引进来"的发展方针转变为现在"反哺世界"的角色，其试图向世界证明中国有智慧、有能力为全球治理作出贡献。在高等教育领域，我国自然要树立高等教育自信，尤其是对所培养人才的自信，通过提高人才培养的质量从而有效参与全球性事务及问题的解决，实现从世界高等教育大

---

① 2016 年全国教育事业发展统计公报 [EB/OL]. (2017-07-10) [2017-12-15]. http://www.moe.edu.cn/jyb_sjzl/sjzl_fztjgb/201707/t20170710_309042.html.

② 教育部：我国已成为世界高等教育第一大国 [EB/OL]. (2017-09-29) [2017-12-15]. http://wemedia.ifeng.com/31452843/wemedia.shtml.

国到世界高等教育强国的转变。

早在 2010 年《国家中长期教育改革和发展规划纲要（2010—2020 年）》（以下简称为《规划纲要》）中就明确了要"适应国家经济社会对外开放的要求，培养大批具有国际视野、通晓国际规则、能够参与国际事务和国际竞争的国际化人才"①，这一要求在《国家教育事业发展"十三五"规划》（以下简称为《教育"十三五"规划》）中再次得到重申，即"各类人才服务国家和区域经济社会发展、参与国际竞争的能力显著增强"②。2016 年 4 月，中共中央办公厅、国务院办公厅印发了《关于做好新时期教育对外开放工作的若干意见》（以下简称为《意见》），《意见》中明确了新时期教育对外开放的重点工作之一就是"通过提升发展中国家在全球教育治理中的发言权和代表性，选拔推荐优秀人才到国际组织任职……积极参与全球教育治理"③。

此外，《教育部 2017 年工作要点》中也指出，"进一步做好对教科文组织工作，实施全球治理人才教育培养计划"④。更为重要的是，习近平总书记曾明确强调"要加强全球治理人才队伍建设，突破人才瓶颈，做好人才储备，为我国参与全球治理提供有力人才支撑"。⑤ 由此统合而观之，我国已经意识到了全球治理人才这一新型国际化人才在全球治理中的必要性与重要性。

第三节 国际化人才培养体制机制改革的现状与挑战

当前，世界变化风云莫测，国际形势日新月异，随着我国"一带一路"倡议的实施，高校国际化人才培养遇到了新的挑战。因此我们需要认清形势，冷静分析在全球治理的国际背景下我国高校国际化人才培养所面临的现实困境。

---

① 国家中长期教育改革和发展规划纲要工作小组办公室．国家中长期教育改革和发展规划纲要（2010—2020 年）［Z］．2010-07-29.

② 国务院．国家教育事业发展"十三五"规划［Z］．2017-01-19.

③ 中共中央办公厅、国务院办公厅．关于做好新时期教育对外开放工作的若干意见［Z］．2016-04-29.

④ 教育部．教育部 2017 年工作要点［Z］．2017-02-14.

⑤ 加强合作推动全球治理体系变革 共同促进人类和平与发展崇高事业［N］．人民日报，2016-09-29.

一、当前我国教育国际化理论研究处于瓶颈期

自改革开放以来，我国教育领域的国际化已崭露头角，特别是 1985 年《中共中央关于教育体制改革的决定》中明确提出要开展国际的教育和学术交流，从而全面揭开了教育国际化序幕。经过近几十年的实践发展，虽然取得了重要成就，但目前学界对于教育国际化的理论研究尚未渡过瓶颈期。尤其是随着全球治理理论的兴起对国际化及全球化理论的冲击，教育理论研究者们还没有进行很好的糅合，因此，对于教育国际化的认识也比较形式化和浅表化，仍停留在留学生规模、外籍教师数量、国际会议交流等"去粗取精，去伪求真"的"拜师"阶段，也并未能从政治学、国际关系学、管理学和教育学等多个学科的角度进行深入研究。其主要原因就在于我们对国际化和教育国际化的本质和内涵把握不够准确，没有跟上理论与实践的发展，甚至把国际化简单理解为开展国际交流与合作，或者把国际化理解为按照西方国家的发展模式应用到我国的相关领域，以西方国家的实践和标准来衡量我们自己的实践活动，在高等教育领域的情况也大致如此。

这样的认知容易造成"国际化"泛化为"西方化"的现实情况。这种片面的认识及其所产生的误导作用将对我国的国际化和教育国际化产生十分严重的后果，使我国的各项事业包括教育事业面临着前所未有的灾难。为此，我们应该根据中国的国情，基于我国整体的战略利益及全球治理的理论基点，重新思考国际化和教育国际化的内涵，建立一套我们自己的国际化理论及相应领域的话语体系，把握国际化和教育国际化的主导权，维护我们国家教育事业的根本利益。

二、关键语言人才的严重短缺

所谓关键语言人才是指一个国家在对外交往过程中，涉及国家战略利益的语言型人才。美国、加拿大和欧盟等世界主要国家和地区均认识到关键语言人才在全球战略布局和国家利益拓展过程中的重要性，因此它们都在不同程度上将关键语言人才的培养上升为国家战略。如今美国有能力开设多达 276 种非通用外语课程，其研究型大学也早在十几年前就已经有能力开设 226 种非通用语言课程，仅哈佛大学就可提供 90 多种外语课程。[①] 美国的语言资源拥有能力居于世界领先地位，这也是美国能够成为世界领导者的关键因素之一。而与之

---

① 　文秋芳 . 国家外语能力现状 [M]. 北京：商务印书馆，2012：78.

相比，"在目前世界上仍在使用的 6000 多种语言中，我国有所了解的顶多有100 种，能够较好使用的有 20 种左右，能够开设课程的不到 50 种"①。

此外，我国高校开设的外语语种主要集中在英语、法语、俄语、日语等世界通用语言，尤其是英语，几乎名列各大高校制定的专业目录之中。诚然我们储备了充足的英语语言人才来实现与西方国家的国际交往、文化交流等，但不得不警惕的是，在这个过程中很容易受到西方话语体系的误导和曲解。另外，当前在我国高校中很多非通用语种尚未开设，一些语种虽已开设，也是集中在外语类专业院校，人才储备明显不足，如此将导致与国际格局转型和我国国家利益延伸的新形势不相适应。

三、学科专业设置的分割化

这一问题突出表现在国内高校的国际化人才培养过程中。以国际化人才的核心代表——国际组织人才的培养为例。国际组织是我国参与全球治理的重要平台，虽然我国高校一直以来都比较注重国际组织人才的培养，无论是在政策制定方面还是在资源投入方面给予了很大支持，然而，当前我国高校所培养的国际组织人才无论是在数量上还是在质量上仍然存在严重不足，因此，培养大量高素质的国际组织人才已经成为我国参与全球治理的战略急需。

从知识结构上来说，国际组织人才一般需要具备语言知识和专业知识，甚至还需要一定的治理知识。然而一方面由于当前高校外语类人才的培养模式相对单一，重语言轻专业的现象仍然存在，因此专业知识的缺乏使得大量外语类人才难以胜任国际组织中专业领域的岗位；另一方面，高校长期以来形成了学科专业分割化的现象，专业化的培养模式虽有其合理性但也割裂了学生知识的完整性，背离了复合型人才的本质要求。尤其是治理知识并非属于专业类知识，因为它涉及国际关系学、公共管理学、外交学等多学科多领域的知识，更具有综合性的特征。因此，这就涉及了整个高校人才培养模式变革的问题。

可以预想到，当前国内高校普遍盛行的专业教育思维是国际化人才培养的体制机制改革过程中可能遇到的最大阻碍。然而，本研究认为，目前国内高校以开展大类招生的改革为契机，以通识教育为手段，在针对上述问题的有效治理上不失为一种科学的解决方式。

---

① 李宇明 . 国家的语言能力问题［N］. 中国科学报，2013-2-25（7）.

四、培养质量缺乏全面评价

高校所培养的国际化人才的质量如何，有没有达到标准，需要一个客观、全面的评价。从当前情况来看，国内高校大多比较注重对学生的学业评价，且评价内容比较丰富，包括以"课堂展示""论文练习""实习实践表现"等为代表的形成性评价和以"毕业论文"或"研究报告"等为代表的终结性评价。此外，在评价主体上以教师为主。

在国际化人才的培养过程中，仅对学生进行学业评价不能全面、准确地测量他们是否达到了国际化人才所应该具备的知识、能力、意识、价值观及情感这五个方面的素质要素。这是由"素质"本身的特性及其复杂性所决定。因为在国际化人才的素质结构中，除"知识"要素之外的其他四个要素均难以仅通过一般的学业评价给予准确测量，因此，仅对学生进行学业层面的评价来考量国际化人才的培养质量则略显不足。此外，将教师作为单一的评价主体也难以保证人才培养质量评价的客观性与科学性。综上所述，本研究认为，当前国内外高校对国际化人才的培养质量缺乏全面评价。

为了顺应高等教育国际化的发展趋势，高校对于人才培养质量评价方式的革新应注重国际评价标准及程序，丰富评价的工具及手段，将与国际活动中的利益相关者全面纳入，扩充评价主体的范围，从而将客观、科学的评价结果用于诊断全球治理人才是否达到规格，是否有能力在全球事务的处理中承担重要的角色，同时也有利于高校及时调整培养策略，培养全球治理所需并紧跟国际发展新形势的国际化人才。

第四节　国际化人才培养体制机制改革的对策

我们把培养目标、教学内容、培养手段及评价方式这四个方面作为基点来探寻全球治理视野下高校国际化人才培养模式的创新进路。

一、培养目标定位：全球善治型人才

国际化人才的良好夙愿是成为全球善治型人才，即通过专业能力的发挥使全球公共利益最大化。高校理应承担起这样的使命，即所培养的人才应扩展自己的全球视野，关心并认同人类共同体的发展与命运，意识到自己与自己身处的世界的制度、环境和人类文化之间的紧密关系。它所培养的人才目标是为了使个体能够融入全球化的世界，并且实现对全球治理的推动。

全球善治型人才应包含两个核心要素，即全球善治的意识和全球善治的能力。前者从价值上对全球治理型人才提出要求，即个体应当具备全球关怀，超越已有的民族、国家等集团的限制，从全球的高度关注人类共同体的命运与发展。这就需要通过全球公民教育来发力，因为其目标在于从本质上着重加强个体对全球价值的认同，加强作为人类共同体一员的权利和责任的认识；后者主要从实践角度对全球治理型人才提出要求，即个体应当具有相应的知识以认识理解一个全球化的世界，拥有相应的技能以融入全球化的世界，以及拥有相应的行动能力，能够参与到全球治理的进程之中。其中所必备的技能就包括"批判性思维的能力、有效表达和辩说的能力、发现并改变全球不公的能力、尊重他人的能力以及合作协调以解决问题的能力"①。

二、教学内容统合："外语+"教育

"由于全球化的影响和我国国际利益的不断扩大，任何一种外语都有可能为我们所需，如果储备不足，会制约发展，影响安全"②。所以，多元语言能力作为开展国际沟通与对话的桥梁应首当其冲地成为全球治理型人才的必备技能。一方面需要外语类院校形成战略联盟联合发力，在保持既有开设语种的前提下，多开设其他非通用语种；另一方面需要打破高校中外语类院系与其他院系之间的"藩篱"状态，即外语类院系在做好外语类专业人才培养的基础上，将外语技能的培养渗透进各学科之中，打造优秀的专业外语课程内容。

全球治理型人才是一种复合型人才。培养参与全球治理的各类人才，要顺应面向 2030 高校课程改革的要求。在掌握外语技能的基础上，一方面要研读中国传统文化中的治理理念，诸如老子的"和而不同"以及中华人民共和国成立后国际外交的"求同存异"思想；另一方面则是要扩大当代大学生对世界的了解，掌握世界历史及各国风土人情、文化、政治、法律等方面的知识。

三、教学手段厘革：模拟及实习式教学

意欲成为全球治理型人才，除了要具备相关的理论知识，还必须拥有一定的实践机会将理论知识融会贯通转化为治理能力。模拟式教学可以作为一种模拟真实场景的教学方式来检验学生的治理知识结构与培养学生的治理实践能力。当前在中国高校中普遍流行的一种教学手段为"模拟联合国"（Model

---

① 蔡拓. 全球治理概论 [M]. 北京：北京大学出版社，2016：24.
② 蔡拓. 全球治理概论 [M]. 北京：北京大学出版社，2016：24.

United Nations，简称为 MUN），它最早起源于美国哈佛大学，是模仿联合国及相关的国际机构，依据其运作方式和议事原则，围绕国际上的热点问题召开的会议，主要以"研究型"教学形式为宗旨。当然，从此种教学形式中也可衍生出其他针对不同区域及问题的教学方式，比如模拟 APEC、模拟 WHO 等，目的均在于培养全球治理人才所必须具备的宏观视野及专业能力。此外，在当下"互联网+教育"的背景下，充分发挥以"大规模在线开放课程"（MOOCs）为代表的远程在线学习的作用，将国情、民情、社会风俗和语言教学相融合，培养学生的跨文化交际的能力，增强学生的国际理解能力。

当然最直接的培养手段就是把优秀学生推荐到国际组织中实习，这种真实的工作环境与场景对学生治理能力的培养比模拟式教学更为有效。那么现有的实习途径一是国家留学基金委以资助的方式选派高校大学生到国际组织中实习，在这方面我国已有相关的政策支持；二是通过我国人力资源与社会保障部主办的联合国人力资源外联项目，使高校学生更加明确成为优秀全球治理人才的素质能力，以主动申请的方式参与其中。

四、质量评价更新：第三方国际社会组织评价

高校所培养的全球治理型人才的质量如何，有没有达到标准，都需要一个客观的评价。无论是教育行政部门还是高校自身均不是评价的主体。在治理理念下，人才培养标准的评价主体自然也是多元化的，其中更为科学客观的评价主体应是第三方的社会组织评价，这也契合了高等教育放、管、服改革中人才培养与评价相分离的要求。值得欣喜的是目前国内已出现了一家针对全球治理型人才培养标准的评价机构，即北京外国语大学中国外语（课程）测评中心，该中心研发并推出了一系列英语沟通能力认证考试，其中包括国际人才英语考试（简称"国才考试"）。

当然，作为一种全球型人才，接纳国际组织所开展的评价也是必不可少的。为了顺应高等教育国际化的发展趋势，对于评价方式的革新应注重国际评价标准及程序，丰富评价的工具及手段，将评价结果用于诊断全球治理人才是否达到规格，是否有能力在全球事务的处理中承担重要的角色。因此，从国内和国际两个主体维度来对高校所培养的人才是否具备全球治理素养进行评价，应是当前评价手段更新的一种思路，从而迎合了多方参与下全球治理型人才评价这一理念。

小　　结

　　积极参与全球治理体系的改革与建设是我国向全世界履行负责任大国所做承诺的重要体现，而参与全球治理体系的改革与建设则需要强大的国际化人才支撑作为保障。国家主席习近平同志指出，"参与全球治理需要一大批熟悉党和国家方针政策、了解我国国情、具有全球视野、熟练运用外语、通晓国际规则、精通国际谈判的专业人才"。此外，《教育部2017年工作要点》在"构建教育对外开放新格局"部分中明确提出"实施全球治理人才教育培养计划"。由此可见，我国对全球治理人才的高度重视。我国高等学校应责无旁贷地承担起培养全球治理人才的时代重任，必须全面实施全球治理人才的教育培养计划，即所培养的国际化人才必须能面向世界，走向国际，通过在国际舞台上不断发声来提高我们国家影响力，进而为我国逐步掌握全球治理的话语权而服务。

　　"全球治理观"是党的十九大报告中的关键词之一。报告中明确阐述了我国的全球治理观是"秉持共商共建共享的全球治理观，倡导国际关系民主化，坚持国家不分大小、强弱、贫富一律平等，支持联合国发挥积极作用，支持扩大发展中国家在国际事务中的代表性和发言权。中国将继续发挥负责任大国作用，积极参与全球治理体系改革和建设，不断贡献中国智慧和力量"①。简言之，我国所希冀的全球治理格局是世界命运由各国共同掌握、国际规则由各国共同制定、全球事务由各国共同治理、发展成果由各国共同分享。这既是我国面对当前复杂的世界环境及新时期国际社会的发展所给予的"中国回应"，也是我国以构建"人类命运共同体"为己任的"中国态度"。

　　我国也在实际行动中时刻践行着自身的全球治理观。"一带一路"倡议的实施、北京APEC会议的举办、杭州G20峰会的主办、"亚投行"的发起成立等无不深深烙印着中国的"全球治理观"痕迹。此外，国家主席习近平在近几年内的多个外交场合中针对国际社会所关心的气候变化、生态环境、互联网发展、核安全等问题给予了中国理解及应对之策，可以说形成了体系化的全球治理方案。

　　随着中国自身实力的不断增强，我国在国际社会中的作用也越来越突出。

---

　　① 中国共产党第十九次全国代表大会报告［EB/OL］.（2017-10-27）［2017-11-12］. http：//www.gov.cn/zhuanti/2017-10/27/content_5234876.htm.

全球治理背景下国际化人才的培养，必须秉持我国的"全球治理观"，通过广泛参与世界范围内不同事务的处理，有效地"出口"全球治理的中国方案，贡献全球治理的中国智慧，发出全球治理的中国声音，使我国成为当前全球治理体系的主要改革者、全球治理进程的主要协调者、全球治理方案的提供者，其重大战略意义不言而喻。

第十章　民办教育分类管理体制机制改革研究

改革开放 40 多年来，我国民办教育事业在改革开放春风带来的时代"红利"滋润下如雨后春笋般蓬勃发展，为经济社会发展作出了积极贡献。同时，民办教育发展过程中也遇到了法人属性不清晰、法律地位不平等、资源分配不均衡等一系列现实问题，这些成为了阻碍民办教育健康发展的"制度困境"。马克思唯物辩证法观点认为，事物的发展是迂回曲折的，曲折性是事物发展过程中的显著特征。新时代背景下，国家修订并颁布实施《中华人民共和国民办教育促进法》（以下简称《民办教育促进法》）及其系列配套政策法规，开启了民办教育"非营利性"与"营利性"分类管理的新征程，体现了国家通过有效的制度安排科学合理地配置教育资源，分类管理的逻辑理路清晰可循、本质属性公平客观、目标定位科学准确。

第一节　民办教育分类管理体制机制改革的内涵探析

欧美发达国家的私立教育发展一直走在全世界的前面，各国关于营利性学校的举办大多集中在私立高等教育领域。美国私立教育分类管理通过颁布《高等教育法案》《国内税收法》（*Internal Revenue Code*）等政策法规，提供政府资助、税收优惠和监管的措施来实现，引导社会自主选择举办不同类型的私立教育。英国通过颁布高等教育法案进行分类管理，立法允许设立营利性私立大学。澳大利亚实施教育分权制度，从州和地方政府层面给予营利性高等教育机构合法生存空间，通过财政拨款和政府监管来实现分类管理。日本颁布《结构改革特别区域法》，建立营利性学校特区，实现法律框架内外分类管理。总的来说，"欧美国家对私立教育发展的支持是比较明确的，私立教育发展较快的国家基本上是通过教育立法的手段赋予营利性学校的合法地位，明确允许民营资本进入教育领域，同时加以扶持资助和监督监管"。①

　　我国民办教育实施分类管理是依法治校、规范发展的一项重大举措，从法律法规层面破解民办教育发展面临的法人属性、产权归属、扶持政策、平等地位等方面的突出矛盾和关键问题，是对反对营利性教育传统观念的一种实践性反思，也是民办教育发展理念的创新性变革。新修订的《中华人民共和国民办教育促进法》及其配套政策法规为深入推进"非营利性"和"营利性"分类管理提供了法律依据，为解决民办教育领域不平衡不充分发展问题营造了制度环境，为民办教育在国家教育分类体系中寻求了一条健康可持续发展的路径。民办教育分类管理体制机制改革具有以下三个特点：

一、公益性：明确定位为公益性教育事业

　　公益来源于伊斯兰教法专用语，原意是"公共利益"或"福利"。教育的本质属性是传递知识与文明，促进人类的文明与社会化，代表人类的公共利益，可见公益性也是教育本质的内在追求。《民办教育促进法》把民办教育事业定位为公益性事业，明确指出是社会主义教育事业的组成部分，这与《教育法》和《高等教育法》所规定的不得以营利为目的的立法精神一脉相承，符合社会大众所期许的希望能够享受更好更优质的公益性教育服务。

　　马克思教育观强调教育的公共属性，他支持消灭文化或知识的垄断，消灭教育的种种特权。民办教育分类管理政策倾向于公益性的引导，非营利性与营利性扶持政策的差别比较明显。从政策扶持、奖励和优惠的条件来看，非营利性民办学校享受与公办学校同等的土地、税收优惠政策，这是一种积极的、正向的政策引导，强调民办教育不以营利为目的，大力鼓励发展非营利性民办学校，使得社会公共利益最大化。

二、公平性：制定政策法规兼顾分类差异

　　新时代背景下，我国社会主要矛盾已经转化为人民日益增长的美好生活需要和不平衡不充分的发展之间的矛盾。孔子曾说过"不患寡而患不均"，可见公平性已经在人们的价值观念中根深蒂固。教育公平一直都是党和国家，以及社会各界高度关切的现实问题，也是各级政府制定教育政策法规过程中优先考虑的问题。在经济社会转型升级的关键时期，公平问题显得尤为重要。

---

　　① 董圣足，刘荣飞．营利性民办学校治理体系的构建与完善［J］．教育与经济，2018（6）：3-8.

民办教育分类管理政策法规兼顾公平性的原则，其考量依据是非营利性或者营利性民办学校为社会提供教育服务的社会功能并没有本质上的差别。民办教育分类管理的公平性体现在政策制定过程中兼顾了非营利性与营利性两类学校的普遍性与特殊性问题。虽然扶持奖励、土地税收优惠等方面政策倾向于非营利性民办学校，但是同时也给营利性民办学校留出了一定的发展空间，营利性民办学校同样享受国家规定的税收优惠政策，以及享受地方政府的专项资金、购买服务、助学贷款、奖助学金和出租、转让闲置的国有资产等形式的扶持，由此可见民办教育分类管理的政策环境相对公平合理。

三、效率性：促进教育资源科学合理配置

分类管理政策充分调动最有效的社会资源，鼓励民营社会资本参与发展教育，把民办教育"蛋糕"做大。"分类管理既是对现有民办教育市场中非营利性和营利性定位的分流，更是对现有市场的改造提升，提高可供选择的多样化教育资源的供应。"① 管理大师彼得·德鲁克在《有效的主管》一书中指出："效率是以正确的方式做事。"由此可见，以正确的方式做事是提高效率的有效管理。

分类管理政策坚持民办教育公益属性的原则，这是坚定社会主义办学方向的正确体现，同时在兼顾"公平"基础上注重"效率"优先，最大效度地配置与使用社会资源以满足人们的愿望和需要。非营利性与营利性的分类管理把民办教育推向市场，使得民办学校必须同时按照教育规律和市场规则办学，接受市场对办学质量和社会效益的全方位检验。由于市场采取的是优胜劣汰的机制，真正优质的民办教育才能在竞争中胜出，而办学质量较差的民办学校将逐步淘汰，这样可以在更大程度上满足人们期盼接受多样化、高品质教育服务的现实需求，解决高等教育大众化发展的不平衡、不充分问题，使教育资源配置科学合理，进而提高整个社会资源配置的效率。

第二节　民办教育分类管理体制机制改革的特征

改革开放 40 多年来，我国民办教育事业在曲折中不断发展壮大，然而由于相关政策法规的缺失，导致民办学校法律地位不平等、资源分配不均衡等现

---

① 周海涛．民办学校分类管理政策研究［M］．北京：经济科学出版社，2016：95-103．

实问题逐步显现，成为了阻碍其健康可持续发展的瓶颈。教育是支持经济领域变革的重要支柱，与经济发展供需两侧要素均有着密不可分的联系。当前的教育体制既不能很好地适应经济发展和社会转型的重大变革，也不能很好地满足公众越来越多样化、优质化的教育需求，供需结构矛盾日趋显现。

新时代背景下，民办教育实施分类管理是依法治校、规范发展的一项重大举措，有利于鼓励和引导民间资金进入教育领域，为各类民办学校营造公平的政策环境，能够有效促进民办教育事业健康发展。经过了几十年的办学实践检验，我国民办教育分类管理政策的发展脉络和内在逻辑理路逐步清晰起来，主要包括以下几个方面：

一、产权归属逐步清晰

从属性逻辑的角度来看，我国民办教育的法人属性、产权归属逐步清晰，法律地位趋于平等，是社会主义公益性教育事业。新制度经济学者道格拉斯·诺斯认为："制度是一个社会的游戏规则，是决定人们的相互关系的一系列约束，由非正式约束和正式的法规组成。"① 20 世纪 90 年代开始国家教委部门规章、地方政府规章和国家层面的立法逐步完善，先后颁布实施了《中华人民共和国教育法》和《中华人民共和国高等教育法》，标志着中国教育工作进入全面依法治教的新阶段。

民办教育政策法规经历了从《社会力量办学条例》到《中华人民共和国民办教育促进法》颁布实施，为民办教育的蓬勃发展提供了良好的土壤，直至国家"十二五"期间全国民办学校数量和在校生人数达到了峰值。与此同时，由于民办教育政策法规立法不够完善，加上配套实施细则的"缺席"，民办学校法人属性、法律地位、产权归属等方面并没有相应法律法规进行规范。

党的十八大以来，习近平总书记高度重视依法治国，全国人大针对教育领域法律法规进行一揽子修订，新修订的《中华人民共和国民办教育促进法》"千呼万唤始出来"，于 2016 年 11 月正式获得第十二届全国人民代表大会通过。国务院及有关部委也及时颁布实施《关于鼓励社会力量兴办教育促进民办教育健康发展的若干意见》《民办学校分类登记实施细则》和《营利性民办学校监督管理实施细则》，以及《民办教育促进法实施条例（修订草案）》等一系列配套法规，从而构成了由国家教育法律、行政法规、部委规章和地方性教育法规规章等相对完备、系统的民办教育法律法规体系。

---

① 吕红军．民办高校可持续发展的路径选择［M］．中国商务出版社，2013：10.

由此可知，民办教育事业是社会主义教育事业的组成部分，具有公益性属性，与公办学校具有同等的法律地位，享有法人财产权，举办者可以自主选择设立非营利性或者营利性民办学校，教师的法律地位能得到保障等，许多困扰其健康发展的重要现实问题得到了明确，民办教育发展的制度环境得到更大改善，进入了依法治校、规范管理的法治轨道。民办教育的法律属性与法律地位与等问题的对照分析，如表 10-1 所示。

表 10-1　　　　民办教育法人属性与法律地位对照分析表

主要要素 \ 法律法规	《教育法》	《高等教育法》	《民办教育促进法》	简要评述
法人属性	教育活动必须符合国家和社会公共利益	设立高等学校，应当符合国家高等教育发展规划，符合国家利益和社会公共利益	民办教育事业属于公益性事业，是社会主义教育事业的组成部分	明确了民办教育事业的公益性属性
法律地位	教育是社会主义现代化建设的基础，国家保障教育事业优先发展。全社会应当关心和支持教育事业的发展。全社会应当尊重教师	设立高等学校，应当具备教育法规定的基本条件	民办学校与公办学校具有同等的法律地位，国家保障民办学校的办学自主权。举办民办学校的社会组织，应当具有法人资格。民办学校应当具备法人条件	明确了民办学校与公办学校具有同等的法律地位
营利问题分类	任何组织和个人不得以营利为目的举办学校及其他教育机构	不得以营利为目的	民办学校的举办者可以自主选择设立非营利性或者营利性民办学校。但是，不得设立实施义务教育的营利性民办学校	明确了营利性与非营利性的分类管理

续表

法律法规 主要要素	《教育法》	《高等教育法》	《民办教育促进法》	简要评述
权益保障	公民有受教育的权利和义务。 公民不分民族、种族、性别、职业、财产状况、宗教信仰等，依法享有平等的受教育机会	公民依法享有接受高等教育的权利。 高等学校学生的合法权益，受法律保护	民办学校的教师、受教育者与公办学校的教师、受教育者具有同等的法律地位。 国家保障民办学校举办者、校长、教职工和受教育者的合法权益	民办学校师生享有与公办学校师生相同的法律地位和合法权益得到法律保障

二、政策法规变迁历程中发生了巨大的"制度断裂"

从制度逻辑的角度来看，我国民办教育发展经历了"不以营利为目的"、允许"合理回报"、"非营利性或营利性"分类管理等三个阶段，政策法规变迁历程中发生了巨大的"制度断裂"。在历史制度主义看来，制度的发展是一个断续式的均衡过程。民办教育发展的三个阶段之间出现了两个重要的"历史否决点"，也就是说"合理回报"是对前面制度"不以营利为目的"的否决，而"非营利性或营利性"分类管理是对"合理回报"的否决。

从制度变迁的逻辑可知，"民办教育政策的重大制度变迁，是国家通过自上而下的立法手段和行政权力等外在强制力推行，属于强制性制度变迁的结果"。① 我国是人口最多的教育大国，民办教育改革的重大制度变迁有赖于国家整体力量中断原来制度体系的巨大惯性，这种制度安排符合我国的国情和党的教育方针。

纵观民办教育分类管理政策法规的变迁历程，强制性制度变迁的痕迹尤为

---

① 林毅夫. 财政权利与制度变迁：产权学派与新制度经济学派译文集［M］. 上海：上海人民出版社，1994：374.

明显，变迁情况如表 10-2 所示。1997 年颁布实施的《社会力量办学条例》第六条规定："社会力量举办教育机构，不得以营利为目的。"① 1999 年民政部颁布实施《民办非企业单位登记管理暂行条例》，要求各级各类民办学校及民办教育机构登记为民办非企业单位。民办学校举办者办学过程中遇到法律地位不平等、产权属性不清晰、办学收益难以分割等现行政策法规尚未界定清楚的现实问题。

表 10-2　　　　民办教育政策法规制度变迁情况对照分析表

法律法规\主要要素	《社会力量办学条例》（1997）	《民办教育促进法》（2002）	《民办教育促进法》（2016）	制度变迁情况
法人属性	社会主义教育事业的组成部分	公益性事业，社会主义教育事业的组成部分	公益性事业，社会主义教育事业的组成部分	非营利性民办学校可登记为民办非企业单位或事业单位；营利性民办学校到工商部门登记
产权归属	可以依法管理和使用其财产	享有法人财产权	享有法人财产权非营利性民办学校终止时，清偿后有剩余的除给出资人补偿和奖励外，其余财产继续用于办学。营利性民办学校终止时，进行财务清算，依法明确财产权属，重新登记，继续办学	从只有财产使用权到享有法人财产权，产权归属产生巨大的制度断裂现象；分类管理后是非营利性与营利性民办学校的财产处置更加清晰明确

---

① 社会力量办学条例. 中国法律法规信息库. http：//law. npc. gov. cn.

续表

法律法规 主要要素	《社会力量办学条例》（1997）	《民办教育促进法》（2002）	《民办教育促进法》（2016）	制度变迁情况
奖励与扶持	依照有关法律法规给予扶持	采取经费资助，出租、转让闲置的国有资产等措施予以扶持	采取购买服务、助学贷款、奖助学金和出租、转让闲置国有资产等措施扶持	对非营利性民办学校还采取政府补贴、基金奖励、捐资激励等扶持
税收及土地供给优惠	按照公益事业用地办理，并可以优先安排	享受国家规定的税收优惠政策。新建、扩建民办学校，按照公益事业用地及建设的有关规定给予优惠	享受国家规定的税收优惠政策。新建、扩建非营利性民办学校，按照与公办学校同等原则，以划拨等方式给予用地优惠。新建、扩建营利性民办学校，按照国家规定供给土地	非营利性民办学校享受与公办学校同等的税收及土地供给优惠政策
分类管理形式	不得以营利为目的	扣除办学成本、预留发展基金以及提取必需费用后，可以从办学结余中取得合理回报	可以自主选择设立非营利性或者营利性民办学校（义务教育除外）。非营利性民办学校不得取得办学收益，办学结余全部用于办学。营利性民办学校可以取得办学收益，办学结余依照公司法等法律、行政法规的规定处理	民办教育发展历程划分为"不以营利为目的"、允许"合理回报"和"非营利性与营利性"等主要阶段，制度变迁过程中产生巨大的制度断裂现象

为进一步激励民办教育举办者的积极性，2002 年颁布的《中华人民共和国民办教育促进法》第五十一条规定："民办学校在扣除办学成本、预留发展基金以及按照国家有关规定提取其他的必需的费用后，出资人可以从办学结余中取得合理回报。"① 这是我国第一部关于民办教育的法律，对促进民办教育发展具有重要的里程碑意义。《民办教育促进法》实施以来，民办教育举办者及其利用相关者最关心的"合理回报"问题，在法律法规层面尚未完全界定清楚允许"合理回报"的细则，因此在现实办学过程中难以操作。

2016 年修订的《民办教育促进法》第十九条规定："民办学校的举办者可以自主选择设立非营利性或者营利性民办学校，但是不得设立实施义务教育的营利性民办学校。"② 新修订的《民办教育促进法》通过"非营利性"和"营利性"分类管理的方式，解决了"合理回报"的法律边界模糊的理论问题以及缺乏可操作性的现实问题，为民办教育健康发展提供了法律依据。司法部制定的《民办教育促进法实施条例（修订草案）》，进一步增加和明确了扶持政策，从教学自主权、招生自主权、用人自主权和收费自主权四个方面保障民办学校办学自主权。③ 这为民办教育推进分类管理和健康可持续发展释放了更大的自主办学空间。

三、民办教育分类管理思路的经济效益性

从效益逻辑的角度来看，我国民办教育分类管理思路主要以经济效益作为考量的前提基础和出发点，通过经济手段驱动社会资本参与发展民办教育事业。王一涛（2018）认为："我国民办教育发展过程中经济逻辑占据重要地位，资本逐利性赋予民办教育从无到有、从小到大的发展动力和竞争本能。"④ 民办教育在实行分类管理政策之前，举办者可以取得合理回报，但是实行分类管理以后，非营利性民办学校的举办者不得取得办学收益，办学结余全部用于办学。

因此，民办学校举办者及利益相关者为了把握对学校经济收入与管理的控

---

① 中华人民共和国民办教育促进法（2002）. 中国法律法规信息库 . http：//law. npc. gov. cn.

② 中华人民共和国民办教育促进法（2016）. 中国人大网 . http：//www. npc. gov. cn.

③ 胡浩 . 保障民办学校办学自主权规范集团化办学行为［N］. 中国教育报，2018-8-16.

④ 王一涛 . 民办教育分类管理需要解决好五大关系［J］. 华中师范大学学报（人文社会科学版），2018（4）：164-170.

制权和主导权，可能更多考虑选择举办营利性民办学校。但是，《民办教育促进法》规定非营利性民办学校举办者根据出资情况及办学效益等因素，可以取得相应的补偿或者奖励。部分民办学校举办者为了享受国家优惠政策，谋求自身利益最大化，可能不会在短期内完全放弃获得经济回报的办学动机，这也是他们利用国家政策进行"制度寻租"的主要考虑。

第三节　民办教育分类管理体制机制改革的困境

民办教育分类管理体制机制改革是我国教育宏观政策改革的重大社会关切，但是，由于民办教育分类管理政策推进与落实仍然需要突破法律供给不足、体制机制障碍及民办学校自身发展等方面的层层困境。

一、法律供给滞后于分类管理政策创新需求

为进一步推进民办教育分类管理政策实施，国务院于 2015 年开展了《中华人民共和国教育法》《中华人民共和国高等教育法》《中华人民共和国民办教育促进法》等一系列法律法规的修订工作，其中《中华人民共和国教育法》删除了"不得以营利为目的举办学校及其他教育机构"的表述，从上位法为分类管理政策的实施剔除了障碍，实现了民办教育立法上的重大突破。但由于社会资本进入教育领域涉及多个行政部门，教育领域单独修法尚无法根除民办教育分类管理中法律错位、越位和缺位的全部症结。以构建民事法人基本制度的《民法通则》为例，"我国法人类型分为企业、机关、事业单位和社会团体四类，所谓营利性和非营利法人仅仅停留在理论划分层面，与现行立法的法人分类并不匹配"。[①]

此外，《民办学校分类登记实施细则》明确提出："符合《事业单位登记管理暂行条例》等事业单位登记管理有关规定的到事业单位登记管理机关登记为事业单位。"但是，国务院 2004 年颁布的《事业单位登记管理暂行条例》中关于事业单位的界定是："国家为了社会公益目的，由国家机关举办或者其他组织利用国有资产举办的，从事教育、科技、文化、卫生等活动的社会服务组织。"因此，民办学校要登记为事业单位也陷入了两厢矛盾的法律困境。法律供给滞后也限制了民办教育分类管理制度创新的进程，分类管理政策仍面临

---

① 安杨，聂志琦. 我国民办教育监管存在的问题与对策探析——兼论教育法律一揽子修订中的民办教育 [J]. 教育理论与实践，2016（19）：19-23

法人属性不明确、配套制度不完整、政策衔接缺乏操作性等体制壁垒，致使民办学校按照其法人属性及政策规定享有的产权、税收等优惠难以实现。民办教育法律及政策不完善所留下的"灰色地带"，给政策制度的落实增加了不确定性，给地方政府部门留有自主权利的同时也留下了"寻租的空间"。

二、行政体制固化政府角色转换不明确

行政体制性障碍是制约民办教育分类管理的根本问题，"主要体现为政府职能与角色难以彻底的转换"①。我国长期以政府为主导的教育资源配置机制，形成了高度集中的教育管理体制。从总体来看，《民办教育促进法》颁布以来，民办教育取得了繁荣发展，但是社会资源进入教育领域一直面临着较高的准入限制和政府管控，难以形成有效竞争及供给合力。学校内部管理层面也诸多体现着集中管理的色彩，学校逐渐被贴上教育主管部门附属机构的标签，成为行政体制在教育系统内部的延伸，社会资本进入教育领域后形成的各类民办学校同样受制于教育行政管理部门。行政体制固化、行政人员"官本位"思想僵化致使政府管理者角色行为难以在较短时间内实现根本性的转变。分类管理政策推行之下，政府管理部门如果不能正确把握教育供给侧结构性改革的要求，忽视民办教育分类管理的政策价值，单纯沿袭公办教育的管理手段与方法，民办教育分类管理将难以真正实现，甚至会成为民办教育发展道路上的阻碍。

三、成熟完善的民办教育市场监管机制缺失

美国学者米尔顿·弗里德曼认为，"教育效率低下主要源于政府提供垄断和家长选择权力丧失而造成的竞争和激励机制的缺乏，提高公立学校效率措施是激励社会监督和引入竞争机制"②。供给侧结构性改革即是强调市场作为资源配置的决定性作用，但纵观目前我国的教育市场，民办教育分类管理的实现尚缺乏发育良好的土壤。我国教育对于财政性经费有着高度依赖程度，捐资办学难以为继。教育部于2012年颁布《关于鼓励和引导民间资金积极进入教育领域，促进民办教育健康发展的实施意见》，2013年全国教育经费30365亿

---

① 程耀忠．供给侧改革视角下教育产品提供方式变革思考［J］．经济问题，2017（4）：86-90.

② ［美］米尔顿·弗里德曼．资本主义与自由［M］．张瑞玉译．北京：商务印书馆，1986：165.

元，非财政性教育经费 5877 亿元，占比仅 19.35%，其中民办学校中举办者投入占全国教育经费 0.49%，社会捐赠经费仅为 0.28%。①

教育行业对社会资本投资吸引力不足，缺乏完善的市场竞争机制。教育行业有着自身独特的发展特点，如资金投入多、建设工程规模大、工期长、资和管理者等软件要求高、收益回报周期长等，对吸引社会资本增加了难度。面对收益的不确定性及政策的不稳定性，社会力量及资本在很长一段时间内或持观望态度。此外，"教育有其自身规律，教育服务作为准公共产品或有公共偏好的私人产品，具有很强的正外部性（或外溢效应、外部效益），单纯的市场供给无法化解其外部效益，需要政府有效的引导和监管。"② 缺少成熟完善监管市场机制在一定程度上限制了民办教育分类管理政策的有效推进。

四、办学主体的"政策性恐慌"与"保守性退出"

"十三五"时期是我国民办教育发展的关键转型期，办学者和行政管理者需有得当的策略准备和积极应对的平稳心态。对于新阶段成长起来的民办学校而言，也必将经受政策环境变化下的制度拷问与转型阵痛。如缺少正确的应对之策，极易成为改革浪潮中的"炮灰"。与此同时，在全国人大教科文卫调研中发现，全国近 90% 以上的民办学校是投资办学，具有明显的营利意图。分类管理推进过程中，也不能完全排除会有民办学校举办者因两种分类均与自身办学动机不符而主动选择终止办学。"从经济学角度来看，教育市场的不稳定性易催生学校的设立或关闭行为，为满足社会不同人群对教育差异化的需求，政府需向受教育者提供具备充分信息的多种备选方案，为此将付出高昂的成本并难以完全实现。"③ 鉴于教育的特殊性，一旦民办教育学校倒闭或退出现象加剧，将损害学生的根本利益，对社会带来重大的负面影响。

第四节　民办教育分类管理体制机制改革设计

《民办教育促进法》的修订及其配套系列政策法规的颁布实施，为民办教

---

①　2014 年中国教育经费统计年鉴 [Z]. 北京：中国统计出版社，2014：148.

②　亨利·M. 列文，范皑皑. 中国教育私营化的机遇与挑战 [J]. 北京大学教育评论，2005（1）：5-10.

③　[美] Carnoy M. 教育经济学国际百科全书（第二版）[M]. 闵维方等译. 北京：高等教育出版社，2000：455.

育非营利性与营利性办学的合理性争论画上了休止符，为新时代民办教育分类发展明确了目标定位。非营利性或者营利性分类是两种截然不同的办学类型，扶持激励政策存在很大差异，非营利性学校享受与公办学校同等的各项政府扶持政策、税收优惠政策和土地优惠政策，举办者可以根据自身实际情况自主选择，国家按照分类管理政策的规范实行不同程度的激励、限制与监管等方面的措施。民办教育分类管理政策的推进需要实现教育体制机制的创新，进一步消除制度性壁垒，降低政策性风险，突破现实困境，谋求更好的发展。

一、推进法律法规顶层设计和制度创新

民办教育进行分类管理只有将实施力度上升至法律层面，才能保证其自上而下、由宏观到微观的全面贯彻落实，才能使国家对民办教育分类管理的科学规划得以落地实现。目前，我国已经确立了《民办教育促进法》等系列促进与监管法律体系，一些省份和地市也已制定了当地的民办教育分类管理实施办法，新颁布的《民办学校分类登记实施细则》更为营利性与非营利性民办学校在注册登记、资金管理、日常运营等方面的差异性进行了明确区分，并对政府的职责和角色进行明确规定。但仍需要进一步打破陈规桎梏，加大立法力度，提升立法层次、扩展立法维度，为民办教育分类管理的顺利实施扫清法律死角、铺平法制道路。

一是民办学校作为企业法人和商事主体，其管理涉及教育、工商、税务、民政、国土等多个政府职能部门，当前民办教育法律体系主要涉及协调教育系统内部教育管理部门与民办学校之间的关系，对政府其他职能部门难以进行职责限定和约束。应进一步加强立法体系化，构建与完善民办学校分类管理的法制规范体系，优化民办教育分类管理法律环境。

二是《民办教育促进法》和《民办学校分类登记实施细则》作为上位法，在内容编制上存在原则性强、操作性弱的特点，对具体事宜的办理和操作缺乏细化的释义，需进一步发挥地方层级法律、政策的效力。只有准确把握民办学校分类的边界，敢于大胆创新，充分考虑到民办学校的难处，与实际相结合，制定合理化、效率化、差异化的管理制度，才能更好地服务现实。同时，在实践中建立跨部门工作机制，协同研究配套制度，增设全国试点，对试点中出现的问题予以研究和解决。

二、转变政府职能建立多元供给体系

在当前的教育治理环境中，政府应进一步放松供给约束，重构政府、市场

243

和社会的关系，从以下几方面切实推进建立民办教育多元供给体系：

一是"放权"与"监管"并重。简政放权是深入推进政府职能转变的切入点和落脚点，需进一步明确政府权力清单，规范审批事项，减少政府行政干预，降低民办教育经营的行政成本。放权的同时对下放内容进行深入研究，同步提出明确、具体、可操作的监管措施，做到放管结合、放管并重，谨防走上"一放就乱"的老路。着重加强事中事后监管，完善差异化的监督管理机制。促进民办学校设立监事会、师生代表大会等常设监督机构，建立由董事会、校长办公会、监事会、教职工代表大会、学生代表大会等的内部治理体系。同时健全学校信息公开、财务公开等制度，引入第三方评价，维护民办教育行业的良好秩序。

二是"规范"与"扶持"共举。积极制定民办学校办学规范，列举"负面"清单，落实行业准入及退出政策，打造统一、开放、竞争、有序的民办教育市场环境。制定规范的同时着重对民办教育发展进行扶持。建立健全差别化政策支撑体系，非营利性民办学校可享有类公办院校优惠待遇，营利性民办学校可参照高新科技行业予以相应支持。对民办教育学校、学生、教师进行财政资助，完善涵盖营利性和非营利性学校的民办教育资助政策。制定和落实民办教育在税收、土地等方面的优惠政策，建立民办学校融资的信用担保制度，提高商业银行对民办学校的贷款支持力度，扩大对民办学校贷款规模，提高其贷款受信额度。通过政府购买服务的方式，与民办教育机构建立契约关系予以扶持。

三是协同共治，建立多元供给体系。经济新常态下，教育等传统公共产品的流动性越来越强，政府职能需尽快由管制型向服务型转变，营造政府"不越位，不缺位、不错位"的职能科学化的境界。[1] 积极发挥市场、社会组织及学校主体作用，建立起多元供给体系，为社会提供更多优质、多样化的教育产品。

三、营造良好的民办教育投资环境

第一，根据属地实际释放新需求，让投资者看清民办教育的广阔市场需求，提升投资者的信心。结合教育行业特殊的"公益性"属性，做好引导和规划，将民办教育发展与区域发展规划和城市建设融为一体，让教育资本充分

---

[1]　贾康 . 贾康自选集：理论创新・制度变革・政策优化（中卷）［M］. 北京：人民出版社，2013：52.

参与到城镇化进程当中,为当地教育增添活力,促进当地教育的健康协调发展。

第二,科学引导民办学校合理分类,提高投资者选择的自由度。允许投资者营利,鼓励投资者通过提供高质量的教育产品获得回报,政策初期适当放宽办学主体在营利性和非营利性两种属性中转换的自由度,一切为促进学校发展、提升教学质量服务,在法律容许的范围内最大限度保障投资者自由选择的权利。

第三,完善市场机制,营造良好的投资环境。优化市场管理机制,为有意向投身教育行业的捐资者、投资者铺好路、开绿灯。在民办学校选址、建设、人员招募等各环节为投资者提供帮助和便利,促进民办学校之间的良性竞争,形成稳定而自由竞争市场。

第四,不断创新投资模式,激发"大众创业、万众创新"进程中教育投资的创新潜能。例如,与国外资本联合办学、民办院校间资产并购重组、发展PPP公私合作伙伴关系等寻求与资本市场"联姻"。① 通过这些新型投资模式,提高教育投融资的便捷性,更好地解决民办教育的资金问题。

四、发挥各类市场主体能动性

民办教育分类管理应当激发各类市场主体的能动性,提高教育资源的"全要素生产率",促进民办教育创新发展。

一是鼓励民办教育主体积极响应分类管理政策。现有学校需根据自身办学特征制订可行的转型方案,增设学校根据政府的规划及指导尽快进入日程安排,以积极的态度、饱满的热情及充分的信心推进分类管理政策改革的阵痛期。

二是推进民办教育主体办学思路与模式创新。分类管理政策的推行对民办学校发展既是挑战也是契机,面对新的历史时期多层次、多样化的教育市场需求,各类营利性、非营利性民办学校应找准自身办学定位,增强与公办学校差异化竞争力,不断挖掘市场潜力,创新教育产品,补齐教育市场供给短板。

三是发挥民办教育办学优势,构建起现代学校制度。"现代学校制度是公办学校和民办学校共同的发展目标,民办教育分类管理政策推进过程中,作为束缚更少、办学更灵活的民办学校,更应充分发挥办学自主权,深化学校内部

---

① 申政清,王一涛,董圣足.非营利性民办高校的经费如何筹措——基于美国非营利性私立高校的比较 [J].现代教育管理,2018(1):115-121.

管理体制改革，完善学校法人制度。"① 实施董事会领导下的校长负责制，以学生发展为本，重视民主管理与学校内外关系的重构，积极推动社区、家长参与和监督学校管理，在市场经济条件下构建适应社会发展的现代大学制度。

小　结

我国民办教育虽然与欧美发达国家相比起步比较晚，但可喜的是在改革开放以来的短短几十年间取得了跨越式的发展，大力推动了国家高等教育结构的改革和促进了经济社会发展。在新时代背景条件下，新修订的《民办教育促进法》及其配套政策法规的颁布实施，充分尊重民办教育投资办学的历史和国情，充分考虑了利益相关者的现实需求，破解了阻碍民办教育健康发展的"制度困境"，在很大程度上改善了促进民办教育发展的制度环境，为深入推进"非营利性"和"营利性"分类管理提供了法律依据，必将推动民办教育更快、更好、可持续地发展。

---

① 史少杰，周海涛. 非营利性民办高校内部治理权力制衡分析 [J]. 现代教育管理，2018（1）：26-29.

参 考 文 献

1. 黄明东. 教育政策与法律［M］. 武汉：武汉大学出版社，2007.

2. 黄明东. 中美法高校教师法律地位比较研究［M］. 武汉：武汉大学出版社，2011.

3. 黄明东，等. 研究型大学师资队伍发展研究［M］. 武汉：武汉大学出版社，2011.

4. 黄明东，等. 高校学生与高等学校间法律争议及其解决机制研究［M］. 北京：人民教育出版社，2015.

5. 黄明东. 我国高等教育国际化政策问题研究［M］. 北京：社会科学文献出版社，2019.

6. 采薇. 尊师与拜师［J］. 教育实践与研究（B），2016（9）.

7. 哈攀. 尊师［J］. 宁夏教育，2010（4）.

8. 郝振君. 我国古代尊师重教思想的特点及当代价值［J］. 现代教育科学，2019（5）.

9. 贺武华. "尊师重教"：由外向内的主体转向及教师自我认同提升［J］. 教育发展研究，2017（12）.

10. 洪慧敏. 各国尊师风尚［J］. 教书育人，2003（1）.

11. 黄明东，陈梦迁，刘博文. 论学派要素培育与大学学术进步［J］. 教育研究，2015（6）.

12. 黄明东，陈越，姚宇华. 教育政策效果评估指标体系构建研究——基于后实证主义方法论的视角［J］. 教育发展研究，2016（1）.

13. 黄明东，李炜巍，张娟. 提升本科人才培养质量，创建世界一流大学［J］. 中国大学教学，2016（1）.

14. 黄明东，姚建涛. 朱九思高校管理理念探析［J］. 山东高等教育，2016（7）.

15. 黄明东，姚建涛，陈越. 中国出国访问学者访学效果实证研究［J］. 高教发展与评估，2016（5）.

16. 黄明东，付卫洁．高校内部科技成果转化机制建设问题研究［J］．武汉大学教育研究，2016（2）．

17. 黄明东，陈越．协调与统一：高校教学与科研关系的再思考［J］．中国高校科技，2016（10）．

18. 黄明东，姚建涛．高校师生法律关系"四性"特征分析［J］．学术界，2017（2）．

19. 黄明东，姚宇华．教育政策运行机制优化研究：超越理性与私利的视角［J］．现代教育管理，2017（5）．

20. 黄明东，吴亭燕．"一带一路"与高等学校教育质量标准建设［J］．中国高等教育，2017（10）．

21. 黄明东，姚建涛，吴亭燕．对中国底蕴的高校人才培养质量标准建设的思考［J］．中国大学教学，2017（3）．

22. 黄明东，陈越．调整与优化：教育学专业本科人才培养问题研究［J］．中国大学教学，2017（7）．

23. 黄明东，李炜巍，黄俊．中国产学研合作发展现状与对策研究［J］．科技进步与对策，2017（19）．

24. 黄明东，陶夏．高等教育评估模式构建中必须厘清的几个问题——基于教育治理现代化的视角［J］．教师教育论坛，2017（9）．

25. 黄明东，陶夏．高等教育第三方评估机构的法律身份及其适用逻辑［J］．大学教育科学，2018（3）．

26. 黄明东，陶夏．教育政策工具的复合属性透视［J］．教育学术月刊，2018（3）．

27. 黄明东，陶夏．全球治理视角下高校人才培养模式创新的战略思考［J］．现代教育管理，2018（7）．

28. 黄明东，吴亭燕，蔺全丽，阿里木·买提热依木，阮国治．再论在线开放课程对高等学校发展的影响［J］．中国电化教育，2019（10）．

29. 李灵莉．新中国成立之初高校人事制度变迁分析［J］．教育学术月刊，2011（10）．

30. 李伟，戴东昌，杨东．基于问题的交通产业政策规划方法［J］．综合运输，2004（6）．

31. 卢全民，刘来兵．东西方教师节的起源与尊师礼仪［J］．世界教育信息，2014（22）．

32. 石英梅．教师节话尊师［J］．少年儿童研究，2017（9）．

33. 陶夏，黄明东．我国高等学校学术不端行为的制度性痼疾刍议［J］. 黑龙江高教研究，2017（3）.

34. 魏兆锋．钱穆论中国传统尊师之道［J］. 教育观察（上半月），2016（3）.

35. 谢翌，马云鹏，张治平．新中国真的发生了八次课程改革吗［J］. Educational Research，2013（2）.

36. 叶托，薛琬烨．"在执行中规划"：软性社会政策的政策规划模式——以 Z 市全民公益园建设为例［J］. 中国行政管理，2019（1）：88-94.

37. 杨朝明．尊师重道［N］. 中国组织人事报，2019-09-11.

38. 杨明星．"一带一路"话语政策规划推动大国外交形象构建［N］. 中国社会科学报，2020-04-17.

39. 周邦园．也话尊师重教［N］. 赣南日报，2019-09-10.

40. 郭丽君．学术职业视野中的大学教师聘任制研究［D］. 华中科技大学，2006.

41. 刘立志．高校教师队伍建设政策发展的理论研究［D］. 华东师范大学，2003.

42. 石长林．中国教师政策研究——基于教育政策内容的视角［D］. 华中师范大学，2005.

43. 政务院《关于修订高等学校领导关系的决定》（1953 年）.

44. 高等教育部《高等学校任用教、职、工人的暂行规定》（1956 年 6 月）.

45. 教育部《中华人民共和国教育部直属高等学校暂行工作条例（草案）》（1961 年）.

46. 全国人民代表大会常务委员会《中华人民共和国学位条例》（1980 年）.

47. 中共中央《关于教育体制改革的决定》（1985 年 5 月）.

48. 全国人大常委会《中华人民共和国义务教育法》（1986 年制定、2018 修正）.

49. 国家教育委员会《幼儿园管理条例》（1989 年 9 月）.

50. 国家教育委员会《幼儿园工作规程》（1996 年 3 月）.

51. 教育部《中等职业学校收费管理暂行办法》（1996 年 12 月）.

52. 国务院《中国儿童发展纲要（2001—2010 年）》（2001 年 5 月）.

53. 教育部《中等职业学校设置标准（试行）》（2001 年 7 月）.

54. 教育部 财政部《关于继续实施"985 工程"建设项目的意见（教重〔2004〕1 号）》（2004 年 6 月）.

55. 教育部《"985 工程"建设管理办法》（2004 年 7 月）.

56. 国务院《国家中长期科学和技术发展规划纲要（2006—2020 年）》（2006 年 2 月）.

57. 中共中央、国务院《国家中长期人才发展规划纲要（2010—2020 年）》（2010 年 6 月）.

58. 中共中央、国务院《国家中长期教育改革和发展规划纲要（2010—2020 年）》（2010 年 7 月）.

59. 国务院《关于当前发展学前教育的若干意见（国发〔2010〕41 号）》（2010 年 11 月）.

60. 科技部、人力资源和社会保障部、教育部、中国科学院、中国工程院、国家自然科学基金委员会、中国科协《国家中长期科技人才发展规划（2010—2020 年）》（2011 年 7 月）.

61. 教育部《关于印发〈学前教育督导评估暂行办法〉的通知（教督〔2012〕5 号）》（2012 年 2 月）.

62. 国务院《关于加强教师队伍建设的意见》（国发〔2012〕41 号）（2012 年 8 月）.

63. 中国科协办公厅《关于商请支持中学生英才计划学科工作委员会工作的函》（2014 年 4 月）.

64. 教育部、国家发展改革委、财政部《关于实施第二期学前教育三年行动计划的意见（教基二〔2014〕9 号）》（2014 年 11 月）.

65. 教育部办公厅《关于进一步做好中小学冬季防寒取暖工作 确保学生安全温暖过冬的通知（教督厅函〔2016〕1 号）》（2016 年 1 月）.

66. "英才计划"全国管理办公室《"英才计划"学生选拔与工作评价办法（试行）》（2016 年 4 月）.

67. 教育部、财政部、人力资源社会保障部、安全监管总局、中国保监会《职业学校学生实习管理规定（教职成〔2016〕3 号）》（2016 年 4 月）.

68. 中国科协办公厅、教育部办公厅《关于继续开展 2017 年"英才计划"工作的通知》（2016 年 10 月）.

69. 中共中央组织部、教育部《关于高等学校领导人员管理暂行办法》（2017 年 1 月 13 日）.

70. 中共中央、国务院《中共中央 国务院关于加强和改进新形势下高校思想政治工作的意见》（2017 年 2 月 27 日）.

71. 教育部办公厅、财政部办公厅《关于进一步做好农村义务教育学生营养改善计划有关管理工作的通知（教督厅函〔2017〕2 号）》（2017 年 5 月）.

72. 中共中央、国务院《关于全面深化新时代教师队伍建设改革的意见》（2018 年 1 月 20 日）.

73. 中共中央、国务院《关于全面深化新时代教师队伍建设改革的意见》（2018 年 1 月 31 日）.

74. 教育部督导局《关于印发全国中小学校责任督学挂牌督导创新县（市、区）评分标准的函（国教督办函〔2018〕51 号）》（2018 年 7 月）.

75. 教育部、科技部、财政部、中国科学院、中国社会科学院 中国科协《关于实施基础学科拔尖学生培养计划 2.0 的意见（教高〔2018〕8 号）》（2018 年 9 月）.

76. 中共中央、国务院《关于学前教育深化改革规范发展的若干意见》（2018 年 11 月 7 日）.

77. 中国科协办公厅、教育部办公厅《关于开展 2019 年"英才计划"工作的通知》（2018 年 11 月）.

78. 教育部《新时代高校教师职业行为十项准则》（2018 年 11 月）.

79. 国务院《关于印发国家职业教育改革实施方案的通知（国发〔2019〕4 号）》（2019 年 1 月）.

80. 国务院《关于印发国家职业教育改革实施方案的通知（国发〔2019〕4 号）》（2019 年 1 月）.

81. 中共中央、国务院《中国教育现代化 2035》（2019 年 2 月）.

82. 中办、国办印发《加快推进教育现代化实施方案（2018—2022 年）》（2019 年 2 月）.

83. 教育部办公厅《关于开展 2019 年全国学前教育宣传月活动的通知（教基厅函〔2019〕29 号）》（2019 年 5 月）.

84. 教育部《关于 2019—2021 年基础学科拔尖学生培养基地建设工作的通知（教高函〔2019〕14 号）》（2019 年 8 月）.

85. 国务院教育督导委员会办公室《关于进一步加强中小学（幼儿园）安全工作的紧急通知（国教督办〔2019〕4 号）》（2019 年 9 月）.

86. 教育部、国家发展改革委、财政部、国家卫生健康委、市场监管总局《关于进一步加强农村义务教育学生营养改善计划有关管理工作的通知教督函（〔2019〕2 号）》（2019 年 11 月）.

87. 中国科协办公厅、教育部办公厅《关于开展 2020 年"英才计划"工作的通知（科协办发青字〔2019〕21 号）》（2019 年 11 月）.

88. 教育部办公厅《关于加强和改进新时代中等职业学校德育工作的意见（教职成厅〔2019〕7 号）》（2019 年 11 月）

附　　录

表 1　　　　　　　教育部关于教师职业标准相关政策文本一览

序号	制定机构	政策名称	文号	发布时间
1	教育部办公厅、中共中央台湾工作办公室秘书局、国务院港澳事务办公室秘书行政司	关于港澳台地区居民在内地(大陆)申请中小学教师资格有关问题的通知	教师厅〔2019〕1号	2019 年 1 月 7 日
2	教育部办公厅、财政部办公厅	关于做好 2017 年农村义务教育阶段学校教师特设岗位计划实施工作的通知	教师厅〔2017〕4号	2017 年 4 月 5 日
3	教育部	关于印发《特殊教育教师专业标准(试行)》的通知	教师〔2015〕7号	2015 年 8 月 21 日
4	教育部办公厅	关于印发《中小学教师信息技术应用能力标准(试行)》的通知	教师厅〔2014〕3号	2014 年 5 月 27 日
5	教育部办公厅、财政部办公厅	关于做好 2014 年农村义务教育阶段学校教师特设岗位计划有关实施工作的通知	教师厅函〔2014〕2号	2014 年 3 月 3 日
6	教育部	关于印发《中等职业学校教师专业标准(试行)》的通知	教师〔2013〕12号	2013 年 9 月 20 日
7	教育部	关于印发《幼儿园教师专业标准(试行)》《小学教师专业标准(试行)》和《中学教师专业标准(试行)》的通知	教师〔2012〕1号	2012 年 2 月 10 日

续表

序号	制定机构	政策名称	文号	发布时间
8	教育部	关于大力推进教师教育课程改革的意见	教师〔2011〕6号	2011 年 10 月 8 日
9	教育部	关于印发《中小学教师教育技术能力标准(试行)》的通知	教师〔2004〕9号	2004 年 12 月 25 日

注：本表基于教育部教师工作司网站信息统计而成。网址为：http：//www. moe. gov. cn/s78/A10/jss_ left/s6990/.

表 2 国家统计局按行业分城镇单位就业人员工资总额一览（单位：亿元）

年度 指标	序号	2018年	2017年	2016年	2015年	2014年	2013年	2012年	2011年	2010年	总计
城镇单位就业人员工资总额	1	141480	129889.1	120074.8	112007.8	102817.2	93064.3	70914.2	59954.7	47269.9	877472.0
制造业城镇单位就业人员工资总额	2	30385	29740.5	29088.9	28341.6	27011.4	24566.6	17668.1	15031.4	11140.8	212974.3
建筑业城镇单位就业人员工资总额	3	15949.5	14283.9	13969.2	13619.3	13389.4	12315.1	7392.7	5596.4	3471.5	99987.0
教育城镇单位就业人员工资总额		15928.1	14324.4	12787.1	11492.1	9722.5	8721.1	7851	6938.8	6136.5	93901.6
公共管理和社会组织城镇单位就业人员工资总额	4	15882.8	13753.5	11787.2	10141.4	8448.6	7675	7058.3	6118.1	5428.8	86293.7
金融业城镇单位就业人员工资总额	5	8907.3	8295	7557.3	6730.1	6017.4	5269	4669	4007	3219	54671.1
卫生、社会保障和社会福利业城镇单位就业人员工资总额	6	8857.8	7930.8	6825.6	5941.3	5057.8	4397.8	3718.5	3078.6	2506.4	48314.6

续表

年度\指标	序号	2018年	2017年	2016年	2015年	2014年	2013年	2012年	2011年	2010年	总计
交通运输、仓储和邮政业城镇单位就业人员工资总额	7	7273.3	6754.1	6238.7	5898	5435.4	4834.6	3531.5	3074.1	2541.9	45581.6
批发和零售业城镇单位就业人员工资总额	8	6628.5	5980.1	5681.2	5324.6	4931.4	4451.9	3271.3	2594.8	1783	40646.8
信息传输、计算机服务和软件业城镇单位就业人员工资总额	9	6204.1	5198.4	4431.8	3912.7	3375.8	2957.7	1769.4	1475.6	1171.7	30497.2
采矿业城镇单位就业人员工资总额	10	3413.4	3208.6	3038.1	3318.2	3728.2	3833.2	3600.7	3174.2	2458.8	29773.4
科学研究、技术服务和地质勘查业城镇单位就业人员工资总额	11	5045.1	4491.5	4037.3	3665.8	3339.7	2940.3	2259.4	1879.6	1619.3	29278.0
租赁和商务服务业城镇单位就业人员工资总额	12	4453.3	4176	3704.3	3399.9	2985.9	2629.4	1531.2	1325.3	1198.5	25403.8

续表

年度 指标	序号	2018年	2017年	2016年	2015年	2014年	2013年	2012年	2011年	2010年	总计
电力、燃气及水的生产和供应业城镇单位就业人员工资总额	13	3704	3406.6	3235.7	3137.4	2965.8	2715.3	1999.6	1755.7	1468.3	24388.4
房地产业城镇单位就业人员工资总额	14	3507.8	3059.3	2802.1	2493	2220.5	1882.3	1271.3	1052.5	745.6	19034.4
水利、环境和公共设施管理业城镇单位就业人员工资总额	15	1456.5	1394.3	1278.2	1177.7	1049.9	933.7	784.6	659.8	555.9	9290.6
住宿和餐饮业城镇单位就业人员工资总额	16	1293	1211.9	1167.9	1130	1079.1	1038.3	824.4	655.2	484.6	8884.4
文化、体育和娱乐业城镇单位就业人员工资总额	17	1450.7	1339.9	1204.4	1086	936.8	867.8	735.4	642.1	543.7	8806.8
农、林、牧、渔业城镇单位就业人员工资总额	18	716.1	949.9	882.1	862.6	808.9	758	760.8	697.7	627.1	7063.2

年　度 指　标	序号	2018 年	2017 年	2016 年	2015 年	2014 年	2013 年	2012 年	2011 年	2010 年	总计
居民服务和其他服务 业城镇单位就业人员 工资总额	19	423.8	390.2	357.8	336.1	312.9	277.2	217.1	197.9	168.4	2681.4

注：1995—2008 年的城镇单位就业人员工资总额即为原来的城镇单位就业人员劳动报酬总额。数据来源：国家统计局（http: //
data. stats. gov. cn/easyquery. htm? cn＝C01），2020-05-19.

表3　2010—2018年度国家统计局按行业分城镇单位就业人员平均工资一览（单位：元）

指标 \ 年度	序号	2018年	2017年	2016年	2015年	2014年	2013年	2012年	2011年	2010年	总平均
城镇单位就业人员平均工资	0	82413	74318	67569	62029	56360	51483	46769	41799	36539	57697.6
金融业城镇单位就业人员平均工资	1	82413	74318	67569	62029	56360	51483	46769	41799	36539	103756.3
信息传输、计算机服务和软件业城镇单位就业人员平均工资	2	36466	36504	33612	31947	28356	25820	22687	19469	16717	102552.4
科学研究、技术服务和地质勘查业城镇单位就业人员平均工资	3	81429	69500	60544	59404	61677	60138	56946	52230	44196	85105.4
电力、燃气及水的生产和供应业城镇单位就业人员平均工资	4	72088	64452	59470	55324	51369	46431	41650	36665	30916	72435.2
文化、体育和娱乐业城镇单位就业人员平均工资	5	100162	90348	83863	78886	73339	67085	58202	52723	47309	67293.1
卫生、社会保障和社会福利业城镇单位就业人员平均工资	6	60501	55568	52082	48886	45804	42072	36483	32103	27529	66629.3

年度指标	序号	2018年	2017年	2016年	2015年	2014年	2013年	2012年	2011年	2010年	总平均
租赁和商务服务业城镇单位就业人员平均工资	7	88508	80225	73650	68822	63416	57993	53391	47078	40466	65020.4
交通运输、仓储和邮政业城镇单位就业人员平均工资	8	147678	133150	122478	112042	100845	90915	80510	70918	64436	63727.6
教育城镇单位就业人员平均工资	9	80551	71201	65061	60328	55838	50308	46340	40654	33635	61701.2
采矿业城镇单位就业人员平均工资	10	48260	45751	43382	40806	37264	34044	31267	27486	23382	60673.7
公共管理和社会组织城镇单位就业人员平均工资	11	129837	122851	117418	114777	108273	99653	89743	81109	70146	58925.8
批发和零售业城镇单位就业人员平均工资	12	75281	69277	65497	60244	55568	51048	46764	42837	35870	55990.6
房地产业城镇单位就业人员平均工资	13	85147	81393	76782	72489	67131	62538	53162	46976	39566	55820.6
制造业城镇单位就业人员平均工资	14	123343	107815	96638	89410	82259	76602	69254	64252	56376	50929.4

续表

年　度　指　标	序号	2018年	2017年	2016年	2015年	2014年	2013年	2012年	2011年	2010年	总平均
建筑业城镇单位就业人员平均工资	15	56670	52229	47750	43528	39198	36123	32343	28868	25544	44558.6
居民服务和其他服务业城镇单位就业人员平均工资	16	55343	50552	47577	44802	41882	38429	35135	33169	28206	41677.2
水利、环境和公共设施管理业城镇单位就业人员平均工资	17	92383	83412	74498	66592	56580	51950	47734	43194	38968	40250.3
住宿和餐饮业城镇单位就业人员平均工资	18	98118	89648	80026	71624	63267	57979	52564	46206	40232	36849.1
农、林、牧、渔业城镇单位就业人员平均工资	19	98621	87803	79875	72764	64375	59336	53558	47878	41428	27953.1

注：1995—2008 年的城镇单位就业人员平均工资即为原来的城镇单位就业人员平均劳动报酬。数据来源：国家统计局（http：//data. stats. gov. cn/easyquery. htm？cn＝C01），2020-05-20.

表4　2010—2018年度国家统计局按行业分国有单位就业人员平均工资一览（单位：元）

年度\指标	序号	2018年	2017年	2016年	2015年	2014年	2013年	2012年	2011年	2010年	总平均
国有单位就业人员平均工资	0	89474	81114	72538	65296	57296	52657	48357	43483	38359	60952.6
金融业国有单位就业人员平均工资	1	118497	109128	102117	100672	94943	87732	82040	74650	66014	92865.8
科学研究和技术服务业国有单位就业人员平均工资	2	112775	99164	89093	80409	73844	69501	64206	60316	53235	78060.3
电力、热力、燃气及水生产和供应业国有单位就业人员平均工资	3	97148	91375	83931	80066	74914	68146	58589	53333	47724	72802.8
卫生和社会工作国有单位就业人员平均工资	4	101168	92796	82522	73490	64631	59200	53653	47185	41112	68417.4
文化、体育和娱乐业国有单位就业人员平均工资	5	97613	87850	79538	73447	64245	59437	54398	48690	42367	67509.4

年度 指标	序号	2018年	2017年	2016年	2015年	2014年	2013年	2012年	2011年	2010年	总平均
信息传输、软件和信息技术服务业国有单位就业人员平均工资	6	95683	82762	77402	69858	63629	60182	57056	50401	46402	67041.6
交通运输、仓储和邮政业国有单位就业人员平均工资	7	88833	83848	75878	70908	65417	59516	54342	47318	40097	65128.5
批发和零售业国有单位就业人员平均工资	8	92297	81907	74088	69300	64186	55980	47377	41337	35814	62476.2
教育国有单位就业人员平均工资	9	93780	84860	75710	67442	56974	52283	47995	43436	39166	62405.1
采矿业国有单位就业人员平均工资	10	81234	71402	61638	59673	59765	56317	58534	53387	44904	60761.5
制造业国有单位就业人员平均工资	11	78142	77649	71130	64931	61600	54094	47367	43031	36386	59370
公共管理、社会保障和社会组织国有单位就业人员平均工资	12	88387	80589	71122	62452	53230	49371	46207	42230	38387	59108.3
房地产业国有单位就业人员平均工资	13	72646	67632	62560	55922	50597	45435	43464	43814	33967	52893

续表

年度 指标	序号	2018年	2017年	2016年	2015年	2014年	2013年	2012年	2011年	2010年	总平均
租赁和商务服务业国有单位就业人员平均工资	14	65981	62843	58828	55016	49286	46542	44875	39447	33680	50722
居民服务和其他服务业国有单位就业人员平均工资	15	66916	61592	54178	49144	45242	41416	37642	36923	32417	47274.4
建筑业国有单位就业人员平均工资	16	57324	55623	52551	49544	46409	43849	40116	36071	31777	45918.2
住宿和餐饮业国有单位就业人员平均工资	17	54437	50816	46953	43621	40103	36298	33376	28756	23864	39802.6
水利、环境和公共设施管理业国有单位就业人员平均工资	18	56971	51735	47154	42705	38008	35155	32152	28812	25478	39796.6
农、林、牧、渔业国有单位就业人员平均工资	19	35037	35886	33069	31374	27782	25444	22484	19253	16522	27427.8

注：1995—2008年的城镇单位就业人员平均工资即为原来的城镇单位就业人员平均劳动报酬。数据来源：国家统计局（http：//data. stats. gov. cn/easyquery. htm？cn＝C01），2020-05-20，8：31访问

表5　2010—2018年度国家统计局按行业分城镇集体单位就业人员平均工资一览（单位：元）

年度\指标	序号	2018年	2017年	2016年	2015年	2014年	2013年	2012年	2011年	2010年	总平均
城镇集体单位就业人员平均工资	0	60664	55243	50527	46607	42742	38905	33784	28791	24010	42363.6
金融业城镇集体单位就业人员平均工资	1	109373	99635	89811	82944	77236	70249	61756	52984	44154	76460.2
科学研究、技术服务和地质勘查业城镇集体单位就业人员平均工资	2	85103	75188	66959	58849	56711	52204	46890	47764	37538	58578.4
卫生、社会保障和社会福利业城镇集体单位就业人员平均工资	3	78734	70485	63920	57917	54122	48990	43265	37853	32645	54214.5
教育城镇集体单位就业人员平均工资	4	82160	74102	64833	55810	51166	47610	41061	36355	31486	53842.5
公共管理和社会组织城镇集体单位就业人员平均工资	5	82918	67206	60861	55179	48465	45859	41285	35277	26957	51556.3

续表

年度\指标	序号	2018年	2017年	2016年	2015年	2014年	2013年	2012年	2011年	2010年	总平均
信息传输、计算机服务和软件业城镇集体单位就业人员平均工资	6	75603	83191	53981	50901	42253	40268	38770	40344	37576	51431.8
电力、燃气及水的生产和供应业城镇集体单位就业人员平均工资	7	64236	60259	57804	54395	49023	45082	39587	36122	33851	48928.7
文化、体育和娱乐业城镇集体单位就业人员平均工资	8	66732	56948	56222	49577	41647	37715	33433	30051	24796	44124.5
房地产业城镇集体单位就业人员平均工资	9	54359	49486	47305	44062	40429	37155	34365	29661	24617	40159.8
采矿业城镇集体单位就业人员平均工资	10	55637	44930	42768	42900	41092	39007	35953	30114	23791	39576.8
制造业城镇集体单位就业人员平均工资	11	50643	48202	44753	42026	38350	34689	29538	25031	20841	37119.2

续表

年度 指标	序号	2018年	2017年	2016年	2015年	2014年	2013年	2012年	2011年	2010年	总平均
租赁和商务服务业城镇集体单位就业人员平均工资	12	50652	48536	45810	40731	36833	33296	29583	24499	20981	36769
居民服务和其他服务业城镇集体单位就业人员平均工资	13	50593	45646	43106	41566	37642	31005	27415	24834	20818	35847.2
建筑业城镇集体单位就业人员平均工资	14	45846	42608	41141	39276	36932	33893	29607	25027	20210	34948.8
住宿和餐饮业城镇集体单位就业人员平均工资	15	43388	44613	41873	37197	34925	39491	27535	23327	18808	34573
交通运输、仓储和邮政业城镇集体单位就业人员平均工资	16	46818	42549	40771	37461	35018	31772	28474	24927	19882	34185.7
农、林、牧、渔业城镇集体单位就业人员平均工资	17	46395	44392	41121	39049	30809	26754	22592	21887	18156	32350.5

续表

年度 指标	序号	2018年	2017年	2016年	2015年	2014年	2013年	2012年	2011年	2010年	总平均
水利、环境和公共设施管理业城镇集体单位就业人员平均工资	18	45363	41348	36706	33262	31291	27855	24432	20987	18551	31088.3
批发和零售业城镇集体单位就业人员平均工资	19	38885	35094	33629	31804	29069	26200	23096	19982	16816	28286.1

注：1995—2008年的城镇单位就业人员平均工资即为原来的城镇单位就业人员平均劳动报酬。数据来源：国家统计局（http://data.stats.gov.cn/easyquery.htm? cn=C01），2020-05-20.

后　记

　　本书是课题组成员共同研究的成果。在课题研究过程中，本人主要负责课题研究的组织和协调工作，设计了课题研究的思路和框架，指导课题组成员开展研究，并执笔完成了《再论在线开放课程对高等学校发展的影响》(《中国电化教育》，2019 年第 10 期)。在本书撰写中，本人负责《导论——问题的提出》、第一章《全面加强党对教育事业领导的政策研究的撰写》、第二章《加强学校思想政治教育的政策研究》、第三章《尊师重教的政策研究》、第四章《建设教育强国的政策研究》、第五章《增强中华民族创新创造活力的政策研究》等六个章的撰写和统稿工作；黄炳超博士执笔第六章《教育公平体制机制改革》、第七章《教育治理现代化体制机制改革》和第十章《民办教育分类管理体制机制改革》的撰写；孔晓娟博士完成第八章《考试招生体制机制改革》的撰写任务；陶夏博士完成了第九章《国际化人才培养体制机制改革》的撰写任务。

　　课题组主要成员刘国卫研究员、冯惠敏教授、胡庆方副研究员、王业高主任、杨晓光主任、任会兵副研究员积极参与课题的研讨，对于凝练课题思路、确定课题的研究主题发挥了积极作用。

　　后期的研究中，吴亭燕、何笑然、曹书凯、宋霜霜、秦路杰、祁思、董鑫、蔺全丽、聂静文等参与了课题研讨活动，做了大量文献收集工作。

　　湖北省教育科学研究院方向荣院长、张祖江副院长、赵友元主任在本课题的研究过程中也给予了大力的指导和支持。武汉大学教科院彭宇文院长、刘亚敏副院长对于本课题的研究给予了大量支持。

　　在此，对于所有课题组成员特别是执笔撰写的三位博士和各位领导对于本课题研究所作的贡献、帮助和支持表示衷心感谢！

黄明东

2019 年 11 月 6 日于珞珈山